双元性创新的实现路径与方法
——基于企业创新网络的视角

李正锋　张　倩　高　蕾　著

本书受到国家社会科学基金青年项目的资助

科学出版社

北　京

内 容 简 介

双元性创新是企业在开发现有创新能力的同时，探索长久竞争优势新机遇的创新活动。寻求双元性创新平衡一直是学术界和企业界待解难题之一。本书从企业创新网络的视角，首先在理论层面揭示了企业创新网络的构建、运行与演化机制，以及企业创新网络与知识流动促进双元性创新活动实施的路径和方法；其次结合理论研究和实地调研访谈构建了相关概念模型，基于有效样本数据对所提概念模型和假设进行了检验，进而在实践层面进一步探讨和总结了华为、中兴等本土知名科技企业的双元性创新的经验；最后得出在企业创新网络模式下提升知识流动效率可以有效平衡和促进双元性创新活动的基本结论。

本书适合于从事技术创新管理研究的高校师生、研究者阅读，亦可供企业管理人员和政府部门有关人员参考。

图书在版编目（CIP）数据

双元性创新的实现路径与方法：基于企业创新网络的视角 / 李正锋，张倩，高蕾著. —北京：科学出版社，2023.12
ISBN 978-7-03-076976-3

Ⅰ．①双⋯　Ⅱ．①李⋯　②张⋯　③高⋯　Ⅲ．①企业创新-研究
Ⅳ．①F273.1

中国国家版本馆 CIP 数据核字（2023）第 219597 号

责任编辑：徐　倩／责任校对：姜丽策
责任印制：张　伟／封面设计：有道设计

科学出版社 出版
北京东黄城根北街 16 号
邮政编码：100717
http://www.sciencep.com
北京中科印刷有限公司 印刷
科学出版社发行　各地新华书店经销
*
2023 年 12 月第　一　版　开本：720 × 1000　1/16
2023 年 12 月第一次印刷　印张：16 1/2
字数：332 000
定价：178.00 元
（如有印装质量问题，我社负责调换）

作 者 简 介

　　李正锋，男，1980 年 5 月生，江苏徐州人，管理学博士，西北工业大学管理学院副教授，硕士生导师。曾任西北工业大学科学技术研究院人文社会科学部部长、校学术道德建设委员会办公室主任、人文与经法学院副院长、公共政策与管理学院副院长等职。担任教育部学位与研究生教育发展中心评审专家（2022~2023 年）、陕西省国防科技战略管理领域评审专家（2018~2020 年），入选陕西省中青年哲学社会科学拔尖人才（2015 年）等。

　　主要从事技术创新管理方面的研究。主持国家级科研项目 2 项、省部级科研项目 4 项；作为主要成员，参与中国工程院重点咨询项目、中国工程院重大咨询项目子课题、国家重大科技专项子课题及企事业单位合作课题等 10 余项。在国内外核心期刊及国际会议上发表学术论文 30 余篇。作为执笔人撰写的研究报告获得陕西省委主要领导的肯定性批示和相关部门采纳应用。曾获包括陕西省哲学社会科学优秀成果奖一等奖、陕西省科学技术奖三等奖等在内的科研和教学奖励 9 项。是《系统管理学报》《经济与管理研究》《首都经济贸易大学学报》《航空工程进展》等多个期刊的匿名审稿人。

序

    科技创新是人类社会迈向现代化的驱动力和引领力量，科技发展水平是衡量中国式现代化的重要标尺。党的二十大报告强调，要坚持创新在我国现代化建设全局中的核心地位，加快实施创新驱动发展战略，加快实现高水平科技自立自强，加快建设科技强国①。自20世纪90年代初以来，技术创新管理研究在中国起步并得到快速发展。中国老一辈学者，如傅家骥、许庆瑞、金履忠、邓寿鹏等，引领了中国的技术创新研究。随着中国经济社会高速发展，中国学者的理论研究和实践应用取得长足进展，宏观层面上推动了创新驱动发展战略实施和创新型国家建设，中观层面上支撑了区域创新系统构建和产业集群发展，微观层面上促进了企业技术创新能力和经济效益提升，技术创新研究成果得到国内外学术界和企业界的广泛认可，国际影响力逐步提高。

    该书作者在研究生阶段就开始从事技术创新和科技管理的研究，在叶金福教授、蔡建峰教授等的悉心指导下，一直坚持技术创新领域的研究、教学与人才培养，着力参与具有中国特色的创新管理理论和方法的科学研究和实践应用。近年来，作者的科研工作取得了可喜的进展，先后主持和参与多项国家级课题，相关成果得到了有效应用。双元性创新理论源于西方，我国学界近年来才有研究呈现。在学者研究和企业实践中，对于双元性创新一直存在着争议。在国家社会科学基金的资助下，该书作者在企业创新网络框架下将双元性创新和知识管理结合起来进行研究，将研究成果整理成书稿以后，请我提出意见和建议。该书呈现出一定的独特认识，期望该著作对相关研究者和企业界关注这类问题的同仁有所裨益。

    当今世界，在面对美国等主要科技发达国家技术遏制、封锁甚至极限施压的情况下，实施双元性创新已成为我国企业应对外部环境复杂性的一种主动选择和回应。有学者认为探索性创新和开发性创新是两种不同性质的创新导向，两者之间存在张力关系，难以实现平衡。然而越来越多研究发现，那些实施双元性创新

---

① 习近平. 高举中国特色社会主义伟大旗帜 为全面建设社会主义现代化国家而团结奋斗——在中国共产党第二十次全国代表大会上的报告[EB/OL]. http://www.gov.cn/xinwen/2022-10/25/content_5721685.htm，2022-10-25.

战略，寻求两种创新方式动态平衡的组织具有更为持久的发展能力。因此，研究如何解决双元性创新所具有的矛盾性思维和管理模式，对于竞争压力和环境巨变背景下中国企业的生存和发展来说具有重要意义。企业要实现双元性创新，需要处理好探索性创新和开发性创新的关系，克服组织管理悖论和两类创新方式失衡的困难。对此，既要从创新活动过程层面进行考察，也要从组织管理层面进行考察，并分析两个层面的互动关系。该书在这些方面进行了诸多探究，尝试通过开放式的创新思维整合和重构企业内外部资源推动双元性创新，有效回应了当前学界和企业界关心的如何平衡和提升自主创新能力的重要问题。

该书只是作者的阶段性成果，虽然在该书的完稿过程中，作者与其研究团队根据最新研究进展几经易稿，花费数年时间不断修改完善，但在理论构建、实践检验方面还有一定的锤炼空间。对其而言，未来的科研道路还长，期待作者能够一如既往地努力、审慎，以该书的出版为探索未知领域的新起点，在该研究领域呈现更高质量的成果。

陈　劲

清华大学经济管理学院

前　　言

　　在企业技术创新管理实践中，面对竞争环境的动荡性和技术创新的复杂性，企业需要对原有创新思维和运营模式进行调适。开发性创新是指利用现有知识和资源进行渐进式、风险较小的创新活动，以保证当前稳定的收益和生存需要；探索性创新是指不断利用不同技术之间的交叉，开发具有完全自主知识产权的产品和服务，以寻求可持续发展的新机遇。企业同时进行探索性创新和开发性创新称为双元性创新。面对竞争压力和环境巨变，企业在开发现有创新能力的同时，不断探索新的发展机遇成为这一背景下的有效尝试。然而由于缺乏战略眼光和敏锐的市场机会识别能力，企业内部仍然按照原有的技术创新架构和路径进行产品研发，技术创新逻辑程序化、机械化，未能实现产品和服务的成功转型和升级，企业的生存和发展受到严重的内外部制约。我国各行业领军企业之所以能够持续成功，在于它们兼具开发性创新和探索性创新的双重能力。

　　双元性创新要求高管团队具有双元性管理思维，企业战略目标具有双元性导向。然而探索性创新和开发性创新之间的平衡协调与资源配置在企业内部始终面临着两难选择和管理悖论。在"开放式创新"的时代环境下，协同创新已成为企业提高自主技术创新能力的重要手段。构建企业创新网络，如何推动企业与网络中其他主体之间形成共生关系，如何整合创新资源解决双元性创新的平衡与协调问题，成为学界研究的热点问题之一。在企业创新网络中存在的众多资源中，知识无疑是最为关键的资源，获取更多互补性和异质性的知识资源也是构建创新主体或加入企业创新网络的动机和目的。然而，企业创新网络中知识具有大容量、多种类、繁杂性等特征，知识流动是"目的性"和"无意识、非主动"相互交叉实现的，导致企业创新网络中大量有价值的知识没有发挥出应有作用。事实上，如何快速识别出两种创新行为所需知识并提高知识流动效率，以实现知识的快速更新和知识存量的动态增长，对于解决双元性创新难题具有重要的价值和意义。由此，基于企业创新网络的视角，探讨和揭示如何通过提升知识流动效率来满足两种创新行为的不同知识需求成为本书研究的核心问题。

　　本书在梳理国内外已有文献的基础上，基于对中国企业技术创新管理实践和情景的认知，从企业创新网络的研究视角入手，探讨企业创新网络的构建、运行与演化过程中的难点问题,聚焦企业创新网络结构和关系维度分析企业创新网络演进路径,为企业获取更多新知识和新技术等外部资源推动双元性创新奠定基础。进而,在明确界定双元性创新内涵、特征和需求的基础上,研究和揭示企业创新网络不同层面和知识流动效率对双元性创新平衡的影响机制,重点包括平衡方式、关键要素、实现路径等问题。同时,本书采用大规模问卷调查和典型案例分析相结合的方法进行了实证分析。

因应研究目的和内容所需,本书围绕企业创新网络、知识流动效率与双元性创新的关系这一主线展开全面分析,共分为四个部分包括九个章节。第一部分为第1~2章,第二部分为第3~5章,第三部分为第6~8章,第四部分为第9章。各部分之间体现出有机的内在联系和递进关系。第一部分主要阐述了本书的研究背景和意义,主要研究内容和预计创新点,同时对研究的理论基础和现有文献进行了回顾和述评,为开展理论研究和实证分析奠定了基础。第二部分为理论研究,首先构建企业创新网络的一般研究框架,分析企业创新网络结构性特征与合作关系的主要内容,进而重点对企业创新网络生成、运行与演进过程中的关键问题进行探讨;其次研究企业创新网络不同层面影响双元性创新的关键因素及实现两种创新方式平衡的路径;最后对知识流动效率影响双元性创新的因素和路径等内容进行探讨。第三部分为实证研究,首先提出"网络嵌入性—知识流动效率—双元性创新"的概念模型,对模型所涉及的要素及关系加以分析和假设;其次通过收集原始数据对概念模型和研究假设进行检验并对结果进行讨论;最后采用纵向多案例研究方法深入分析中国科技领军企业推动双元性创新的模式、过程和运行机制,以及这些企业双元性创新管理的基本经验。第四部分为结论与展望,说明本书的局限性和对未来研究的展望。

为实现研究目标,本书设计了具体的研究思路,包括如下三个递进步骤:首先揭示企业创新网络有机协调运行和功能实现所需的条件;其次逐步探讨企业创新网络和知识流动效率对双元性创新的影响作用和路径;最后提出实现两种不同的创新方式动态平衡的管理策略。采用的研究方法主要是文献分析法、理论分析法和实证分析法,三者相互补充,侧重点各有不同。文献分析法和理论分析法贯穿本书的始终,实证分析法主要是利用深度访谈、问卷调查和查阅公开资料等方式,以佐证书中的理论研究内容。

总的来说,双元性创新理论和实践在我国取得了很大进展,如何将双元性创新理论和方法应用到更多的企业技术创新管理之中就成为当务之急。期望本书对相关理论研究和企业技术创新管理实践有一定的参考价值。

李正锋

西北工业大学管理学院

目　　录

第1章 绪 论

1.1 研究背景

1.1.1 现实背景

我国经济已由高速增长阶段转向高质量发展阶段。坚持创新驱动发展战略，是加快形成经济发展新方式，推动经济社会高质量发展的必由之路。习近平总书记在党的二十大报告中强调，加快实施创新驱动发展战略。加快实现高水平科技自立自强。以国家战略需求为导向，集聚力量进行原创性引领性科技攻关，坚决打赢关键核心技术攻坚战。加快实施一批具有战略性全局性前瞻性的国家重大科技项目，增强自主创新能力。营造有利于科技型中小微企业成长的良好环境，推动创新链产业链资金链人才链深度融合[①]。

从国际上看，全球科技革命浪潮正在重塑世界经济格局，高精尖技术与传统产业融合正在引领全球产业链和价值链发生深度调整。科技革命酝酿巨大变革力量，当技术本身或其使用方式发生根本变化时，就会出现拐点，带动相关科技及产业发生深刻变化。我国曾经错失世界科技革命的重大历史机遇，当今的信息化深度革命为我国提供了自工业革命以来最好的机遇窗口，全面深入实施创新驱动发展战略，既是我国提升国际竞争力的关键途径，也是我国从创新大国走向创新强国的战略选择。

经过多年的持续积累，我国科技发展进入由量的增长向质的跃升转变的历史新阶段。截至 2020 年底，我国科技人力资源总量为 11 234.1 万人，居世界首位，全社会科技研发投入总量位居全球前列，科技整体水平与发达国家差距明

---

① 习近平. 高举中国特色社会主义伟大旗帜 为全面建设社会主义现代化国家而团结奋斗——在中国共产党第二十次全国代表大会上的报告[EB/OL]. http://www.gov.cn/xinwen/2022-10/25/content_5721685.htm, 2022-10-25.

显缩小[1]。2016 年 5 月，中共中央、国务院印发《国家创新驱动发展战略纲要》，明确我国到 2050 年建成世界科技创新强国。

企业是技术创新的主要活力源泉，是各国研发投入最活跃的主要载体，也是我国实施创新驱动发展战略的关键主体和决定性力量。从美国创新型国家建设的实践来看，一系列划时代的原始创新都直接来源于企业。例如，美国通用公司贝尔实验室在通信领域、波音公司在飞机领域、福特汽车公司在汽车生产领域、杜邦公司在化工领域、美孚公司在石油勘探开发领域、微软和英特尔公司在计算机领域的原始创新，为美国科技领先做出重要贡献，推动美国和整个世界的科技发展。我国产业技术发展正在从以模仿制造和引进技术为主转向引进技术消化吸收再创新与自主研发产业化相结合的新阶段。产业技术发展阶段变化要求我国由政府主导的科技创新模式向市场导向的企业引领创新模式转变。2021 年，我国各类企业研发经费超过 2.15 万亿元，占全社会研发经费支出比重的 76.9%[2]；企业创新主体地位显著增强，企业在全社会研发投入、研究人员和发明专利的占比均超过 70%[3]。

在发达国家不断对我国提升企业自主创新能力进行限制和打压的国际背景下，企业如何走出具有中国特色的创新驱动发展道路是我国企业管理者不得不面对的一个重要而又紧迫的难题，而实施双元性创新是这一背景下的有效尝试。双元性创新即企业同时进行开发性创新和探索性创新活动。通过开发性创新，利用现有知识和资源进行渐进式、风险较小的创新活动，以保证当前稳定的收益和生存需要。通过探索性创新，利用不同技术之间的交叉融合，开发具有完全自主知识产权的产品和服务，以满足企业可持续性发展的需求。然而探索性创新需要更多研发投入、更长周期的研发积累，创新风险比较大，创新收益也具有不确定性。因此，在开发现有创新能力的同时，不断探索新的发展机遇，同时实施开发性创新和探索性创新活动已成为越来越多中国企业的选择。以华为、中兴、比亚迪、海尔、格力等为代表的一大批企业之所以能够成为各自行业的领先者，一个重要原因在于它们能够在进行开发性创新的同时，不断推动探索性创新能力的提升。

在企业实践和学者的研究中，对于企业双元性创新行为一直存在着争议。有学者通过研究认为探索性创新和开发性创新是两种不同性质的创新导向，它们在创新目标、创新结果、组织结构、文化氛围等方面存在明显的差异，在资源有限的条件下企业很难平衡两种创新行为，追求两者之间的平衡会对组织绩效产生负

---

① 资料来源：《中国科技人力资源发展研究报告（2020）》。
② 资料来源：国家统计局网站《2021 年全国科技经费投入统计公报》。
③ 王一鸣. 全球变局下的中国科技创新战略和路径选择 [EB/OL]. https://new.qq.com/rain/a/20220520A09A0C00，2022-05-27.

向影响。不过越来越多的研究者意识到平衡探索性创新与开发性创新的重要性，并试图从具体方法上研究解决探索性创新与开发性创新的悖论问题（李国强等，2019）。双元性创新所代表的矛盾性思维和管理模式对于转型时期的中国企业来说具有重要意义。在日益复杂的外部环境中，企业经常面临着开发已有的创新能力与探索新的发展机会的矛盾。如何在保持原有竞争优势的前提下，开展新的创新活动，寻找和培育企业发展的新能力，成为很多企业面临的重要问题。企业要处理好探索性创新和开发性创新之间的矛盾关系，单靠自身内部资源的挖潜是远远不够的，而且创新风险很大。所以企业需要在产业链上寻求多样化的合作伙伴，获取和吸收更多的外部资源，实现资源互补、优势互补，在获得稳定的短期收益的同时，构建起长期的、可持续的竞争优势。

随着技术高速发展、技术开发时效性不断提高、产品生命周期不断缩短，企业之间的竞争日益加剧，企业传统的创新模式已经难以适应快速变化的技术发展和复杂的市场环境。在信息化、网络化和全球化的时代特征下，大数据、物联网、人工智能等技术的快速发展，企业的基本结构、企业中资源流动和生产要素配置的方式都发生了重大改变，企业之间合作创新已成为企业提高其技术创新能力、获得新技术和新市场的战略选择。从企业发展的现状来看，我国企业正处在艰难的转型期，众多企业在发展规模、技术创新的形式和手段等方面存在不足。技术创新存在分散、封闭、缺乏整合等突出问题，企业之间技术壁垒严重，缺少研发合作。企业与高校、科研院所之间的协作大多也是分散进行的，企业的新产品研发与大学、研究机构的科研项目分离严重，使得大学和研究机构向企业转移科研成果比较困难。此外，当今科技发展的跨学科特征愈加明显，创新过程变得越来越复杂，没有一个组织能在资源和相关技术领域取得完全优势，我国企业技术创新模式和管理创新的方式方法面临着创新实践新情境的挑战，使得创新效率和质量难以快速提升。企业技术创新与管理创新"双轮驱动"的模式尚未完全形成和推广开来。我国企业面临的严峻境地，使构建和发展企业创新网络成为我国越来越多企业的普遍共识，也成为当前技术创新管理研究的热点领域之一。

实践表明，构建或加入企业创新网络开展技术创新活动已为国内外众多企业所采用。Rothwell（1991）考察了欧洲中小制造企业的技术创新活动后指出，企业与利益相关方的合作已经成为一种有建设意义的活动，有很多证据表明现在的很多技术创新成果都来源于企业创新网络的成功构建，企业与外部环境之间的界限将越来越模糊，开放式创新更有利于成功实施创新活动。实际上企业与创新网络中其他主体之间形成的相互依赖共生关系，是其获取外部知识和资源的重要渠道，企业既可以整合和利用网络中的创新资源，获得溢出效应，又可以协同技术攻关，减少创新风险。特别是在各国重点投入颠覆性技术领域，技术创新的复杂性远远超过单个组织的能力，创新突破需要大量的学科交叉知识和专业人才合作才能实现。从这个角度上来说，企业创新网络是企业为适应技术创新的复杂性而寻求优势互补效应的一种新型组织范式。然而无论是现实关注还是已有研究，都似乎对企业创新网络的形成和拓展如何影响双元性创新的重视程度不够。本书从企业创新网络的视角，重点关注网络结构嵌入和关系嵌入对推动企业双元性创新活动的具体影响作用，为企业同时实施探索性创新和开发性创新活动提供具有可操作性的策略和建议。

1.1.2 理论背景

本书中双元性创新指的是探索性创新和开发性创新，其初始概念来源于双元性组织。双元性组织意在说明企业的组织架构要能有效运作当前事业和适应未来变革，并且企业能够根据创新所处的不同阶段进行适应性调整以实现创新战略目标。此后，March（1991）在组织学习背景下描述了探索和开发活动之间的独立性，奠定了双元性创新的分析框架。从探索性创新和开发性创新的内涵来看，探索性创新更多是技术导向，倾向于研发新的技术产品或服务，创造需求，占领未来市场；开发性创新则更多是市场导向，倾向于迎合现有市场的主流消费需求，占领更多的细分市场。关于探索性创新和开发性创新之间的关系，学术界产生了多种不同的观点。一种观点认为探索性创新活动和开发性创新活动遵循不同的逻辑，需要不同的战略结构、思维方式和文化，而且都有自增强和路径依赖的特征，两种创新方式会争夺有限的组织资源（March，1991；彭华涛等，2022a）。另一种观点则认为探索性创新活动和开发性创新活动之间是相互作用的，即强调同时开展高水平的探索性创新活动和开发性创新活动的企业更容易成功（范丽繁和王满四，2022），组织需要延续并改进现有产品或服务以保证当前稳定的收益，同时也需要不断地适应外部的动态环境并进行探索性创新以满足未来发展。还有一种观点指出双元性创新包含了"平衡维度"和"组合维度"两个相互区别又相互联系的方面，平衡维度是指探索性创新与开发性创新之间的差值，也就是相对的均衡程度，组合维度是指探索性创新与开发性创新的绝对数值，也就是二者总和（或乘积），认为同时实施探索性创新活动和开发性创新活动能够让组织的生存与发展能力更强一些（Cho et al.，2020）。

目前关于双元性创新的研究还存在诸多争议，原因在于不同学者对探索性创新和开发性创新关系的研究角度不同。例如，探索性创新和开发性创新之间究竟是竞争的还是互补的？在不同层次和条件下，如何解决探索性创新和开发性创新之间的竞争关系？同时进行探索性创新和开发性创新的前因变量及影响作用如何？对于这些问题，不同学者从组织行为理论、技术创新理论、战略管理理论等方面进行了研究，相关研究成果为本书奠定了良好基础。本书在借鉴社会网络理论和知识管理理论的基础上，重点探讨将企业总体技术创新能力融入对双元性创新平衡的辩证思维框架中，使矛盾论中关于二元有机平衡的思想在企业技术创新行为研究中得到应用，丰富和深化双元性创新的研究成果。

　　企业创新网络作为推动技术创新的一种新范式，由 Freeman 于 20 世纪 90 年代初正式提出。企业创新网络是创新主体为适应快速变化的市场、加快创新速度而组建的一种新型企业创新组织模式，它对企业开展创新活动有独特的影响。在"开放式创新"的时代环境下，越来越多的企业与合作伙伴、大学或研究机构等外部组织以网络的形式进行合作，整合创新资源、协同开展创新活动，并形成稳定的组织结构和治理机制，逐渐形成战略协同关系，推动企业创新范式的转变。企业创新网络的构建与高效运行将直接影响到企业的创新成本和创新绩效。因此，要构建和运行一个更高效率的企业创新网络来解决双元性创新对新知识和互补性资源的需求，需要我们充分认识和把握企业创新网络演化发展规律，厘清和理顺企业创新网络内在的微观运行特点，以充分挖掘这一创新模式的优势和潜力，为解决企业双元性创新难题奠定基础。但是从已有的研究文献可以看出，相关研究多倾向于从企业创新网络的结构、关系或演化动力因素的某一方面进行分析，缺乏其内在关联性的系统研究。研究和解决这一问题无疑对企业同时开展探索性创新和开发性创新活动具有重要的理论价值。

　　知识对促进双元性创新的价值已经得到越来越多研究者的重视和认同，大多研究均认为知识对这两种创新活动都起着重要的支撑作用。但是知识在企业创新网络中的高效率流动则是基础与前提。Chang 和 Hughes（2012）的研究表明企业管理者可以同时进行高水平的开发性创新和探索性创新，相比较而言，自上而下的知识流动有利于开发性创新活动，而同事之间的相互横向学习或者自下而上的知识流动则更有利于探索性创新。Eriksson（2013）在探究了项目型组织不同层次上知识流动和扩散对双元性创新的影响后指出，基于知识流的协调机制有助于企业双元性创新活动的实现。然而对于知识流动效率究竟如何影响企业获取和吸收外部新知识和技术的能力，从而直接或间接地影响企业双元性创新活动，现有研究成果较少，需要进一步深入研究。因此，厘清和理顺企业创新网络中知识流动效率与双元性创新的内在逻辑关系，进而逐步剖析知识流动效率对双元性创新的影响机制和具体路径，无疑对满足企业双元性创新的知识需求、提高企业双元性创新能力起到一定的理论支撑。

　　总之，现有文献对企业创新网络与双元性创新关系的研究尚未形成系统性的研究框架，需要引入具体的情景变量进行深入研究。相关研究表明，在成功构建企业创新网络的案例中，不同企业从创新网络中获取的收益存在明显差异，这说明成功构建企业创新网络并不一定就能促进双元性创新及创新成果带来经济效益。基于此，本书认为构建和运作一个更有效率的企业创新网络以增强企业持续创新能力是一项重要的任务。在中国独特的制度环境下企业如何借助创新网络"知识库"推动双元性创新及平衡？知识流动效率如何帮助企业精准获取双元性创新所需知识？对这些问题的有效阐释和分析正是本书理论研究的缘由，研究结论对企业创新网络理论、技术创新理论的研究框架和逻辑链条提供必要的补充，由此可以洞悉本书的理论意义所在。

1.2 研究问题和创新点

1.2.1 研究问题

因应理论研究和实践应用所需，本书试图探索在企业创新网络这一新的组织形式下，知识流动效率对企业实现双元性创新的影响机制和途径，构建"网络嵌入性—知识流动效率—双元性创新"的理论框架和研究思路，重点探讨以下三个方面的问题。

其一，分析企业创新网络运行机制与功能实现方法。

管理学领域现有研究多是对企业创新网络的某一特征或演化机制进行研究，鲜有研究系统地描述企业创新网络构建与运行的完整过程。资源有限条件下，企业主动构建或加入创新网络是其获取互补性资源的有效途径，然而企业在获取和使用创新网络资源过程中都是有成本的，在企业创新网络形成和发展的不同阶段，如何实现创新主体投入与收益的最佳匹配，如何设计有效的治理机制引导创新主体行为以形成更优的协同创新关系以及更深的协同创新程度，现有研究并未给予很好的回答和阐释。本书基于对企业创新网络结构性特征和合作关系影响要素的分析，从网络主体合作博弈的视角探讨了如何构建和形成一个稳定且富有效率的企业创新网络，为企业利用创新网络推动双元性创新奠定基础。

其二，研究企业创新网络合作要素对双元性创新的影响。

越来越多的研究成果表明，与只进行开发性创新或者探索性创新的企业相比较，实施双元性创新的企业更容易获得成功。双元性创新的研究焦点在于如何解决资源有限条件下探索性创新与开发性创新的张力和矛盾问题。企业创新网络为企业跨越双元性创新悖论提供了有效组织模式。然而现有研究对企业创新网络结构嵌入性和合作关系如何影响双元性创新及动态平衡的讨论还不够充分。本书在深入分析探索性创新和开发性创新平衡关系的基础上，从网络层面和组织内部层面探讨了双元性创新在企业创新网络中的实现机制，识别出双元性创新的前因变量和关键因素，以清晰阐释矛盾论中关于二元平衡的思想在技术创新行为研究中的应用、深化和发展。

其三，探究知识流动效率对双元性创新的影响。

开放式创新网络模式下，知识流动与技术创新的关系是该领域研究的重要问题。相关研究表明，知识流动效率不高往往导致企业创新网络中的知识价值难以充分发挥。但是如何提升知识流动效率促进企业技术创新的研究成果较少，衡量和测度知识流动效率的标准也并不统一，专门研究知识流动效率对双元性创新影响的文献则更为有限。为此，本书在企业创新网络模式下，构建知识流动效率与双元性创新的关系模型，并引入高管团队承诺作为调节变量，实证检验知识流动效率的不同构面对双元性创新的影响作用及差异性。

1.2.2 研究创新之处

双元性创新理论是技术创新管理领域较为新颖的一种理论，诸多研究成果还存在较大分歧和争议。我国学界开展双元性创新研究起步较晚，研究的深度和广度明显不足，尚存在研究视角较为分散、研究内容有待深化、研究成果体系化不强等问题，本书尝试从研究构思的系统性、研究内容设计的新颖性、研究论证的严谨性等方面做出一些新探索。本书研究创新点主要包括以下几个方面。

（1）在研究构思上，响应创新驱动发展战略在企业微观层面深入实施的需求，突破单一理论框架，有机融合技术创新、知识管理、社会网络等理论的研究成果进行系统性构思。以提升企业双元性创新能力为导向，研究企业创新网络从生成到演化过程中异质性知识资源拓展和协同创新关系建立的路径和方法，刻画知识流动效率的不同构面，帮助企业精准识别和获取创新网络中的互补性技术和知识资源，分析知识流动效率不同维度对双元性创新的影响机制和路径，更好地实现探索性创新与开发性创新的动态平衡。

（2）在研究内容上，拟从企业创新网络运行机制与演化过程入手，探讨网络结构嵌入性、关系嵌入性等要素到底是如何影响双元性创新的，以及两种创新方式有机平衡是如何在企业创新网络中实现的；从知识流动效率的视角，研究如何从企业创新网络中快速、高效地获取双元性创新所需的复杂知识体系，探索同时提升探索性创新水平和开发性创新水平的具体路径。

（3）在研究方法上，采用大样本调查与典型案例分析相结合的方法。大样本调查旨在为本书提出的相关概念模型和假设提供数据支持，利用统计分析软件对各变量之间内在逻辑关系进行检验和讨论。典型案例分析旨在对科技领军企业如何开展双元性创新的实践经验进行总结和提炼，为其他企业管理实践提供一些有益的参考和启示。

1.3 研究框架、技术路线与研究方法

1.3.1 研究框架

本书围绕企业创新网络、知识流动效率与双元性创新关系这一主线，深入探讨企业创新网络的运行机制，以及企业创新网络对双元性创新的影响、知识流动效率对双元性创新的影响等。构建企业创新网络中知识流动效率与双元性创新的关系模型并提出研究假设，通过规范的实证研究方法对研究假设进行检验，并对研究结果进行讨论，最后指出研究的不足和进一步深入研究的方向。特别需要说明的是，在研究企业创新网络时，均将企业创新网络结构嵌入性和关系嵌入性作为本书研究的切入点，主要是因为本书以企业双元性创新为研究对象，企业创新网络的这两个典型特征与双元性创新内在关联度大，有利于研究的聚焦和深入，增强研究的理论价值和实际指导意义。企业创新网络作为一种组织模式，区别于创新联盟、产学研合作等模式，且企业创新网络结构和合作关系嵌入性便于定量化测度，有利于实证检验。本书的基本框架安排如下。

第1章，绪论。该章首先说明研究背景与研究意义，在此基础上，提出本书主要研究内容。随后对各章研究内容进行概述，并介绍具体研究框架和研究过程中使用的研究方法。

第2章，理论基础与文献综述。该章系统梳理本书涉及的相关理论基础，以及国内外关于双元性创新、企业创新网络、知识流动、高管团队承诺等的研究成果，厘清研究脉络、了解相关研究的发展趋势，为本书的进一步研究奠定良好基础。

第3章，企业创新网络运行机制。该章在对企业创新网络进行界定的基础上，聚焦于企业创新网络的结构特征和合作关系维度，从网络主体合作博弈的视角探讨企业创新网络的构建与运行过程，基于四象限方法分析企业创新网络的演化过程。

第4章，企业创新网络对双元性创新的影响。该章先是探讨双元性创新平衡关系以及造成两种创新方式失衡的主要原因，提出双元性创新有机平衡的演化路径；进而构建企业创新网络与双元性创新的关系模型，分别从网络层面和组织内部两个维度阐述双元性创新的实现机制，对企业创新网络中影响双元性创新的关键因素进行探讨。

第5章，知识流动效率对双元性创新的影响。该章在分析企业创新网络中知

识流动机制的基础上，构建企业创新网络中知识流动效率测度的指标体系，运用 D-S 证据理论方法对知识流动效率进行评价以检验本书提出的知识流动效率测度指标的有效性和可操作性；进一步地探讨企业创新网络中知识流动效率测度的不同构面对双元性创新的具体影响作用。

第 6 章，理论模型和研究设计。该章从企业创新网络对双元性创新的影响、企业创新网络对知识流动效率的影响、知识流动效率对双元性创新的影响，以及知识流动效率的中介效应和高管团队承诺的调节效应等维度提出相应的理论模型与研究假设。进而，阐述研究中所涉及的各个变量的测量题项，介绍调查问卷的设计过程、数据的收集与统计，并说明本书所使用的实证研究方法。

第 7 章，数据分析与结果讨论。该章在检验测量量表的信度与效度的基础上，采用模糊集定性比较方法对探索性创新、开发性创新及双元性创新平衡的前因要素进行构型分析，识别变量之间的条件组态，运用结构方程模型分析方法，拟合并检验书中提出的概念模型和相关假设，对假设检验结果进行讨论。

第 8 章，企业创新网络与双元性创新的关系：多案例比较研究。该章结合我国企业开展双元性创新的实际情况，选择科技领军企业华为、中兴作为案例研究样本，运用案例分析的"三角验证"基本原理，分阶段总结企业如何通过构建企业创新网络，加强知识管理系统建设，以促进知识流动效率来推动双元性创新的基本经验，用来佐证理论研究内容。

第 9 章，研究结论与展望。该章总结理论分析和实证研究的结论，归纳本书的创新成果和实践指导意义，指出研究中存在的几点不足，以及未来进一步要深入研究的方向。

本书研究框架如图 1-1 所示。

1.3.2 技术路线

本书研究主要从以下四个方面展开：①探讨企业创新网络的运行机制，以及企业创新网络的结构特征和合作关系维度，揭示企业创新网络构建、运行与演化所需的条件和路径；②分析企业创新网络对双元性创新的影响，在对探索性创新与开发性创新平衡关系分析的基础上，从网络层面和组织内部两个维度明晰双元性创新的实现机制及影响因素；③研究企业创新网络中知识流动效率不同构面对双元性创新的影响，以促进知识资源在创新网络中的价值增值；④逐步描述和剖析企业创新网络中知识流动效率对双元性创新的影响机制和具体路径，提出相应的对策和建议。总结起来，即构建一个载体——企业创新网络；应用一种策略——提升知识流动效率；实现一种效果——推动企业的双元性创新。

本书的技术路线如图 1-2 所示。

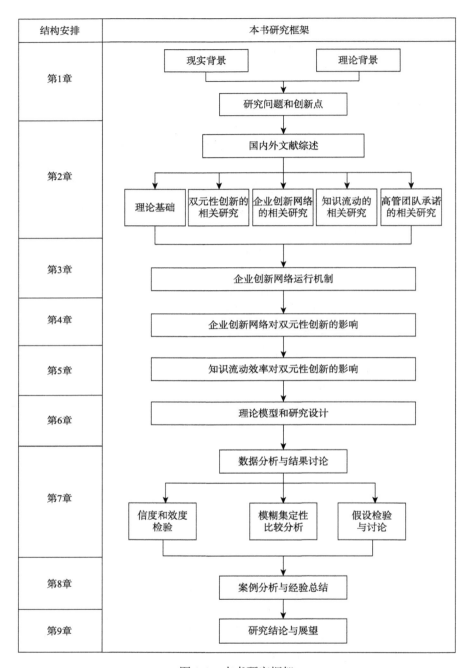

图 1-1 本书研究框架

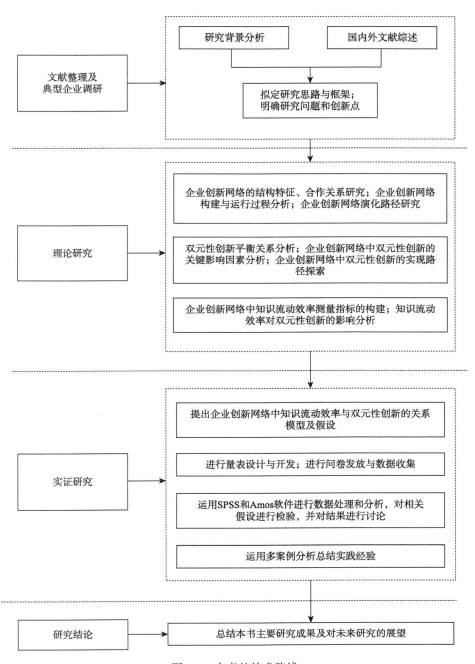

图 1-2 本书的技术路线

1.3.3 研究方法

本书采用理论分析和实证研究相结合的方式,将企业创新网络、知识流动、技术创新相关理论与中国技术创新管理实践相结合,在理论分析的基础上,运用规范的实证研究方法,建立结构方程模型,提出相关研究假设和概念模型,通过大规模的问卷调查获取丰富的原始数据,运用相关统计软件对数据进行处理和分析,检验提出的研究假设,并对研究结果进行讨论。具体来说,本书使用的研究方法主要包括以下几种。

(1)文献研究。通过关键词、主题对国内外数据库进行检索,收集和整理国内外相关度较高的研究成果,以便梳理出国内外相关领域的研究现状和进一步研究的方向,为本书进一步开展研究奠定良好基础。

(2)调研访谈。通过调研、专家访谈等方式,了解中国企业技术创新管理的现状,听取企业、高校和研究机构专家的意见和建议,修改和完善研究方案,明晰研究重点,为开展专题研究提供思路和启示。

(3)理论研究。对企业创新网络运行机制、双元性创新的互动关系及实现机制、知识流动效率提升路径进行深入的理论研究,揭示企业创新网络视角下双元性创新的内在机理和逻辑关系,厘清和理顺双元性创新的关键影响因素和实现方法。

(4)实证分析。提出概念模型和研究假设,基于国内外对于模型中所涉及的变量和测量题项的研究成果,设计调查问卷,在预调查的基础上对相关变量和测量题项进行修订和完善。通过大规模的正式问卷调查收集丰富的原始数据,运用相关统计软件对数据进行处理和分析以检验相关假设,对检验结果进行讨论。结合对中国科技领军企业开展双元性创新的实践总结,提出具体的、可操作的管理策略。

第 2 章　理论基础与文献综述

2.1　理　论　基　础

2.1.1　技术创新理论

技术创新理论源于经济学家熊彼特在 1912 年提出的创新理论。熊彼特及其追随者开创的技术创新理论，揭示了现代经济的一般特征及其发展的社会推动力，这一理论分析体系和研究方法，对当前处于不同体制框架和不同发展阶段中的所有国家，都具有重要的理论价值和现实意义。

1. 技术创新的内涵

创新一词来源于拉丁语，具有更新、制造新事物或者改造的意思。创新的概念最初由熊彼特提出，以技术创新为主。随着技术在经济活动中的地位越来越重要，关于技术创新的研究也变得越来越活跃。为了深入地研究技术创新的机理，学者们从不同的视角对技术创新进行了定义，如表 2-1 所示。

表 2-1　技术创新的定义

文献	定义内容
Enos（1962）	将技术创新定义为一系列行为引发的综合结果，这些行为包括以下方面：对发明行为的选择、对资本的投入、组织框架构建、计划的制订、对员工进行招聘及一级市场开拓
Wejnert（2002）	技术创新是一个非线性的过程，受到不同的社会和经济因素的影响，包括知识和信息的传播和流动作用
Schumpeter 和 Backhaus（2003）	技术创新是一种新的生产函数，其组成主要是生产原材料、生产工艺方法、生产产品的组织结构或系统、产品的销售对象和产品本身
Laursen 和 Salter（2006）	技术创新是一个开放的系统，需要与外部知识和资源进行交流和合作，以实现技术创新的协同效应
Chesbrough（2012）	技术创新不仅依靠企业自身的研发能力，还通过与外部的合作伙伴、供应商、客户等进行知识共享和合作创新，实现创新的加速和优化
张林和宋阳（2018）	可以理解为多种要素的组合，是一种动态的、需要企业不断积累经验和知识才能形成的组合，要素组合包括：技术创新投入能力、技术创新产出能力、技术创新转化能力、技术创新实现方式和技术创新管理能力，旨在增强企业的竞争能力

从表 2-1 中可以看出，随着对技术创新的不断深入研究，其内涵也在不断变化。从创新行为的结果上看，技术创新是不同要素的有效组合及创新主体的行为积累产生的结果。从创新过程来看，技术创新是从产品开发到实现商业价值的整个过程，包括了构思、研发、设计、生产和市场化等多个流程。从创新内容来看，技术创新既包括了产品的创新，也包括了工艺流程的创新。

2. 技术创新理论的研究脉络

纵观技术创新理论的发展进程，可以将其分成线性发展阶段、互动发展阶段和开放式发展阶段。

1）线性发展阶段

技术创新的线性发展阶段强调技术创新在时间上呈现出一定的连续性和线性关系，是一个通过逐步累积、逐步完善的方式逐渐发展的过程。这一阶段的主要特征是技术创新是一个线性的过程，从科学研究到研发再到市场推广，呈现出一个逐步迭代的过程。此外，这一阶段还有一些其他的特征，如创新投入是在科学研究之后，先进行工程设计和研发，再进行市场推广和商业化应用。在这一阶段中，科学和技术是相对独立的，创新的推动力量主要来自企业和市场，而不是科学研究机构。

新古典理论是线性发展阶段的重要理论，以索洛等为代表的学者运用新古典生产函数解释了经济增长与技术创新之间的关系，并提出了技术创新"两步论"（李永波和朱方明，2002）。新古典理论对于技术创新与经济发展之间的关系进行了深入的研究，但是由于采用经济理论模型作为分析工具，缺乏演化的、发展的眼光，无法充分地模拟现实经济的动态性。该阶段另外一个重要理论为熊彼特提出的创新理论。早期的新熊彼特理论是将微观经济理论放入熊彼特理论的框架之中，其目的是强调技术创新对区域经济的促进作用。以曼斯菲尔德、卡曼、施瓦茨等为代表的学者则将研究的重点放在技术创新过程"黑箱"的内部运作上，研究了新技术推广、技术创新与市场结构的关系、企业规模与技术创新的关系等问题。虽然新熊彼特理论对技术创新内在运行机制进行了研究，但是研究还不够深入。这一阶段的研究为我们深入理解技术创新的发展过程提供了重要的参考，同时也启示我们，技术创新是一个多维度的过程，企业和市场、政治和社会、科学和技术都可能对技术创新的发展产生重要影响，因此我们需要多维度、多角度来认识和解决技术创新过程中的问题。

技术创新的线性发展阶段是技术创新研究的重要分支之一，该阶段强调技术创新是一个逐步迭代的过程，企业和市场是技术创新的主要推动力量。虽然技术创新的线性发展阶段研究已经成为技术创新研究的传统领域，但随着技术创新的复杂性和不确定性的增加，传统的线性模型已经不能完全解释技术创新的复杂过程。因此，学者们开始关注技术创新的非线性发展阶段，并提出了一些新的理论和模型，如技术演化理论、网络理论、生态系统理论等，以更好地解释和分析技术创新的复杂过程（徐迎和张薇，2014）。

2）互动发展阶段

技术创新的互动发展阶段强调技术创新是一个多方参与的协同过程，技术创新的发展取决于社会和市场中各方的相互作用。在这一阶段的研究中，学者们认为，技术创新的发展不仅仅依赖于技术本身的特性，更需要关注技术与社会、市场、政策等各种因素的互动作用。

技术创新的互动发展阶段的主要特征是技术创新是一个协同的过程，技术创新的发展受到市场需求、政策支持、企业战略等多方面的影响。研究者们认为，在这个阶段，技术创新的发展需要考虑多方面的因素，需要在市场、政策、技术、组织等多个层面进行协同，才能促进技术创新的发展。这一阶段的重要理论是制度理论，该理论将制度创新定义为组织形式或是经营管理方式的革新，认为有效的激励制度是行为者长期经济绩效增加的最为关键的要素。其中以美国经济学家兰斯·戴维斯（Lance Davis）和道格拉斯·诺斯（Douglass North）为代表，他们认为，制度创新出现在能够预期的创新净收益大于创新成本时，而在现有的制度框架下这些收益却是无法实现的，唯有通过主动地、人为地改变现有制度中阻碍创新的因素，才能获得未来的收益（Davis and North，1971）。Freeman（1987）提出了"国家创新系统"的概念，即公共部门和私营部门中的各种组织机构以促进技术启发、引进、改造和扩散为目的而构成的网络，他认为，国家创新系统主要由政府政策、企业及其研发工作、教育培训、产业结构 4 个要素构成，多方合作才能推动技术创新发展。国家创新系统理论得到了理查德·纳尔逊（Richard Nelson）等学者的认同。纳尔逊认为，国家创新系统是相互作用决定国家、企业创新绩效的整套制度（Nelson，1993）。20 世纪末，中国引入创新系统理论，我国学者在中国特色创新系统理论方面取得了一定进展。从研究内容看，学者们关注的重点都是跟随改革的步伐，分析政策设计下的国家创新系统的路径发展（张宁宁和温珂，2022）。

综上所述，技术创新的互动发展阶段强调技术创新是一个协同的过程，需要在市场、政策、技术、组织等多个层面进行协同，才能促进技术创新的发展。这一阶段的研究为技术创新的研究提供了新的视角，强调了技术创新是一个复杂的协同过程，需要考虑多方面因素的相互作用。同时，这一阶段的研究也为政府、企业、大学等多方合作提供了理论支持，促进了技术创新的发展。

3）开放式发展阶段

技术创新的开放式发展阶段是指通过开放式创新、开源创新和网络创新系统等方式促进技术创新的发展。这一阶段的研究聚焦于如何通过开放创新的方式，提高技术创新的效率和速度，进一步推动技术创新的发展。开放式发展阶段的研究从知识产权、技术演进、组织协同等方面提出了很多新的观点和理论，对于技术创新的发展具有重要的意义（余红，2018）。

开放式创新是技术创新的一种新模式，它通过将创新的过程对外开放，吸引更多的参与者加入创新过程，从而提高技术创新的效率和速度。这一模式主要包括内部开放式创新和外部开放式创新，其中内部开放式创新强调企业内部创新过程的开放，而外部开放式创新强调企业与外部参与者合作创新的过程（张晓丹和蔡双立，2022）。杨震宁和赵红（2020）表示出对于开放式创新的担忧，认为其存在竞合悖论：企业需要跨越组织边界与多个合作伙伴进行合作以获取外部知识，但这一过程不可避免地会涉及知识产权泄露的风险。因此，企业在实施开放式创新战略时，需要考虑如何设计合作机制和筛选合作伙伴等以规避风险，这是企业在选择开放式战略实现创新追赶目标时要直面的决策问题。

开放式发展阶段的研究为技术创新的发展提供了新的思路和途径，强调了开放创新的重要性，并提出了很多新的理论和观点，为企业开展创新活动提供了很好的指导和参考。

3. 技术创新的类型

研究者根据创新面对的对象将其分为产品的创新和工艺（过程）的创新，但随着技术创新内涵与外延的不断丰富，学者开始从不同的视角对技术创新进行解析，从而对技术创新的分类方法进行了延伸，提出了不同的分类标准。本书对技术创新的分类进行总结，如表 2-2 所示。

表 2-2 技术创新类型

视角	类型	主要特征
内容	产品创新	对现有产品的实质改进或生产一项新的产品，又可以进一步分为根本性产品创新和渐进性产品创新
	工艺创新	进行生产工艺的改进或采用新的工艺，又可以进一步分为根本性工艺创新和渐进性工艺创新
程度	开发性创新	由渐进的、连续的小创新构成，技术变化不大，强调对现有产品和工艺的调整、改良和改进
	探索性创新	由重大的不连续创新构成，核心设计理念改变，强调推出全新的产品和工艺
连续性	连续性创新	建立在原有的技术轨迹、知识基础之上，不断改进并推出新产品的创新形式
	非连续性创新	脱离原有的连续性高技术轨道的创新，包括突破性创新、破坏性创新等
产品性能	持续性创新	那些以满足现有市场主流用户和高端用户需求为目的，通过连续不断的性能改进，推动现有产品性能变得更好，品质变得更高的创新
	破坏性创新	为了满足低端市场或者廉价便捷的产品或服务，主要针对价格敏感性的客户
战略	自主创新	企业通过自身努力和探索产生技术突破，以获得自主知识产权为目标，独立完成技术的商业化全过程
	模仿创新	采用比较低的成本对现有产品或者技术进行模仿，并进行一些技术或是产品的复制或者改良，提高企业的创新能力
	合作创新	企业之间、企业与高校或研究机构之间有时互补，共同投入一项研究之中，形成创新的协同效应，达到双赢或者多赢的目标

资料来源：根据陈劲和郑刚（2016）、林春培和张振刚（2017）等文献整理

　　基于创新内容的分类强调的是根据创新所面对对象的不同而产生的技术创新产出的差异。产品创新主要是为了满足顾客的需求而生产新产品，其对象是产品，包括有形产品和无形产品。工艺创新则是对生产流程进行改造，是从产品概念到生产销售的一系列流程的替代或升级，其对象是工艺，包括加工过程、工艺路线、设备更新等。基于创新程度的不同，学者将创新分为渐进性和突破性两种。渐进性创新通常是对现有技术实现持续的改进，沿用原有的技术发展路径，创新的程度相对较小。突破性创新则是开启新的技术轨道或新的技术范式，对原有技术轨道产生剧烈震荡或者颠覆的技术创新。基于产品的性能，有学者提出了有些企业是通过提供高端的不完备产品而对技术创新产生颠覆性影响，学界将这类创新定义为破坏性创新。持续性创新则是对现有市场中的产品进行持续不断的改进，使其功能更加完备。持续性创新和破坏性创新主要强调消费者对产品性能的接受程度。基于创新的连续性，学者将技术创新分为连续和非连续两种类型，渐进性创新和持续性创新均属于连续性创新，而突破性创新和破坏性创新则是非连续性创新。基于企业所选择的战略不同，则可能通过自主创新、模仿创新和合作创新的形式开展企业自身的创新活动。

　　4. 技术创新过程模型

　　技术创新是从产品构思到产品商业化的一个过程。创新的运作过程"黑箱"一直受到研究者的关注。20 世纪中叶后，学者们展开大量的调查研究工作，对技术创新的过程进行了研究，得出了很多成果。随着技术创新的不断发展和研究的不断深入，技术创新的过程也在不断地发展和变化。基于前人的总结，根据技术创新过程的复杂性、系统性程度，将技术创新过程模型分为线性模型、并行开发模型及开放式开发模型。

　　1）线性模型

　　根据驱动力因素不同，线性模型可以分为技术推动模型和市场拉动模型两个类型。技术推动模型的形成是基于技术的蓬勃发展而形成的创新过程。第二次世界大战后，半导体、电子信息技术、新材料等新一轮技术突破使许多企业家发现了商机，企业家将这些新技术实现了商业化，推动了经济的发展。新技术的突破是技术创新过程的一大动力，通过对新技术的商业化，能够帮助企业实现可持续的技术创新。因此将此过程总结为技术创新的技术推动模型。技术推动模型描述了以新的基础科学技术突破为契机的创新成果是技术创新的主要推动力量，通过对这些技术机会的识别，以及对创新成果的商业化，使其逐渐被消费者接受，形成新的市场，从而推动新产业的形成。另外一种技术创新模型是市场拉动型的技术创新模型。随着标准化、流程化、专业化的产品制造模式的推广，企业生产制造能力得到极大的释放，生产效率不断提高，造成了企业之间的竞争加剧，企业家开始注重市场的作用。技术创新的市场模型解释了在市场的作用下，市场需求成为企业创新的重要源泉，在创新过程中扮演着重要角色。以市场需求为引导，能够减小技术变革带来的潜在风险，提高技术成果商业化的效果，给企业带来更高的创新红利。

2）并行开发模型

学者对创新过程的线性认知一直持续到 20 世纪 70 年代，之后由于生产效率的大幅度提高，市场出现了供过于求的经济现象，对于技术创新，企业更多地开始关注如何使技术的更新与市场的需求相结合，从而既降低成本，又能保证产品获取良好的市场效益。企业对市场和技术结合的一系列实践激起了学术界对技术创新过程的又一次研究高潮。之前的线性技术创新模型在复杂的不确定性环境下过于简单和极端，已经无法全面揭示现阶段的技术创新过程。因为两种线性模式都只是片面地描述了技术或市场单方面的动因产生的技术创新过程，但是在实践过程中，企业会面临技术进步和市场需求两方面的变化，而企业为了应对两者的变化，需要关注其交互作用对企业技术创新过程的影响，而非割裂地看待它们。因此，Mowery 和 Rosenberg（1979）提出了技术与市场交互模型，解释了技术、市场相互联结作用下企业进行技术创新的过程，如图 2-1 所示。从图 2-1 可以看出，技术和市场不仅仅在产品生产的构思阶段充当动因的作用，其对产品从概念到进入市场的整个过程均有影响。对比线性的技术推动或市场拉动线性模型，该模型能够指导企业更好地进行技术与市场的结合，提高企业的技术创新能力。

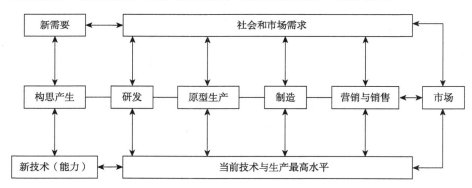

图 2-1　技术与市场交互模型

20 世纪 80 年代之后，日本迅速崛起，成为世界上制造大国之一。这一格局的改变，迅速吸引了学者的目光。在对日本创新优势的研究中，陈劲和郑刚（2016）发现，日本的科技进步不仅仅得益于国家支持、精益生产及质量把控，还得益于其在新产品开发过程中的快速响应。Rothwell（1994）深入研究发现，日本的产品生产过程没有像西方企业一样进行时序化的分割，而是强调各部门之间的并行生产，通力合作。从图 2-2 可以看出，市场营销、研究与发展、产品开发、生产工程、部件制造（供应商）和制造并不是按照时间顺序分别活动，而是在一定时间段内进行同步活动，并且在这一活动时间内，要求企业开展定期的跨部门"联席会议"，通过多次多部门信息交流，促进技术创新的顺利开展并保证技术创新活动的目标一致性。在这种模式下，各部门可以进行紧密的沟通和联系，及时对创新活动进行控制、调整和改进，提高企业技术创新的集成能力和对技术及市场的反应能力，从而极大地提高创新的速度和效率，完成企业技术的提升。

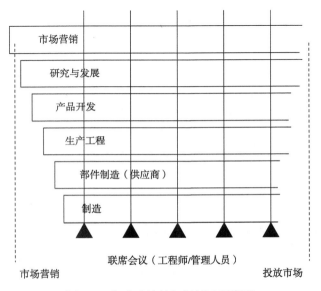

图 2-2　集成（并行）创新过程模型

3）开放式开发模型

虽然创新集成化带来了产品开发周期的缩短，但是同时也带来了研发成本的上升。一些领先的企业为了平衡技术开发时间和开发成本之间的矛盾，从内部的集成（并行）改为与企业外部组织相互合作，形成创新链或者创新网络，依赖企业间合作创新提高产品更新速度并且共担产品研发成本，从而构建起时间更短、成本更低的技术研发系统。至 20 世纪末，逐渐涌现出各种网络化的动态联合创新模式，如创新联盟、虚拟组织、企业创新网络等。陈劲和郑刚（2016）将这种技术创新模型称为系统开发模型或者网络开发模型。McCabe 等（2016）从系统的主体出发，指出技术创新是一个复杂的过程，需要多主体（企业、政府、高校、研究机构、金融机构、中介机构等）共同参与，才能实现技术协同创新。系统开发模型的关键是实现多主体的协同，因此很多学者认为信息在网络中高效流动是保证网络开发速度和效率的有利因素。Zhao 和 Li（2022）提出了开放式网络的三元结构，即网络密度、开放性和强度，他们认为在网络模型中最重要的是企业与其他组织之间的信息交流，企业如果能够形成有效的信息交流，并且将这些信息转化为企业可用的知识，那么将提高企业的信息交流和信息处理的能力，能够有效提高企业的技术创新能力。同时，也有学者提出在网络内部进行有效的知识管理对提升企业绩效有积极的作用。Yu 等（2022）的研究结果说明企业创新网络对于组织吸收和利用内外部知识具有促进作用。创新网络中知识流动的效率日益成为技术创新的研究热点之一。

2.1.2　社会网络理论

社会网络的概念最早是由英国人类学家拉德克利夫-布朗（Radcliffe-Brown）提出的，这一概念被用于描述社会资源分配的问题，之后被研究者运用于社会学、经济学、管理学等诸多学科。社会网络理论的一个基本假设是，在社会情境下的人，基于彼此的纽带关系形成相对稳定的"网络"模式。根据不同的研究需求，不同的学者基于社会网络的基本属性，从不同视角切入对其进行了定义。Harrison（1981）认为，市场是从社会网络发展而来的，社会网络是经济活动运转的平台。也有学者从行为者之间的社会互动和社会关系的视角出发，将社会网络定义为由行为者相互关联而形成的一系列纽带关系的集合，并将其视为一个整体来理解行为者的社会行为。Wellman 和 Berkowitz（1988）认为，社会网络是由个体间的社会关系构成的相对稳定的系统，是联结行为者的一系列社会关联，它们相对稳定的模式构成了社会网络结构。随着社会网络理论的不断发展，在管理学相关研究中，学者将网络的定义从个体之间的人际关系逐渐拓展到了集合单位网络，并从微观和宏观层面对组织行为进行分析，微观层面主要包括领导力、团队等，宏观层面包括企业联盟、创新网络、网络治理等。通过对文献的梳理，本书对社会网络理论的演化进程进行了总结，如表 2-3 所示。

表 2-3　社会网络理论的主要研究内容

文献	研究视角	主要观点
Mitchell（1969）	关系网络	社会网络是人群间的特殊联结，是个体间特定关系的集合，主要包括正式和非正式的人际关系
Granovetter（1973）	弱关系理论	从时间长度、情感密集度、亲密度及互惠服务四个维度将社会关系划分为强关系与弱关系
Bourdieu（1985）	社会资本	社会资本是实际和潜在资源的集合体。社会资本嵌入社会网络，需要通过一定的关系网络才能获取。强调了资源与网络之间的相互依赖关系
Granovetter（1985）	嵌入性	社会经济活动嵌入动态的社会情境之中
伯特（2008）	结构洞理论	社会网络中存在某些个体不直接发生联系的现象，这种间接联系或关系间断的现象从网络整体看就像是网络结构的洞穴

1. 社会网络理论的主要观点

从 20 世纪中叶发展至今，社会网络理论形成了庞杂而丰富的理论体系。本书主要对研究所涉及的主要理论观点进行梳理，厘清本书与已有文献之间的逻辑传承关系。

1）弱关系理论

网络的基本构成元素是节点和连接，节点依赖于连接产生联系，因此在对社会网络进行研究的过程中，行为主体之间的关系研究成为学者关注的焦点，其中最重要的是弱关系理论。Granovetter（1973）提出了关系强度的概念，他将行为主体之间的联系根据互动频率、情感力量、亲密程度和互惠交换四个因素分为强关系和弱关系，并认为不同的关系强度在网络的信息传递中发挥着不同的作用。

强关系通常代表行为者之间存在高度互动的亲密联系。Granovetter（1973）用强关系优势来描述这种关系类型。有学者认为，强关系是行为主体与外界发生资源交换的基础。首先，强关系主要发生在有频繁互动的主体之间。由于双方互动稳定，有高密度的会面、交流、合作，有利于推动行为主体之间发生信息或其他资源的交换。其次，强关系基于主体之间高度的信任感和认同感，从而促进主体之间的分享意愿，有助于企业从网络中获取资源（卫武和倪慧，2020）。因此在强关系中，主体能够获得高质量有价值的信息和资源，这些资源会对主体的发展产生极大的帮助。最后，强关系多为相似性较强的主体之间的连接，因此它们会面对相似的外部环境。当外部环境具有极大不确定时，强关系能够促进主体之间合作，识别外部环境中的威胁，并通过彼此交流和合作，采取有效的措施共同抵御外部威胁，降低外部环境的负面作用。

关于主体间关系的另外一种形式是弱关系，通常被描述为弱联系力量。Hansen（1999）认为，强关系虽然可以促进主体之间进行资源的互动，但是建立强关系需要主体投入大量的精力，因此强关系建立的数量会比较少，传播范围比较小，虽然通过强关系能够获得深度的信息和资源，但是由于传播途径重复性强，会引起资源的冗余和浪费，而弱关系可以解决这个问题。Wang 等（2017）通过对知识网络关系强度的研究发现，相较于强关系，弱关系的建立和存在，能够促进主体与外界之间建立广泛的联系，促使行为主体在传输路径上具有更多的选择性，从而与其他主体之间建立非冗余的关系，使其更容易获得异质性知识。因此，弱关系的存在，能够保证主体获得更多的信息和资源量，并且对于新颖的异质性知识的交流和传递更加有效。

2）结构洞理论

罗纳德·伯特（Ronald Burt）率先提出了结构洞的概念，用来描述网络中存在的关系间断现象。也就是说，两个不发生联系的行为者之间通过共同的间接联系者建立起连接的现象，随后，其在《结构洞：竞争的社会结构》一书中进行了详细阐述（伯特，2008）。因为从网络整体来看，这种结构就如网络中出现了一个空洞，因此称为结构洞。例如，有 A、B、C 三个主体，当 A、B、C 分别建立联系时，B 如果想要获取 A 传递的资源，既可以直接从 A 获取资源，也可以从 C 处获取资源，而当 B、C 单独与 A 建立联系，但 B、C 之间没有联系时，B 如果想要获取 A 的资源，那么只能由 A 传递给 B，如图 2-3 所示。在第一种情况下，由于资源被重复传递，B 获得了大量的冗余资源，容易耗费不必要的精力，造成成本和资源的浪费，而第二种情况则避免了冗余资源的产生，这就是结构洞的特性。

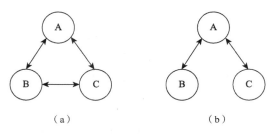

图 2-3　结构洞信息流动示意图

基于这个特点，学者强调处于结构洞位置的网络主体主要可获取以下优势。第一种优势是信息收益：结构洞的存在能够解决紧密关系带来的信息冗余严重的问题。若主体拥有结构洞，则说明主体有获得非冗余信息的机会。结构洞越多，则主体能够获得的异质性信息就会越丰富，随着时间的积累，能够帮助主体创造更多的机会（邵云飞和谢丽，2022）。第二个优势是控制收益：处于结构洞位置的主体，自动成为网络中的间接联系者（例如，A 是 B、C 之间的间接联系者），对网络中资源流动具有较强的掌控能力，因此处于结构洞位置的主体能够充分利用其位置优势控制网络中的资源流动方向。

3）社会资本理论

社会网络中的一个重要理论是社会资本理论，该理论认为网络中的行为者能够通过社会网络的结构及其所处网络位置获得一定的利益，而这种获得利益的能力被称为社会资本。Rogošić 和 Baranović（2016）在对社会资本的研究中指出社会资本是处于社会网络中的行为者通过位置和网络联系而获得回报的资源综合。其核心观点是，社会网络不仅承担着连接不同行为主体的责任，还承载着网络中的资源流动，而行为主体的社会资本则是其在社会网络中的"声望"。这种"声望"是成员获得资源和收益的象征。也就是说，当行为主体的社会资本高时，意味着其在网络中拥有更多的连接和更大的位置优势，能够从社会网络中获得更多的资源，资源实力就会更加雄厚，从而获得更多的机会，也进一步提高了其在网络中的社会资本。相反地，当行为主体的社会资本低时则能够获得的资源相对较少。社会资本对社会网络在经济活动中的应用提供了有力解释。

随着对社会资本的认知越来越全面，社会资本理论也从微观和宏观层面延伸至中观层面，学者们对企业社会资本的考察维度及其对组织行为的影响进行了深入的研究。大部分学者通过对网络结构和关系的划分来研究社会网络。结构维度是指行为者之间的连接形式，以图论为基础来描述网络的客观架构，主要包括网络连接数量、网络规模、网络密度、组织在企业中的位置等物理关系。关系维度是指行为者与网络中其他主体的联系紧密程度，主要描述的是相互之间的互动情况，包括影响行为的信任、规则规范、认可度、期望等属性。学者们还积极探索社会资本对企业的影响，发现社会资本对企业的绩效、竞争优势等方面都有积极的影响作用。通过社会网络，管理者可以通过跨越组织边界从而获得企业外部的资源，而社会资本高的企业能够利用其在网络中的位置获得信息和调配资源的优先权，从而提高资源获取和利用的能力及创新绩效（张慧和周小虎，2019）。在社会资本对组织优势的研究中发现，密集的社会资本对创造和知识共享有显著的积极作用，有利于提升组织的竞争优势（刘晓燕等，2023）。

2. 网络嵌入性的相关研究

嵌入性是社会网络的一个核心假设，是 Granovetter（1985）在关系强度相关理论的基础上引入的概念。其主要观点认为，在研究经济现象的过程中，必须考虑行为者所处的社会网络。无论是个体还是组织，在整个网络中都不是独立存在的，其一切行为与社会网络中的其他个体、组织的互动密不可分。行为主体的活动总是嵌入在周围不断变化的社会网络中，并且因嵌入程度和嵌入方式的不同而产生不同的效果。因此在分析其行为时，应将其嵌入在社会网络中进行分析，而不能将其割裂看待。于是越来越多的学者将嵌入性纳入对社会组织或个人的行为分析中，深入了解主体在网络中的嵌入性对其资源和能力获取行为的影响。随着嵌入性理论的不断发展，它在社会学、经济学和管理学等多个领域得到了验证，并且为社会网络的形成、演化、治理等问题提供了重要的理论支持（彭华涛等，2022b）。

Granovertter（1985）在对嵌入性框架的分析中将其分为结构嵌入性和关系嵌入性两种类型。结构嵌入性主要考察了网络整体及行为者在网络中的位置对其行为和发展的影响，结构嵌入性高的主体通常在网络中拥有一定的位置优势，有利于主体获取和控制信息和资源。关系嵌入性是指主体与网络中的其他成员联系的紧密程度。因此与其他组织相比，具有高关系嵌入性的主体之间有良好的信任度，从而带来频繁的交互活动，能够形成互利互惠关系，进而提升主体对于外界不确定性环境的防御能力。刘兰剑（2010）提出，结构嵌入性和关系嵌入性也可能会对网络中的信息流动产生负面的影响。当结构嵌入性强时，主体能够利用其带来的位置优势获取更多的信息收益，但是这些信息的价值如果与主体的契合性不强，会造成主体很难将信息转化为自身可利用的知识。当关系嵌入性较强时，主体利用其与合作者之间的亲密关系能够获得更多的关键信息，但是由于维持强依赖关系需要大量的时间和成本，加之强连接导致的资源重复性高的问题，会不利于主体吸收异质性知识。彭英等（2022）认为，结构嵌入性和关系嵌入性之间的相互匹配、平衡的发展，使主体处于关系密切且流动性强的网络中时，更有利于其获得竞争优势。

2.1.3 知识管理理论

美国管理学大师彼得·德鲁克（Peter Drucker）在 20 世纪 60 年代率先提出了知识管理的概念，首次对知识工作者和知识管理做出了界定，并指出知识是社会中最基础的资本，在社会中知识发挥着重要的作用。此后，在托马斯·H. 达文波特（Thomas H. Davenport）、野中郁次郎、卡尔-爱立克·斯威比（Karl-Erik Sveiby）等著名学者的影响下，大量学者开始从知识管理的内涵、学派划分、管理过程及模型等方面对知识管理进行研究。例如，Palacios 等（2018）指出，知识管理是影响知识密集型组织创新行为水平的重要因素。我国学者薛捷（2013）指出，知识管理能够通过协调企业内外部知识，进而帮助企业更好地适应环境的变化。现如今，我们已经接受知识是组织的一项重要资产，也是创造可持续竞争优势的关键要素。

1. 知识管理内涵的界定

知识管理作为近年发展起来的新概念，不论是学术界还是实践领域对其中的很多问题都没有达成共识，不同的学者基于不同的专业、立场等，从不同的视角对知识管理进行定义，形成了对知识管理不同的理解和认识。Nonaka（1994）从过程的视角将知识管理定义为组织持续地将其创造的新知识广泛地在组织内传播并迅速地将其体现在新产品、新服务、新技术和新系统上的过程。美国生产力与质量中心（American Productivity and Quality Center，APQC）将知识管理解释为企业采取的一种战略，该战略能确保企业将创造的知识共享给需要的部门或员工，从而将知识应用于不同的实践活动，最大化知识创造的红利，从而达到提高组织绩效的最终目标。我国《知识管理第一部分：框架》（GB/T 23703.1—2009）对知识管理进行了定义，认为知识管理是对知识、知识创造过程和知识的应用进行规划和管理的活动。随着对知识管理认知的不断深入，国内外一些学者也给出了不同的理解。Nonaka 和 Takeuchi（2007）提出的知识管理的定义与APQC 的相近，认为知识管理是企业将创造的与工作任务相关的新知识扩散至整个组织并将其体现在产品、服务和系统中。Chen 和 Huang（2012）将知识管理定义为企业通过对知识资源进行有效管理以释放智力潜能获取可持续竞争优势的过程。

2. 知识管理理论的研究脉络

随着学者对知识管理内涵和外延的研究不断深入，知识管理逐渐成为一个跨学科、跨领域、跨层次的理论体系，研究者从不同的学科视角和应用领域对知识管理进行了广泛研究，提出了不同的观点和思想。随着各学科领域研究的不断丰富，知识管理形成了不同的理论学派。左美云等（2003）根据研究者的专业背景，将知识管理研究分为行为学派、技术学派和综合学派三个学派。之后陈建东（2007）在其基础上将综合学派按照社会功能分为经济学派和战略学派两个学派。陈琴和蒋合领（2016）在对国内知识管理相关文献进行深入分析后，将知识管理按照学科背景分为四个学派：图书情报学派、企业管理学派、综合学派和科技管理学派。虽然对于知识管理学派划分，不同的研究者有不同的观点，但是左美云等（2003）提出的三学派划分较其他划分标准更被学者们接受，并且得到一些研究的验证（李博，2021）。

1）行为学派

行为学派认为知识管理是对拥有知识的人的管理，侧重发挥组织中人的能动性。该学派的研究是知识管理中比较成熟的子领域之一。目前这一学派的研究者多具有经济学、管理学等领域的背景知识，主要关注企业、产业、社会三个层面的知识管理问题，主要研究内容包括个人、群体、组织及跨组织之间知识的有效流动。在个人和组织层面，该学派认为知识管理应该是微观层面的一系列知识学习、创造、扩散和应用的活动（Jansen et al.，2009）。个体或组织通过对自身技能和行为的评估，对现有的知识活动进行改变或者改进，从关注知识管理的角度提高个体或组织的绩效。之后学者们发现企业间竞争已经超越了单个组织之间的相互竞争，而提升为供应链之间的竞争，供应链企业之间建立的知识交换能够提高研发的强度，提高企业的持续竞争能力（唐泽威和蒋诚智，2020）。另外，该学派的研究者还提出了在知识经济背景下进行区域学习的相关概念，用于解释对区域层面知识管理的关注。

2）技术学派

技术学派认为知识管理就是对信息的管理，需要运用信息技术手段对知识进行管理。在这一学派中计算机科学背景的研究者相对集中，他们主要关注对知识管理技术工具的开发和应用等。一部分学者专注于对知识管理技术的研究，内容主要集中于利用信息技术和计算机技术对知识编码、知识搜索、知识获取和知识库建立开发实用工具（软件）或技术。例如，运用数据挖掘技术、人工智能技术对企业内部的隐性知识进行识别和编码，拓展网络数据访问技术、开发组织内协调工具以提升组织的知识共享能力等。知识管理技术侧重于将组织内的"数据"转化为"信息"。另一部分学者则专注于对知识管理系统的开发。对于知识管理系统的建立，通常通过知识管理技术打通组织中各部门的知识壁垒，建立起组织知识库，从组织的日常工作、程序、惯例及规范中，将经验等隐性知识进行编码，并将编码信息进行储存和传播，从而完成组织中知识的获取、表示、维护和使用。知识管理系统的研究侧重于将组织中的"信息"转换为组织可以利用的"知识"。技术学派明确了知识管理与信息管理的密切联系，指出信息技术在企业管理中的重要作用，并阐述了在知识管理未来的发展中，信息技术将会提供更多、更强有力的支持。

3）综合学派

综合学派的学者将影响知识管理的要素进行综合考虑，认为知识管理应该是众多相关因素的集成，是在内外部环境相互作用过程中实现组织价值提升的动态过程。知识管理应该包含组织中多项业务的集成，如产品开发、人力资源管理、软件系统维护、工作流程更新等。有效的知识管理应该把各个流程融入知识管理体系中，通过企业的信息管理能力、人力资源管理能力和企业创新能力的有机结合，实现组织内知识的转化，不仅实现知识的积累和创造，而且通过这两个过程的交替，构成一个螺旋上升模型，形成组织对复杂环境的适应能力，增强组织的竞争力。

上述三个学派在指导具体的知识管理实践活动时并非完全分离和对立，而是辩证统一的，只是侧重点不同。但在分析某一项具体实践活动时，则需要结合各个学派的观点，从不同角度进行分析。

3. 知识管理活动

知识管理指的是主体对于其所拥有的知识有效运作的管理过程，但是也有学者从资源的角度对知识进行定义，认为知识是企业的一种重要的资源，企业可以像管理资产一样对知识资源进行管理；另外，知识管理也可以看作对于之前经验的利用和对创新成果的转化。随着知识管理内涵的逐渐清晰，学者开始探讨知识管理活动的模式与框架。不同的学者对知识管理活动赋予不同的内涵，知识管理活动包含的内容和任务数量也存在区别，由此逐渐形成了基于不同内涵的知识管理框架。之后的学者在此基础上进行了延展。Costa 和 Monteiro（2016）通过对 45 篇论文的系统性分析，在考虑知识管理过程与不同类型的创新之间关系的情况下，将知识管理概括为知识获取、分享、存储、编码、创新、应用等关键过程，以评估其对创新的支持和作用。综上所述，本书认为知识管理是对知识创造、转移、吸收和应用的管理活动。

1）知识创造

知识创造是一个新知识替代旧知识的动态过程。有学者认为知识的产生是一个新思想、新想法、新方案的创造过程，等同于知识的创造。知识创造是一种社会化的协同过程，其与个体的认知有极大的关系，并且由于显性知识和隐性知识的不同，知识创造的方式也会有所不同。SECI（socialization，社会化；externalization，外化；combination，组合化；internalization，内化）模型是关于知识创造最为著名的显性知识和隐性知识相互转换的过程模型。Nonaka（1994）认为知识创造是知识表达的一个过程，基于此，他提出了显性知识和隐性知识相互转化的螺旋上升模型——SECI 模型。该模型指出，知识的产生是隐性知识的显性化表达，显性知识在个体、团队和组织之间传递，经过吸收和创造，又会转化为另外一个主体的隐性知识，这样循环往复就会产生新的知识，其对于企业内部知识的转化有很强的解释力。他将过程分为四个部分，分别为社会化、外化、组合化和内化。SECI 模型的重要前提是，知识是在社会交往中完成创新的，任何个人和新思想都不能离开群体和集体的智慧。因此，在原模型的基础上，Nonaka 和 Takeuchi（2007）又提出了"场"（Ba）的概念，认为不同的转化过程应该在不同的场景中完成。原始场（Originating Ba）一般是指公共空间，对应的是社会化过程；对话场（Interacting Ba）对应的是从隐性知识转为显性知识的外化过程，主要是通过交流和对话场景完成此类活动；系统场（Cyber Ba）的对应情景是将不同的显性知识进行组合；最后是知识的内化过程，从外部得到的显性知识要通过不断练习才能够转化为能被自身吸收利用的隐性知识，这一过程对应了场中的练习场（Exercising Ba）的概念。

SECI 模型为知识创造的相关研究提供了清晰的思路，之后学者对模型进行扩展，对于组织学习、知识管理等有了更深入的理解。耿新（2003）认为 SECI 模型存在两点不足：第一是该模型认为新知识只能通过现有知识创造，忽略了外部知识输入的可能性；第二是该模型的前提假设是知识产出是一个从社会化开始到内化结束的单线过程，这与现实不符。在引入外部知识输入因素后，企业知识转化完整过程包含了外部引入（introduction）、传播共享（dissemination）、解释内化（explanation）、潜移默化（socialization）、外部明示（externalization）、汇总组合（combination）、内部升华（internalization）七个阶段，简称 IDE-SECI 模型。员巧云（2013）认为知识来源不只涉及知识内部，还涉及知识外部，来自企业外部的知识对于企业和员工是非常重要的资源，是知识创造的重要来源之一。基于对内外部知识相互转化的理解，员巧云（2013）提出了知识创新螺旋转化模型，其分为六个阶段，即组织内部社会化（S）、组织内部外化（E）、组织外部内化（I）、组织外部社会化和外化（E）、组织内部组合化（C）、组织内部内化（I），简称 SE-IE-CI 模型。随着研究的深入，知识产生和创造的理论一直在不断完善，为企业的知识管理活动提供理论支撑。

2）知识转移

创新扩散理论（diffusion of innovation theory，DIT）认为创新扩散是一种知识的传递过程，是信息在时间迁移的过程中从一个个体或组织传递到另外一个个体或组织的过程，在这个过程中能够带来创新的应用。Rogers（2015）认为，创新是指人们感知到的新产品、新服务、新想法和新实践。创新的价值本质并不是创新本身，而是它能够成功地在社会体系中体现它的价值，也就是说，能够在市场上成功扩散。许多研究者对创新扩散理论产生了兴趣，并进行了大量的研究。张生太等（2022）聚焦科学到技术的知识转移激励，认为知识传播的关键是减少传播中的噪声，并提出了知识基因流动的概念以解释知识从不同主体转移到另外主体的过程，完成了传递并且被吸收转化成内在的创新能力，实现了创新扩散。

之后学者开始对知识转移的前因变量和扩散过程及机制进行深入研究。有学者指出知识转移的影响因素主要包括知识本身的特征、接收者和发送者的特征及竞合关系、网络结构、传播渠道、激励因素等（Spithoven et al.，2010；吉鸿荣，2011；Liu，2018）。Nonaka（1994）指出，隐性知识和显性知识是相对的，有些隐性知识可以通过一些方法转化为显性知识。基于此，汪应洛和李勖（2002）将隐性知识分为真隐性知识和伪隐性知识，认为不同的隐性知识应该用不同的方法才能进行有效的知识转移。他们指出，对于伪隐性知识，可以采用语言调制和联结学习的方式进行传递，并且两种方式分别影响了传播的不同阶段，他们认为语言作为一种特殊的交流方式，是叙述和表达知识的重要沟通工具，对于伪隐性知识，当共同语言积累到一定程度的时候，语言调剂会使双方的知识转移形成指数式的增长。但是，对于真隐性知识只能通过联结学习的方式进行传播，因为真隐性知识缺乏能够表述的共同语言体系，个体很难通过描述将其准确地传递，传播的效率大打折扣。Szulanski（2000）在对知识发送者、知识接收者和知识本身的特征进行分析时表示，不同的参与者可能在不同的知识转移阶段起作用。他指出，知识的发送者主要是影响知识转移的起点，知识的接收者自身的能力主要是影响知识转移的实施，而知识本身的特征则跟知识转移的整个过程都有密切的关系。罗瑾琏等（2017）在对民营企业的调查研究中发现，高管行为会影响企业的知识转移活动，具有不同行为特征的高管在处理问题时的行为方式不同，愿景式领导倾向于利用组织文化建设、愿景激励和鼓励相互学习的方式促进团队的知识转移，以有效改善组织关系、提高沟通效率；家长式领导通常选择利用其权威身份、以身作则、亲力亲为等方式，凭借其个人经验、专业能力推动员工关系的发展，促进团队知识分享，保障组织能够稳定运行；公仆型领导则以鼓励员工自我提升、自我实现为主，提高员工学习和分享的内在动力，提高其自我管理意识，从而达到团队共同进步，为团队自我知识管理提供支持。

当社会网络理论引入管理学之后，学者们开始关注到网络对于知识转移的重要作用。研究发现，基于网络或者联盟等形式的知识转移更具稳定性。阮平南等（2019）在对创新网络中组织知识转移的影响因素进行分析时指出，网络特征对于组织之间的知识转移非常重要。其中网络结构和网络关系一直被学者重视，网络结构主要是通过网络的规模、企业在网络中的中心性和企业跨越网络的结构洞数量这三个指标进行分析。张梦晓和高良谋（2022）通过系统动力学模型检验了网络位置对知识转移的"双刃剑"特征，仿真和灵敏度分析结果表明，企业在网络中心度较高且结构洞较少的位置，可以获得较好的协同效应和最大的知识转移量。因此，企业在选择网络占位时，需要考虑网络位置的影响机制，以获得最优的知识转移效果。

3）知识吸收

苏屹和李忠婷（2021）从知识吸收和整合的角度进行研究，认为组织在知识管理和知识学习的过程中进行知识吸收活动，这种活动通常是指企业通过外部相关者获得知识，并且将其处理、内化为自身知识的一个过程。知识是企业解决问题的基础，当企业遇到了新的问题，并且知识范围已经超越了原有知识体系时，企业需要从外部获取知识来解决新的问题，因此需要进行知识吸收。但是如果企业不能消化外来的知识，那么这些知识对于企业的价值就会降低。企业如何处理内化外来的知识是非常重要的，只有知识能够融合在企业的原有知识库中，才能够为企业的创新提供源源不断的知识资源。因此，企业能够对知识进行有序分析并有效与内部知识结合转化对于其创新能力非常重要。Zhang 等（2022）从产学协同创新的视角，研究发现知识吸收在很大程度上受到企业吸收能力的影响，吸收活动的效率和效果极大地影响着企业内外部知识向企业创新绩效的转化。当企业有较强的吸收能力时，说明企业能够实现外部知识与内部知识良好的融合，企业可以消化并掌握，有利于提高企业创新绩效。企业的知识基础对于企业吸收能力有重要的影响，也就是说，企业的吸收能力与企业的知识储备密切相关（杨梦茹等，2020）。因为企业本身积累了大量的相关知识时，对于需要学习的新知识就有自己的判断，其能够很快接受新知识，从而提升其吸收相关新知识的能力。另外，从组织管理的角度分析，企业学习强度、学习方法、学习机制及企业文化开放程度都会对知识吸收能力产生影响（陈劲等，2011）。同时还有研究指出，企业吸收能力还受到外部环境的影响，李文璐等（2021）在对企业跨国并购的相关研究中指出，企业的社会网络关系对于知识吸收能力具有显著的正向影响作用。

之后的研究中，学者们提出了知识吸收与企业创新和网络创新之间的关系。蒋丽芹等（2022）在研究长三角产业集群中的企业创新能力时提出，企业知识吸收能力是产业集群中的企业建立知识系统的重要组成部分，它反映了企业内部知识的积累程度，具有较强知识吸收能力的企业，在与产业集群内企业合作的过程中会更容易获得与滋生知识源相近的资源，从而建立更加强劲的联结关系。然而很多中小企业因为忽视了将外部知识吸收转化的能力，在创新中丧失了竞争力，从而难以在快速变化的环境中赢得竞争优势。

4）知识应用

在知识管理过程中，知识的价值不体现在知识本身，而是体现在通过掌握一定量的知识应用于企业生产和创造过程中而产生的应用价值。因此，只有能够应用于企业日常运营中的知识，才是对企业有价值的。由此可见，企业持续竞争优势的来源并不是知识本身，而是知识应用，这一观点与知识基础理论（knowledge-based theory）一致，它将企业视为知识的储存、创造和应用的机构。在这个框架下，知识应用是一个关键的概念。知识应用指的是组织将已有的知识应用到实践中，以产生新的价值和创新。这个概念强调了知识管理中实践的重要性，因为企业必须将其知识应用到业务过程中，才能产生创新和提升绩效。

知识的有效应用应该贯穿知识运作和知识管理过程的每一个环节，但是现有文献中却忽略了这一重要内容，在目前的文献中，专门研究如何促进知识的有效应用的相关成果还较少。很多学者认为当组织或者个体获得知识后，就可以很好地应用，但现实情况并非如学者们假设的那样，很多员工虽然通过培训或者其他方式获得了知识，但是如果员工没有将其应用在日常的生产工作中，那么这些知识只是存在于员工的记忆中，并没有产生价值，也没有对企业创造出利益，因此知识的有效应用是一种能力，需要不断地学习和提高。对于知识应用出现的问题，学者们进行了一些研究。Gold 等（2001）从知识应用的对象、应用领域和推动措施三个方面对知识的应用能力进行分析，并对这一过程进行了测量，他们认为知识应该被应用于解决企业的新问题、研发新产品和新技术，同时要采取相应的措施鼓励员工积极将新知识应用于企业的业务实践中。孙丹和徐辉（2022）考察了在知识生产和扩散中知识社区对知识有效应用的积极作用。

4. 知识管理模型

管理模型为组织有效进行知识管理提供了工具和方法，对于组织的发展至关重要。因此，在对知识管理进行系统研究时，许多学者通过对知识管理相关的实践案例和调查研究进行细致剖析，建立了知识管理的概念模型。本书整理了比较典型的知识管理模型，如下所示。

1）企业知识管理的灯笼模型

知识管理不是单独存在的，它存在于企业的整体运营过程之中，从战略构想到各部门的相互配合都离不开知识管理，同时知识管理也不能脱离企业中其他的管理流程而单独存在。基于知识管理与企业其他管理流程之间千丝万缕的关系，左美云等（2003）总结出了企业知识管理的灯笼模型，如图 2-4 所示。

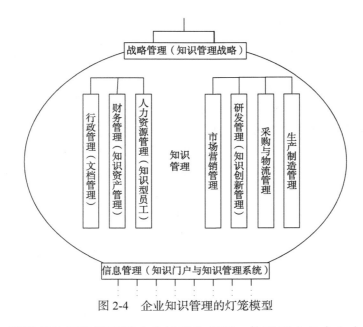

图 2-4　企业知识管理的灯笼模型

　　企业知识管理的灯笼模型以企业战略为指引，构造了企业中人力、财务、市场、研发等各个管理流程与知识管理之间的结构关系。战略管理在整个模型中起到了提纲挈领的作用，也就是说，不论是知识管理还是其他的企业管理活动，都是在企业战略的引领下逐步展开的，所有的管理流程和制度设计都不能脱离企业战略这一个总纲领。信息管理是支撑企业中管理活动实现的重要基础，先进高效的信息管理系统能够保证企业内部信息的有效传递，从而加速各个部门之间的信息沟通，是知识管理活动的重要支撑。

　　在战略管理的总领和信息管理的支持下，企业内部的管理系统才能够有效运作。内部的管理活动分为两部分：一部分是基础职能管理，包括行政管理、财务管理和人力资源管理；另一部分则是企业价值链管理，包括市场营销管理、研发管理、采购与物流管理、生产制造管理。职能管理与知识管理结合体现在对文档的整理、对知识资产的管理及对知识型员工的激励等方面。价值链管理与知识管理的结合体现在，在企业产品生产的整个过程中，都需要进行知识的创造与应用。只有不断创造出适合组织的新知识，才能提高企业的技术创新能力，提高企业绩效。因此，企业管理的各个流程都与知识管理密不可分。企业知识管理的灯笼模型也说明了知识管理的思想对企业生产经营的各个领域都会产生影响。

　　2）知识管理整合模型

　　随着对知识管理的内涵和外延的深入研究，学者发现企业不仅仅能够在内部形成知识流动的网络，其与企业外部的利益相关者也发生着知识共享和知识转移等活动。因此，为了明晰内外部知识网络的运行情况，张晓东等（2011）在前人研究的基础上，将企业的内部环境和外部环境联通，构建了知识管理整合模型，如图 2-5 所示。知识管理与组织行为之间存在相互关系。知识管理过程影响着组织行为的各个层面（个体、组织、领导和跨组织），组织行为可以从企业知识管理运营效果获得反馈，而知识管理与组织行为之间的相互作用关系受到企业内外部多种因素的影响。在企业内部，企业的制度、文化、战略、流程、组织结构等是主要的影响因素。在企业外部，主要是企业的利益相关者（科研单位、合作单位、竞争者和消费者）。可以看出，企业的知识管理面临复杂的内外部环境，只有知识管理与组织行为之间相互匹配，才能形成良好的互动关系，从而获得较高的绩效。

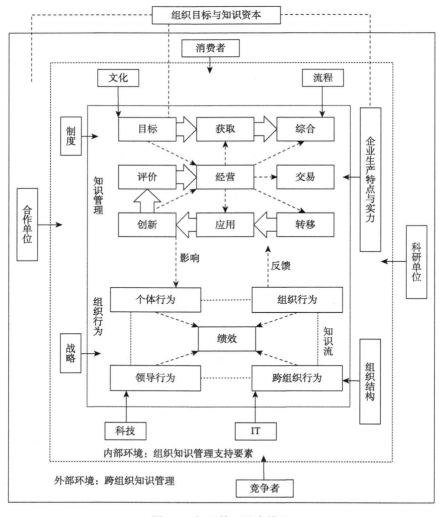

图 2-5　知识管理整合模型

3）大数据背景下的知识管理模型

知识管理是实现"数据—信息—知识"转化的一个过程。数据作为一种基础的信息，只有经过整合、处理、提炼，才能成为企业能够利用的知识。在以往的研究中，通常侧重于对知识管理要素和影响因素的研究，而忽略了对数据到知识的形成过程的梳理。在大数据背景下，由于网络的普遍应用和云技术的成熟，企业知识获取的范围进一步扩大，如何能从碎片化的原始数据中获取对企业有价值的知识成为知识管理的研究焦点。叶英平等（2019）将知识管理流程和知识管理工具相结合，构架了大数据背景下的知识管理模型，如图 2-6 所示。

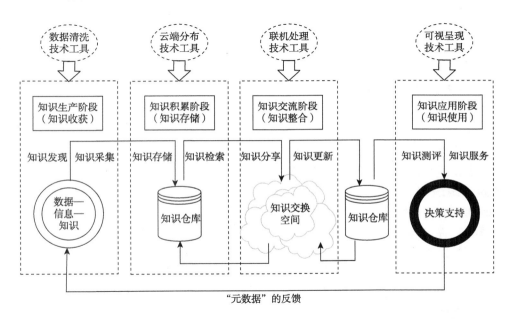

图 2-6　大数据背景下的知识管理模型

该模型认为知识管理共分为四个阶段。第一阶段为知识生产阶段，该阶段主要获取有价值的信息。在大数据背景下，企业可以从网络、移动智能终端等多个渠道获取到大量数据。但由于这些数据太过杂乱，很可能会淹没对企业有价值的知识，因此在这一阶段的主要任务是使用数据清洗技术工具对数据进行降噪处理，从而获得对企业有价值的知识。第二阶段为知识积累阶段，该阶段的主要任务是存储知识。即使在第一阶段对数据进行了清洗，但是随着知识的积累，知识库的容量会成为限制企业知识管理的障碍。在这一阶段可以采用云技术来降低企业的知识管理运营成本。通过知识的积累，新知识与旧知识的融合，形成企业自身的知识仓库，完成企业知识体系的建立。第三阶段是知识交流阶段，该阶段的主要任务是知识整合共享。在这一阶段建立知识交流平台既可以保障企业能够完成知识的共享、转移和更新，又可以保护企业知识产权。第四阶段是知识应用阶段，在这一阶段需要对知识进行分析和筛选，从而为组织提供更加客观全面的决策支撑信息。因此，需要借助信息分析技术对知识价值和知识关系做出测评，筛选知识，构建有序的知识网络。在组织完成了知识管理过程后，组织的决策数据和之后产生的关联数据（元数据）会再次在知识生产阶段被捕获，从而为企业下次的决策提供依据。

2.2　双元性创新的相关研究

2.2.1　双元性创新的内涵

1. 双元性创新的界定

美国学者 Duncan（1976）最早使用"organizational ambidexterity"这一术语，借指组织所具有的既能适应渐进性变革，又能适应突变性变革的特征，中文名为"组织双元性"。随后，March（1991）提出探索（exploration）和开发（exploitation）是两类基本的学习活动，考虑到这两类学习活动会争夺组织的有限资源，提出组织应该尽可能去平衡二者之间的关系，构建在探索和开发方面进行均衡的能力。同时将企业的创新活动划分为探索性创新和开发性创新，这两种创新的区别在于探索性创新是通过学习掌握之前没有的知识和技术创造新的产品和服务，而开发性创新则是利用已有知识和资源改进现有产品和服务。此后，探索和开发成为双元性研究的核心内容。

双元性创新自从被提出以后，许多学者在 March 研究成果的基础上进行了深入研究。Benner 和 Tushman（2003）认为探索性创新是偏离原有技术轨道，拓展新的产品和服务来满足新兴市场需求；开发性创新是沿着原有技术轨道，提高已有设计，完善现有产品和服务，以更好地满足客户需求。He 和 Wong（2004）认为探索性创新与介绍新一代产品、扩大产品范围、开辟新市场、进入新技术领域相关；开发性创新与提高现有产品质量、提高生产柔性、降低产品成本、提高收益或者降低物资消耗等相关。Jansen 等（2006）认为探索性创新是企业利用全新的知识基础来开辟新的产品和服务，为企业开辟新的市场和客户群；开发性创新是企业利用已有知识针对现存目标客户拓展已有产品和服务。Bierly 和 Daly（2007）认为探索性创新是新想法的尝试；开发性创新注重现有实践的效率。Voss 等（2008）认为探索性创新是靠企业不断创新来创造价值，能够获得中长期的收益和绩效提升；开发性创新利用小幅度的产品或者服务改善创造价值，获取短期的收益和绩效提升。Jansen 等（2009）认为探索性创新是利用不同于企业之前的知识，寻找新的技术、新的设计，通过新的系统、新的渠道获取新的客户群；开发性创新是通过已有技术和客户完善和丰富现有知识体系，通过已有技术提高设计能力，拓宽渠道来加深已有客户关系。董小英等（2015）认为探索性创新要求利用各种渠道和方式获取新知识；开发性创新要求保持现有技术和知识的连续性和一致性。

2. 探索性创新与开发性创新的关系研究

探索性创新是突破原有技术轨道，利用新的知识，在新的技术轨道上提供新的产品，开发出新的市场和新的销售渠道，满足新兴市场需求的创新活动；开发性创新是企业沿着原有技术轨道，利用已有知识，深化原有技能、优化原有流程和结构，以满足现有客户需求的创新活动（Jansen et al.，2008）。探索性创新是偏离原有技术轨道，拓展新的产品和服务来满足新兴市场需求，短期内绩效没有提高，但是能够提升企业长期绩效；开发性创新是沿着原有技术轨道，提高已有设计，完善现有产品和服务，以满足现有客户需求，短期内提高企业绩效（Benner and Tushman，2003）。

探索性创新活动和开发性创新活动须遵循不同的逻辑，需要不同的战略和结构、思维方式和文化，两种创新方式的发展会争夺有限的组织资源，而且都有自增强和路径依赖性的特征，因此会产生矛盾或张力。由此产生了多种不同的观点。一种观点强调探索性创新和开发性创新之间是连续性的关系，双元性创新很大程度上是指对交替关系的管理，即强调开展相当的探索性创新活动和开发性创新活动，组织要保持两种创新方式之间的适度平衡，用"探索—开发"来计算（Duncan，1976）。另外一种观点认为探索性创新和开发性创新之间的关系是正交的，能够正向相互促进，即强调开展高水平的探索性创新活动的同时开展高水平的开发性创新活动，探索性创新是宽度而开发性创新是深度，关注两者的并存问题，用"探索×开发"来计算。因此，组织可以同时追求高水平的探索性创新和开发性创新活动，最大化实现两种创新能力的提升。Cao 等（2009）指出双元性创新的概念包含平衡维度和组合维度两个相互区别又相互联系的方面，通过实证研究发现平衡维度和组合维度均与企业绩效正相关。范丽繁和王满四（2022）探究了双元性创新联合均衡和匹配均衡在双重网络嵌入影响新创企业成长过程中的作用。

2.2.2　双元性创新的研究视角

1. 基于组织学习的观点

自 March 等学者提出组织学习的概念后，有关组织学习的研究引起学者们的广泛关注。通过组织学习，可以不断增加组织竞争优势进而改善组织绩效。组织学习是一个持续的过程，用来形成新的想法，创造新的方法和新的流程，帮助成员创造新的知识、分享经验与提高工作绩效。组织学习被视为创新活动的一个关键因素。只有通过不断学习，才能获得持续的知识更新来支持新产品开发等创新活动。

迄今为止，在该研究领域，1991 年 March 发表的 "Exploration and exploitation in organizational learning" 是最具影响力的一篇文章，March 从组织学习的角度提出探索和开发是两类基本的学习活动。探索性学习强调探索新知识的能力，与拓展新业务、研发新技术和主动变革相关；开发性学习强调对现有知识的利用，与逐步改善组织运营管理、提高执行效率等有关。

Baum 等（2000）指出探索性学习是指全面性的创新，开发性学习是指基于经验的优化、重组。针对双元性学习、衍生性与适应性学习、局部搜寻与长期追踪、生产过程创新与产品导向性学习等多种组织学习类型，众多研究表明成功的企业往往强调企业长期发展，力求两类学习能力达到平衡。考虑到这两类学习活动会争夺组织的有限资源，如果企业过分关注短期绩效，侧重于开发性学习，则会忽视探索性学习对长期绩效的作用，致使企业难以长久生存。因此，诸多学者慢慢认识到组织应该尽可能去平衡二者之间的关系，组织需要形成平衡探索性和开发性学习的能力，构建双元性组织。

2. 基于动态能力的观点

Teece 和 Pisano（1994）认为动态能力是指处在动态环境中的组织，能够对其内外部竞争力进行整合、构建、重新分配的能力，从而形成应对外部环境的快速变化的能力，或者一个组织有意识地创造、扩展或修改它的资源基础的能力。Markides（2013）在有关商业模式的研究中指出，双元能力的逻辑性能够解决差异化和成本困境问题，双元能力体现了高层管理者的决策水平，以帮助组织重新配置组织的技能和资产，使企业既能利用现有资源维持竞争优势，又能整合形成新的资源开拓新业务。Jansen 等（2008）的研究发现，只有高管团队主动布局双元性创新战略，并赋予执行团队相关资源时，才能更好地形成双元能力以达成双元性创新战略目标。Teece（2007）将动态能力具体分解为感知、抓住和转换能力。感知能力与识别环境中的机会和威胁相关，即感知能力对识别探索性创新和开发性创新融合的机会非常重要；一旦感知到机会，必须抓住，即在双元情境下，如何做出探索性创新和开发性创新平衡的正确决策；抓住机会后企业还必须具备转换能力，也就是重新组合或重新构造资产以利用机会。对于双元性创新而言，就意味着企业具备协调、整合和运用探索性创新与开发性创新所需的全部资源的能力。Jansen 等（2009）在其研究中明确提出，双元能力属于动态能力的一种。双元能力这一概念的提出，并不是要区分与辨别探索能力或者开发能力之间的区别，或者单独强调一方，而是要对这两种能力进行整合，从整体上强调二者的兼顾。

3. 基于组织结构的观点

面对外部环境的加速变化，以及企业内部资源的有限性，组织往往会陷入两难的抉择中，如探索性联盟—开发性联盟、自主研发—合作创新、探索性创新—开发性创新、有机性组织结构—机械性组织结构、控制型文化导向—柔性文化导向等。早期的研究认为，两难的抉择组成的元素根本互不相容，主张面对两难选择，组织应该做出取舍，非此即彼（March，1991）。但是，之后大量的研究表明，非此即彼的取舍，会导致企业陷入"能力陷阱"。越来越多的学者为了解决企业的生存问题，开始考虑"相悖元素"的共存问题，"组织双元性"得到了越来越多学者的关注。

资源有限性一直是贯穿于所有双元能力研究的基本假定，也是相斥说基本的理论假定。March（1991）指出，资源稀缺性是造成探索性和开发性相互竞争的直接原因。Geiger 和 Makri（2006）则指出，对资源类型进行研究可能能够解决理论冲突。但遗憾的是，以往研究并没有针对资源类型进行深入研究。根据基于资源的观点，企业的资源有多种类型，不同类型的资源的作用和功能具有较大差异。通过对文献的总结，发现以往对资源的稀缺性、有价值性、难以模仿性和替代性等的研究较多，而对资源功能性的研究较少，如无形资源的易共享性，有形资源和无形资源在使用过程中具有不同的特征，有形资源独占性较强而无形资源共享性较强。因此，如果进一步对资源进行细分，充分考虑不同类型的资源在获取、使用、分享、转移过程中的特征，能够更深入地思考企业资源的有限性观点。例如，以无形资产为主的企业中，可能由于有形资源的独占性和排他性而形成资源限制，然而无形资源的易共享性为企业同时开展探索性创新活动和开发性创新活动创造了条件。现有研究多停留在笼统讨论资源与双元性创新的关系上，忽视了不同资源在共享性方面的差异，导致资源特性对双元性创新的影响机理不明。

4. 基于组织演化的观点

组织进化论是将生物进化论引入组织发展和成长的过程，认为组织是有机生物体，必须能够适应外部环境发生的渐进式变化和突变式变化。关于组织研究的一个基本观点是，不同的组织形式与不同的战略和环境条件有关（Turner et al.，2013）。企业在稳定环境下运营容易形成"机械式的管理体系"，这种体系有着清晰的层级关系、明确的角色和责任、明确的岗位说明等。相反，在动态环境下的企业更容易形成"有机式的管理体系"，这种管理体系较为灵活，除了正式规定的创新任务目标外，更多地支持业务单元通过横向合作方式开展探索性创新活动，更少地依赖正规化和机械化的组织惯例。

关于组织适应性的研究认为面对环境和技术的变化，企业想要长远发展，需要通过改变组织结构来与之匹配。在一篇开创性的文章中，March（1991）认为企业面临的挑战是在利用现有资产和能力的同时，能够提供足够的探索能力来应对市场和技术的变化。在他的观点中，开发与效率、控制、确定性有关，而探索与搜寻、发现、自主性有关。他指出，一个组织面临的首要问题是充分地进行开发以确保当前的生存，同时进行充分的探索，以确保未来的生存能力。二者之间的平衡存在这样一种偏见，认为开发偏向于确定性和短期的成功，开发的本质是效率低下的，伴随着不可避免的成本增加。但是如果不致力于开发活动，在面临外部环境巨大挑战的时候，其实企业更容易失败。

2.2.3 双元性创新平衡的相关研究

1. 通过时间间断的方式

时间间断是指平衡探索和开发，使探索和开发在不同时点上以先后顺序实现平衡，这种方法被称为时序型双元，它强调时间上的分离。目前对于时序型双元的研究，多数是对大样本长时间的调研。例如，Geerts 等（2010）对 532 家企业进行了调研，发现时序型双元和同时型双元都对企业发展有积极影响（正相关），但是服务类企业更依赖于时序型双元。换种说法就是，处在变化缓慢环境中的拥有有限资源的中小企业追求时序型双元能力更有作用。

尽管市场环境的速动性、创新过程的复杂性、创新结果的不确定性，要求组织适时随需求而改进，可是组织结构一旦形成便具有稳定性，至少在组织主流业务和创新路径相对稳定的基础上，组织结构的经常波动会对组织发展造成负面影响。已经适应了某种客观节奏的组织结构在人为的主导设计下，很难打破固有秩序的步伐，在性质截然不同的探索性和开发性活动间跳跃性改变。另外，一段时间内市场需求、顾客偏好、商业化的时滞性、组织系统与技术创新系统的适配性等都不可能保证这种间歇性的创新接力。

2. 通过空间分离的方式

空间分离是指通过业务部门的分离，使得团队成员能够自觉地开展探索性创新活动和开发性创新活动，每个部门都有自己独立的员工、结构、流程、文化，但都有共同的目标，以确保资源和能力的利用。探索性创新与开发性创新在不同的时间点按顺序取得平衡或取得同步平衡。通过分离子单元来同时实现对两种能力的追求，是基于组织单元的空间分离，这种方法被称为结构型双元，但是，如O'Reilly 和 Aquino（2011）指出的那样，这不仅仅是单独的探索性创新和开发性创新的结构单元的分离，也是不同的能力、系统、激励、流程、文化的内部匹配。从本质上讲，与其说是结构问题不如说是领导问题，Jansen 等（2008，2009）也得到了相同的结论，可以证实这一点。

针对结构型双元的研究成果转移。早期的研究表明，结构型双元与企业绩效正相关。随后学者们开始研究两者之间的关系，以及探索双元能力的决定因素。虽然研究结果略有不同，但总体上还是验证了结构型双元包含以下几个组成部分：单独的探索和开发组织结构单元、共同目标的资源整合利用及具有解决矛盾的领导能力。

3. 通过情景分离的方式

与情景型双元内涵一样，过去的研究中出现了"元-常规"或"和谐双元"的概念，但只是叫法不同。时序型双元和结构型双元都试图通过结构的方式去解决探索和开发的冲突。Gibson 和 Birkinshaw（2004）提出这种冲突在个人层面可以通过情景型双元解决。这种情景型双元是指同时具备一致性和适应性的行为能力。他们认为，这种平衡探索和开发的能力，依赖于组织情景。在前人研究成果的基础上，他们提出这种产生高绩效的情景具备以下特征：灵活、信任、支持。组织应创造一个支持性的环境，鼓励个人独立分配时间来解决一致性和适应性冲突。尽管情景型双元在组织层面起作用，但是这种双元能力的实现是通过员工的个人行为实现的。

Gibson 和 Birkinshaw（2004）运用来自 41 个业务单元的数据和主观感知的绩效，研究发现成功的企业在一致性和适应性上都高于相对不成功的企业。情景型双元与时序型双元、结构型双元最大的不同之处在于，情景型双元是发生在同一组织单元内，而后两者是发生在不同的组织单元内。

最能形象解释情景型双元的就是 Adler 等（1999）对日本丰田汽车产品系统的描述。工人执行日常常规任务，如汽车装配（开发），但是同时不断地改变使其工作变得更有效率（探索）。在这些案例中，需要强大的管理系统和文化来支持员工去进行探索和开发。

另外一种解释情景型双元的方式就是把一致性和适应性视为一种文化的作用，在同一单元中同时促进灵活性和过程控制。Khazanchi 等（2007）在对 271 家制造企业进行的调研中发现，提倡灵活性的组织文化有利于创造性，而倡导控制标准的企业文化有利于执行。因此，情景型双元的一致性和适应性，实际是倡导灵活性和控制机制的一种企业文化。

尽管可以从理论上解释情景型双元如何在一个给定的情景内运作，但是一个企业在技术和市场中如何调整自身应对破坏性或者非连续性变化却是不得而知的。

2.2.4 双元性创新与组织绩效关系的研究

实证研究中最关注的问题可能是组织双元能力是否与企业绩效相关。已有研究表明：双元与销售额、主观感知的绩效、创新、上市公司股票市值、企业生存正相关（He and Wong，2004；Gibson and Birkinshaw，2004）。这些研究验证了双元对企业绩效、业务单元、项目、个人层面的作用。对以上研究进行回顾和总结，我们可以得出以下几个结论。

首先，尽管样本的测量方法不同、产出变量不同、分析层面不同、行业不同，但大量结果表明，双元性创新与企业绩效正相关。

其次，早期的研究主要是案例研究，目前更多地采用大样本和纵向数据，检验双元随着时间推移的作用。例如，Geerts 等（2010）对 500 多家企业进行超过 4 年的调查，发现双元性创新与企业成长正相关，根据对 500 多家企业 10 年间的数据研究，发现技术能力越强的企业越容易在企业双元中获益。

再次，关于双元前因变量的研究表明，在环境不确定性、竞争性激烈的行业中，双元性创新更加有价值，特别是对于拥有更多资源的大企业。例如，Tarba 等（2020）利用元分析得出双元能力对科技企业比制造企业的作用更明显。环境动态性能够增强行为默契与双元性创新的关系，而削弱规范共识与突破式创新的关系，而环境丰富性对网络惯例与双元性创新关系的影响不显著，只能增强行为默契对渐进式创新的促进作用（魏龙等，2018）。徐宁等（2019）认为授予高管股权激励的中小企业，探索性创新与开发性创新水平均明显高于其他中小企业。

最后，对个别企业进行单独的深入研究。例如，Laplume 和 Dass（2015）调查了一个公司如何通过不同形式的双元性创新来适应和生存发展。这类研究的关键是抓住双元性创新的复杂性，并使其落脚于现实。但在动态环境下，一方面现有的技术和产品很容易遭到淘汰，另一方面潜在目标市场存在高额经济回报，所以企业研发团队倾向于采取探索性创新策略。尽管一些研究表明，双元性创新与企业绩效无关，但也有一些学者研究发现，在特定条件下双元性创新与企业绩效是相关的。

纵观国内外文献，对于企业双元性创新的研究成果越来越多，但仍然存在一些研究上的不足。第一，在探讨双元性创新的概念、特征和分类时表述上还存在很大分歧，甚至是混淆使用。例如，混淆探索性创新与开发性创新、突破性创新与渐进性创新、原始性创新与非原始性创新等概念，而它们在时间上、性质上和功能上各有不同，研究的侧重点也不同。第二，对于如何突破双元性创新管理悖论，组织应该采取什么样的途径和方式来实现两类创新行为的平衡和协同，现有研究视角的广度和深度还有待于进一步拓展。

2.3　企业创新网络的相关研究

自 20 世纪末以来，随着全球化和信息化速度不断加快以及知识经济的迅猛发展，现今市场竞争日趋激烈，企业面临着严峻的压力和考验。对于企业而言，只有创新才能确保其在瞬息万变的商业版图中屹立不倒。但是，迅速变化的技术与市场使得研发成本不断上升、更新周期持续加快，在企业内部资源有限的情况下，自主的内化式创新面临着极大的成本压力和较高的失败风险。因此，许多学者认为，企业的创新模式应该从线性范式过渡到网络范式（丘海雄和谢昕琰，2016）。

最初的社会网络观念引申于 Benson 等学者从社会学领域阐述人在社会系统中与系统中其他各结构要素之间的相互依赖关系，他们将社会系统中各要素之间这种复杂的关系称为社会网络。随着社会网络观念的延伸，管理学等领域也开始关注这一概念，将其引入管理学分析中，并将企业看作网络中的节点，建立起经济学概念上的企业网络。

企业创新网络是推动技术创新的一种新范式，由于企业自身资源和能力的限制，其无法独立完成系统创新的任务。因此要获取、整合、吸收更多的外部资源，提高创新能力，采取企业合作的方式是增进企业创新能力和核心竞争力的最有效的途径之一。

2.3.1　企业创新网络的内涵

Freeman（1991）最早对创新网络提出了明确的定义：创新网络是组织创新的一个新范式，是基于系统创新的一种制度安排，网络中的企业在这种制度安排下基于相似的创新意图，相互联结和渗透，形成一个协同创新的创新系统，创新网络的本质是一种基于相互信任的契约合作关系。这是早期的学者对企业创新网络的认知和定义，之后很多学者沿用了这种制度驱动型定义，认为企业创新网络是在成员间形成一定约束力的制度安排，包括正式制度安排和非正式制度安排。

但学者发现，除了上述"设计的网络"外还存在"自发的网络"。尤其是随着对复杂网络研究的不断深入，以及对网络强弱关系的探究，不少研究者提出了在企业创新网络中弱联结反而更有力度。基于这样的认知，研究者们对制度驱动定义做了扩充，认为企业创新网络开始于企业边界间的非正式互动，是由企业间频繁合作或者企业代表的关系形成的一种相对松散的、非正式的、嵌入性的相互联系系统。但大多数学者综合地看待这两种分歧，认为企业创新网络是一些自主的、在法律地位上平等的组织通过有选择的、持久的商业联系所链接成的系统。这个定义对"设计的网络"和"自发的网络"做出了综合的解释：创新网络中的成员从法律意义上说是独立自主的，因此他们之间的关系可能开始于组织边界间非正式的互动；但这一关系在长期的互动过程中可能逐渐被制度化、正式化，形成长期持久的正式联系。

也有一些学者认为企业创新网络是由核心企业为达到价值创造目标而精心设计的组织形式。他们将创新网络视为核心企业为了研发活动所构建的，关注新想法的产生、开发和实施的企业间网络。但有些学者提出将核心企业的目标视为创新网络的关键因素过于片面，要使创新网络健康持续发展，应该关注网络成员的共同利益（Perks and Jeffery，2006）。也就是说，企业创新网络是参与创新的行为者之间为了达到共同的技术创新目标，相互之间密切合作，以提高网络整体的竞争力和抗风险能力，并使所有成员获益的组织形式（杨毅等，2018）。国内外研究中对企业创新网络的定义列举如表 2-4 所示。

表 2-4　企业创新网络的定义

研究视角	文献	定义内容
制度驱动	Freeman（1991）	企业创新网络是企业基于相似的创新意图而形成的一种协同创新的联结机制，这种机制是组织与市场相互作用而形成的
	王大洲（2001）	企业创新网络是企业在技术创新的过程中所有正式和非正式合作关系的集合和结构性安排
目标驱动	Perks 和 Jeffery（2006）	为应对环境的复杂性而自然而然建立起来的以实现共同利益为目标的、相互依赖的组织结构
	张伟峰和杨选留（2006）	创新网络是以创造新产品、改进现有产品为目的的一种组织形式
知识驱动	沈必扬和池仁勇（2005）	企业创新网络是一定区域内的企业与各行为主体（大学、科研院所、地方政府、中介机构 、金融机构等）在交互式的作用中建立的相对稳定、能够激发或促进创新、具有本地根植性 、正式或非正式的关系总和
	杨毅等（2018）	创新网络是为了应对系统型技术创新中的不确定性和复杂性，由具有互补性资源的参与者通过正式或非正式合作技术创新关系连接形成的网络组织

2.3.2　企业创新网络的生成与演化

1. 企业创新网络的分类

以主体类型为划分依据，Freeman（1991）将创新网络划分为合资企业和研究公司，合作研发协议，分包、生产分工和供应商网络，政府资助的各种研究项目等十种类型。Estades 和 Ramani（1998）从网络节点出发探讨了企业创新网络的构成，认为这些节点可以促进企业各类创新的发展，创新网络包括几种不同类型的网络，如政府网络、产学研网络、专业网络等。各种网络内成员之间通过协作与交互行为，共享知识和信息等创新资源，解决潜在冲突，实现资源互补，共同提高技术创新能力，开发新产品和新技术。

以网络范围为划分依据。陈志明（2018）在四种常见的创新网络类型（包括区域创新网络、企业创新网络、国家创新系统与全球创新网络）的基础上，结合网络构建主体的差异性，将创新网络划分为国际创新网络、产业创新网络、平台创新网络及群体创新网络四类。国际创新网络由具有国际影响力的企业或者组织牵头组成，合作目的是完成关键核心技术突破；产业创新网络由产业链上相关企业（设计、研发、生产、销售企业）组成；平台创新网络基于大数据、互联网平台，联结各类利益相关者社群；群体创新网络则依托各个个体社会网络组成。孙小强（2015）从生态学视角出发，认为产业集群创新网络具有鲜明的生态群落特征及生态链网结构特征，可以分为垂直创新网链和水平创新网链。

以合作方式为划分依据，基于供应链视角将企业创新网络分为三种类型：横向（位于供应链同一位置的不同企业间的合作网络）、纵向（供应链不同位置的企业间的合作网络）和侧向（企业与高校、研究机构等不存在永久经济关系组织之间的合作网络）。

2. 企业创新网络的形成动因

大部分学者均按照外部驱动因素和内部驱动因素对创新网络形成动因进行分类。内部驱动力主要来自主体节点、网络结构和网络关系因素，而外部驱动力主要来自创新网络的外部环境。

学者们一般基于三个因素对企业创新网络的内部驱动因素进行研究。一是网络主体对网络演化的影响。焦智博（2018）认为企业创新网络结构的演化会受到创新主体性质的影响，通过对黑龙江省装备制造业的调查研究发现，不同创新主体在资金来源、产业链上的位置不同，导致其在合作伙伴选择上的偏好也不同，呈现出时间和空间上的差异。二是网络结构对创新网络的影响。余维新等（2016）认为随着创新网络外部环境的转变，网络的结构、关系和知识都会随之发生改变，根据网络结构、关系和知识三个维度对企业创新网络的演化过程进行分析，共分为三个阶段：流动阶段、转换阶段和稳定阶段。三是网络关系对网络交流的影响。随着创新网络的范围扩展、关系强化和长期化，单一节点的研究对网络整体的演化没有过多作用，因此学者们开始分析与关注整体网络联系的模块化分析（Lazega，2016）。例如，一些人研究认为主体在网络中的位置变化与创新网络的变化存在一定的联系，即通过分析创新网络的中心性、凝聚子群等特征描述网络中不同主体位置变化的意义（Huggins and Prokop，2017）。

创新网络的演化不仅与内部动力有关，还与其他因素有关，同时有学者指出，邻近的外部环境也是网络演化的重要因素之一。Nomaler 和 Verspagen（2016）在对技术演化路径进行研究时，借鉴地理邻近性理论对技术网络的形成轨迹进行了分析，研究得出，技术的长期演化路径受地理因素的影响，并且研究也暗示了技术的长期演化路径受到外界因素影响的效应要大于来自网络内部的影响效应。郑向杰（2015）在分析影响半导体企业网络变化的因素时提出，除了地理因素对网络形成的影响外，产业的技术变革速度也是影响网络形成的外部动因。因为技术变革速度不断增快，技术创新也越来越复杂，一些新进企业凭借独特的技术逐渐占据网络中心位置，从而改变网络格局。

3. 企业创新网络的演化过程

随着信息技术的快速发展和全球化合作的不断加强，科学技术的更迭促使全球每个国家的产业和组织不断创造突破性的成绩，全球企业都面临着重大的变革，复杂的竞争环境促使企业相互联合，形成创新网络。对企业创新网络演化的探讨具有重要的价值和意义，可以帮助企业家打造核心竞争力。部分学者侧重考察创新网络演化的驱动因素。Cantner 和 Rake（2014）分析了国家层面上不同治疗领域的药物研究协作网络，认为连通性、相似性和多连通性是网络中不同主体形成纽带关系的机制，这些不同的机制影响了合作主体之间关系的形成和破裂。Zhuang 等（2022）采用改进的重力模型和社会网络分析方法分析了区域绿色创新网络结构的演化规则和空间溢出效应，结果表明基础设施、环境规制、产业结构、经济发展水平和科技创新能力对区域绿色创新网络演化方向和影响强度各不相同。

也有学者对创新网络的演化阶段进行了分析。胡绪华和徐骏杰（2017）从生命周期视角对处于不同阶段的电子信息产业区域创新网络的特征进行了分析，认为以高校和科研院所为中心能够为区域创新提供更丰富的资源，有利于衍生出大量高科技企业。

2.3.3 企业创新网络中知识流动的相关研究

企业创新网络能够指导企业更好地融入网络的创新环境中，为企业解决高创新成本和高风险技术的难题提供了有效方案，促进企业与外部环境的信息交流和知识流动，提高企业创新能力，帮助企业实现长期发展战略和提高核心竞争力，是企业提高创新绩效的普遍选择。

在企业创新网络研究的进程中，关注网络中知识流动的作用是其中一个重要的议题。孔晓丹和张丹（2019）从网络嵌入性视角研究知识流动对企业创新绩效的影响，提出处于网络核心位置的企业可以获得更多的隐性知识，提高知识的利用效率。Grafton 和 Mundy（2017）认为得益于竞争对手的出现，企业识别和吸收创新联盟内部有价值的信息和资源的能力得到了增强，但同时也提高了核心知识外泄的风险。Cao 等（2022）以我国新能源汽车领域产学研合作创新网络为研究对象，基于网络结构与知识创造和扩散的相互作用关系，构建了知识创造与扩散模型，并发现创新者的学历越高、知识水平越高，其合作关系越稳定，知识扩散能力越强。

随着研究的深入，学者们越来越注重考察网络特征或者核心企业对知识流动的影响。贾卫峰和党兴华（2010）在对创新网络中知识流动过程进行分析的基础上，引入学习能力和节点间的耦合度两个变量，研究结果表明，核心企业通过提升学习能力和改变节点间耦合度可以实现对知识流动的控制。Wang 等（2018）的研究结果说明，处于创新网络核心位置的企业有更多的机会获取知识，并且获取知识的渠道更加多样化，更有利于企业的创新活动，其研究揭示了企业的网络位置与知识流动及企业创新的关系。王涛等（2022）基于资源编排理论，利用 PLS-SEM（present partial least square-structural equation modeling，偏最小二乘法–结构方程模型）和模糊集定性比较分析方法综合分析了企业创新网络非正式治理对知识流动的影响路径以及网络能力的中介作用。

2.3.4 企业创新网络与双元性创新关系的研究

关于企业创新网络和双元性创新之间的关系，学者们从不同视角进行了探讨，出现了多种观点。

王玉荣等（2018）利用 2000~2016 年电子信息产业专利数据，将市场化水平、网络嵌入和双元性创新纳入同一框架，研究表明组织的创新网络嵌入和知识网络嵌入对双元性创新的影响效果略有不同，提示企业应该探索并明确网络嵌入的临界值。向永胜和李春友（2019）在研究后发企业创新追赶途径时发现，不同知识网络嵌入形态对企业内部双元性创新能力的影响作用具有较大差异，进而作用于后发企业的创新追赶绩效。在探索双元性创新的平衡机制的相关文献中，Ardito 等（2019）提出与来自不同国家和机构背景的合作伙伴建立联盟的公司可以获得更广泛、更深入的知识源，进而支持他们进行探索性和开发性学习活动，研究结果表明联盟的多样性对探索性和开发性创新平衡具有重要影响。Zhang 等（2020）基于知识基础观、组织学习理论和交易成本理论，深入研究了创新联盟网络的地理多样性、产业多样性和功能多样性对双元性创新的影响作用，结果表明产业多样性增强了企业双元性创新，地域多样性阻碍了企业双元性创新，功能多样性与企业双元性创新的关系呈倒 U 形。Faridian 和 Neubaumb（2021）研究表明以探索性创新为导向的网络关系能够帮助企业识别机会，以促进内部动态能力的发展，而以开发性创新为导向的网络关系则能够帮助新企业利用这些机会。

学者们对企业创新网络与技术创新行为和绩效的关系进行了研究。赵辉和田志龙（2014）通过四个公益项目案例分析，说明了伙伴关系、结构嵌入与企业绩效之间的关系，认为当企业与合作伙伴之间的关系强度高，也就是目标一致性程度和信任度高时，企业社会责任项目的绩效就会高。同时，当企业在网络中处于中心位置时，对于项目的高效完成有促进作用。田红云等（2017）在对 52 篇论文10 365 个独立样本进行分析后发现，不论是结构嵌入还是关系嵌入都与企业绩效之间存在正向影响关系，但是不同类型的网络嵌入性对创新绩效的影响有所差异。对文献进行梳理总结可以发现，企业创新网络对企业绩效的影响主要有两个方面：一是企业可以通过创新网络获得资源共享的红利，网络使处于其中的企业能够获得更多的知识、技术等；二是紧密的合作联系能够促进企业之间的互动，有助于企业拓展信息渠道，共同突破技术难题，洞察行业趋势，从而应对复杂多变的外部环境。马蓝和安立仁（2016）从组织学习的视角解构了网络权力对企业创新绩效的影响，他们认为在网络中拥有"地位"的企业有助于提高企业创新绩效，并且通过网络权力解释了合作经验与创新绩效之间的"黑箱"。李支东和金辉（2016）在对中国 345 家制造企业进行研究时发现，在产品创新过程中，突破性创新倾向于通过开创性学习而与规模相对较大的弱关系进行强联结，渐进性创新倾向于通过开发性学习而与规模相对较小的强关系进行弱联结，从而两类产品创新与其网络嵌入性之间存在辐合关系。Li 和 Gao（2021）基于强—弱联结理论和基于知识的观点进行研究，认为在创客空间中开放社区的嵌入有助于创客建立关系网络，并使它们获得丰富的知识，并且这些知识最终将转化为创新的源泉。Yang 和 Ren（2021）运用模糊集定性比较分析方法实证研究了网络关系特征与中小企业创新之间的影响机制以及实现中小企业高创新绩效的配置路径，结果表明基于网络关系特征的中小企业高创新绩效的三种配置有地理邻近调节型、网络关系主导型、动态协调整合型。Nassani 等（2022）认为创新网络对提高创新绩效具有正向影响作用，即创新网络使组织更容易获得所需的资源和信息以提高创新绩效，创新网络的结构属性将对知识在组织中的整合、利用和吸收产生影响，从而影响企业的创新绩效。

整体上来看，学术界已对企业创新网络进行了广泛研究。由于学者们基于不同的研究视角、研究层面，以及学者们所选取的研究对象不同，研究结论也呈现诸多不同。现有成果较多探讨了企业创新网络联结机制、生成与演化、结构与治理等方面，以及不同创新网络结构特征、关系特征对企业技术创新绩效、知识流动的影响作用。但是关于企业创新网络与双元性创新关系的研究成果较少，企业创新网络对双元性创新的作用机制还有待于进一步揭示。基于此，本书在分析企业创新网络运行机制的基础上，重点探讨企业创新网络对双元性创新的影响机制，并借鉴国内外成熟的测量指标，从结构嵌入性和关系嵌入性视角对企业创新网络进行测量，为实证检验两者之间关系奠定基础。

2.4　知识流动的相关研究

2.4.1　知识流动的内涵

现如今已经进入了知识经济时代，知识已经不再是一个模糊宽泛的词语，而被当作了一种可被企业利用的最重要资源，成为学术界研究的热点。知识基于其传播的特性，总是处于一种流量的动态中。因此，在对知识进行研究时，通常将知识视为流动状态。Teece 和 Pisano（1994）在对跨国公司技术转让行为的研究中指出知识流动是一个动态的过程，这一观点为之后的知识流动研究提供了新视角。刘碧莹等（2023）认为企业间知识流动是双向的，最初由源企业战略性知识披露，形成对于其他组织的知识溢出，同时伴随源企业的知识再吸收，进而通过三种知识取回路径的有效实施，帮助源企业获得知识效益。对于知识流动的过程，不同的学者持有不同的看法，大部分学者认为应该包括感知、获取、扩散、转化等多个环节。

纵观知识流动的研究，国内外学者对知识流动内涵的界定各不相同。以知识流动主体为切入点，经济合作与发展组织（Organization for Economic Co-operation and Development，OECD）主要描述知识流动是发生在各主体之间的活动，包括企业之间、企业与科研机构和公共部门之间以及人员流动。以知识流动过程为切入点的定义认为知识流动是一个交互的过程。一般认为在特定的情境中，知识通过共享、交流、扩散、转移、传播等方式从发送方到接收方，而知识在不同个体之间的互动行为的结果是使组织知识增长进而引致创新，知识流动就是上述活动的过程。根据这种定义，研究人员进一步将知识流动过程解析为多个环节。国内外研究有关知识流动的定义列举如表 2-5 所示。

表 2-5　国内外研究有关知识流动的定义列举

文献	主要内容
Boisot（1995）	知识流动包含知识扩散、知识吸收、知识扫描和问题解决四个过程

文献	主要内容
Zhuge（2002）	知识流动包括接收者和发送者两个主体，他们不仅仅拥有知识，还需要承担促进关系互动的责任
党兴华和李莉（2005）	知识流动是知识主体间通过网络形式进行合作创新的过程，是创造和整合价值的过程
蔡坚和杜兰英（2015）	知识流动是知识源企业基于一定的转移机制，将知识转移到接收方，接收方通过与现有知识进行吸收和整合，转化为自身可利用知识的过程，在这一过程中接收方完成了知识的更新和创造
刘碧莹等（2023）	知识流动是知识共享、知识创造和知识优势形成的过程，并将企业战略性知识披露过程划分为"知识披露—知识溢出与知识取回—知识效益"三个阶段，最终获取知识效益

2.4.2 知识流动机制及影响因素的相关研究

早期的研究将知识流动分为三部分，知识溢出、知识扩散及知识转移。曹勇等（2016）根据知识外部性特征提出其具有溢出效应，知识溢出主要是指知识的接收者吸收创新知识促进企业增长而产生的关联效应。知识扩散是主动的知识流动，知识扩散的方向不确定，可以是拥有核心知识的中心点的知识扩散，也可以是非核心点的知识扩散，而且其速度往往比较缓慢。知识转移是主动的、有意识的知识流动的过程，是知识流动的高阶形式（张寒和孟宪飞，2022）。吕飞豹（2014）在供应链企业之间的知识流动与核心企业智力资本关系的研究中，把知识流动分为知识交换和知识整合两个部分。吴川徽（2018）基于相关文献研究分析，将知识流动展开为以下几个阶段：知识获取阶段、知识转化阶段、知识整合阶段、知识创造与应用阶段。纵观已有研究，虽然学者由于理解和认知的不同，将知识流动过程划分为不同的阶段，但是知识流动的主要流程仍然存在着一些共识。主体获取外部知识的基本过程包括知识获取、知识吸收、知识转移等一系列重要活动。

1. SECI 知识转化机制及后续研究

Nonaka（1994）在对日本多个企业调查研究的过程中发现，能够通过编码和表述出来的知识只是知识体系中的一小部分，大部分的知识都是不易被察觉和表达的隐性知识。隐性知识和显性知识并不是相互孤立的，它们之间存在着相互转化的关系。基于这一关系，以及知识创造发生的三个层面，他提出了知识转化模型。该模型将知识创造三个层面（个体、团体和组织）之间的知识互动（显性知识和隐性知识）分为四种模式：社会化、外化、组合化和内化，并根据四个模式的首字母将其命名为 SECI 模型。这一模型解释了知识转换在主体之间的流动模式。社会化是隐性知识到隐性知识的转换，通常指"经历的共享"。这种转化方式需要经过较长时间的观察、模仿才能获得，对于企业来说很难被有效利用。外

化是将经验学习的隐性知识外显化的过程，通过对知识的编码和表达，从而使得
经验可以传播，有利于下一阶段知识的显性组合。组合化是将外显化的知识进行
整理、组合，形成主体的知识体系，建立知识库，以便知识的利用。内化则是将
组合的知识进行吸收和利用，从而转化为自身的竞争力。野中郁次郎和竹内弘高
（2019）认为知识转化过程是周期性螺旋上升的，如图 2-7 所示。在这一过程中
不断发生着个体、团体和组织之间的显性知识与隐性知识的转化，从而各主体能
够从其他主体中获取显性知识然后再创造出新的知识。由于知识的不断更新，各
主体的竞争能力得到提升。

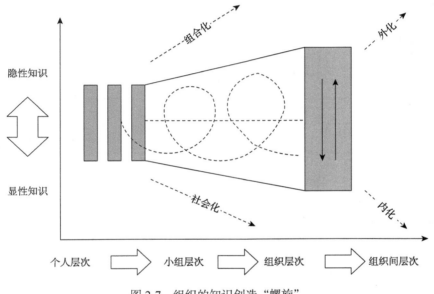

图 2-7　组织的知识创造"螺旋"

随着技术的发展，网络集体智慧受到了企业的关注，如何有效利用低成本的
网络资源成为亟待解决的问题。基于 SECI 模型，员巧云（2013）提出了知识转
化机制的 SE-IE-CI 模型，如图 2-8 所示。相较于传统模型专注于企业内部个体、
团体和组织三个层面的知识转化，她加入了企业外部的因素，在 SECI 模型中融
合了组织外部内化（I）及组织外部社会化和外化（E）阶段。在组织外部内化阶
段体现了组织与外部参与者的交互，组织发布的新产品受到外部网络用户的关
注，而这些用户需要将新产品的显性知识进行内化。这个过程将不再发生于组织
内部，而在组织外部社会化和外化阶段，则是组织知识创新激发社会创新的过
程，网络用户在组织知识的基础上进行知识的再创造，从而形成更加庞大的知识
源与组织内部知识进行交互（员巧云，2013）。

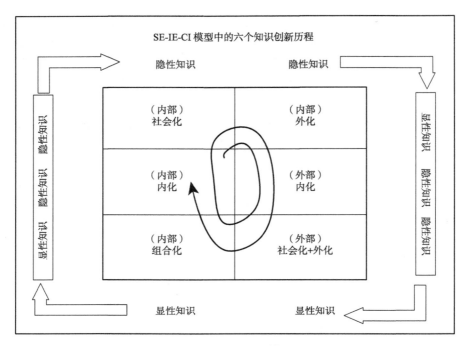

图 2-8　SE-IE-CI 模型

　　此外，Nissen 和 Bordetsky（2011）在野中郁次郎及其他人研究的基础上发展出了知识流动的生命周期模型，具体体现知识流动时间显性化，采用一种支持多维描述的框架，对不同知识流动模型进行分析，提出了一个基于代理的知识动态模型。

　　2. 多层次知识流动机制

　　知识在网络中的流动是一个非常复杂的过程，为了深入了解知识流动的机理，孙红霞等（2016）在前人的研究基础上，考虑到动态能力在组织间和组织内对知识流动的影响，构建了基于动态能力视角的知识流动过程模型，如图 2-9 所示。该模型将知识流动划分为组织外和组织内两个部分，探究个体、团队和组织三个层面在组织内外部的知识流动过程。在个体层面，借鉴了之前个体间显性知识和隐性知识的转化过程，并在此基础上描述了个体在组织内和组织外进行知识转化和整合的过程。在团队（组织）层面上，考虑了团队（组织）之间的知识交换。另外，模型将组织知识流动过程划分为三个阶段，分别是知识转移、知识扩散和知识利用，并考虑了组织动态能力在组织知识流动过程中的作用。在知识转移和知识扩散两个阶段，吸收能力对其有影响作用。通过对组织获取的知识进行加工获得创造性的新知识，这些新知识被组织利用成为企业的竞争优势，这个过程需要组织具备一定的创新能力。因此组织的动态能力能够影响企业知识流动水平。

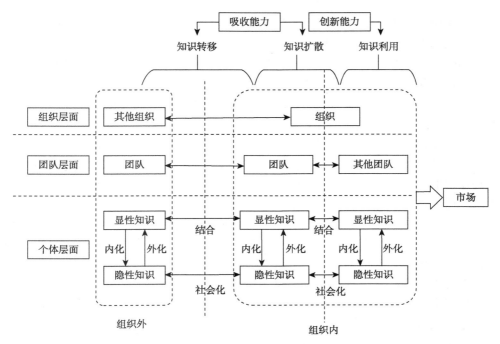

图 2-9　基于动态能力视角的知识流动过程模型

Rubin 等（2015）对孵化器内部利益相关者之间知识共享行为进行分析时，提出了孵化器内部各相关部门的相互关系模型。通过对模型分析，明确了技术知识、市场知识及财务知识在孵化器内的流动。杨玲（2016）根据不同的知识属性对知识流动的实现过程进行了模型构建，该模型讨论了影响知识流（知识扩散和知识获取）的因素对于不同属性的知识（隐性知识、公共知识和保密知识）在知识持有者和知识接收者之间流动的作用关系。

3. 知识流动的影响因素

知识流动是为了使网络中各组织成员之间建立密切的合作关系，实现组织间的知识扩散与知识共享。从以往的研究中总结，知识在网络中流动的影响因素主要分为以下几个方面：知识特征、组织特征、网络特征和环境因素等。

从知识特征看，知识流动的影响因素研究是伴随着知识流动概念的产生而产生的，国内外学者已在这些方面做过充分的探讨，主要从知识的自身属性进行分析。在知识的自然属性中，知识的显隐性、知识复杂性等因素都会对知识在主体之间的流动产生影响，其中对显性知识和隐性知识的流动过程尤为关注（Zhuge，2002；Nissen and Bordetsky，2011；蔡坚和杜兰英，2015）。学术界将知识划分为隐性知识（缄默知识）和显性知识（编码知识）。相对于显性知识，隐性知识更难被表达，从而影响到知识的流动，因此很多学者致力于研究隐性知识的流动过程。周灿等（2017）在对中国电子信息产业创新网络进行研究时认为，网络知识就是网络资本，可以通过编码在网络中进行传递；地理邻近有助于隐性知识交流，在创新网络构建中发挥着重要作用。梁平汉和曹春方（2022）利用"知识螺旋"揭示了基因距离对隐性知识在跨国知识转移中的积极作用，即相近的基因距离能够有效促进隐性知识的传播。

从组织特征看，组织之间沟通的正式化程度也会影响知识的传播。Cleveland和 Ellis（2015）认为组织沟通的正式化有助于组织内部知识提供者与需求者对可编码知识的分享和转移，也就是说，正式沟通对显性知识有显著作用，而对隐性知识的传递作用甚微。非正式沟通则可以通过相互之间潜移默化的影响促进隐性知识在企业中的传播，隐性知识得以借助非正式化沟通渠道进行流动。陈丽君和马巧娜（2015）通过对比正式网络和非正式网络的区别，列举了非正式网络对于知识分享的优势，分析了非正式网络的密度、信任机制和沟通质量对隐性知识的影响以及流动路径。

从网络特征看，已有研究从宏观的整体网络和微观的个体差异两个层面研究了网络的结构特征对知识互动的影响。从宏观角度，叶光辉等（2022）在对科研协作领域知识流动的子网和全网各维度特征进行考察后发现，学科交叉和地域交叉推动了科研协作网络中的知识流动和网络演化。有学者从网络结构对知识扩散绩效的影响指出小世界网络是高效促进知识流动的网络结构（Phelps et al.,2012）。微观层面，刘璇等（2015）通过对国内 1998~2011 年的 CSSCI 论文数据进行分析，总结了网络中的个体中心度、结构洞对知识扩散的影响机制。

学者们围绕着外部前因变量、绩效评价体系以及知识流动过程的组成要素等方面对知识流动的外部环境开展研究。吴悦等（2016）从知识的共享、创造和优势形成三个阶段，探讨了产学研协同创新过程中主体之间知识创造的流程。方刚和顾莉莉（2020）研究了互联网环境下跨组织协同创新中知识增值的影响因素，其中互联网技术的应用能够优化知识外部化过程，促进知识的价值增值。

2.4.3 知识流动效率的相关研究

知识流动使得知识网络的价值得以实现，而有效流动是其核心内容。如何促进知识流动的效率成为学者们关注的主要问题之一。首先需要解决的是对知识流动效率的有效测度问题。只有建立合理的测度标准，才能确保知识流动指标的准确性，并保证创新网络的顺畅运行。关于知识流动效率的影响因素，学者们研究发现知识的复杂性和内隐性、组织激励、知识发送者的意愿、知识接收者的吸收能力、地理距离等均会影响知识流动效率。Cowan 等（2007）、王文平和张兵

（2013）都运用多主体建模与仿真方法探讨了网络中的小世界特征对知识流动效率的影响，只是 Cowan 等（2007）从网络结构的角度探讨知识流动的路径长度和聚类系数，而王文平和张兵（2013）从动态关系强度的视角分析了知识流动的涌现特征。

随着复杂网络研究的兴起，网络范式下的知识流动问题成为热点研究命题。杜智涛等（2019）运用多主体仿真建模，构建了网络知识社区中知识流动扩散模型，研究发现，知识转移能力与知识流动之间存在强关系，而分享意愿只有在合理范围内才会促进知识的传播。苏加福等（2020）基于无向加权网络方法构建了协同创新知识网络中知识流动效率的测度模型，并进一步提出该模型在成员管理中的延伸应用，以某智能手机开发企业的实际应用说明了所构建模型的可行性和有效性。

然而在当前研究中，知识流动效率测度与评价仍然是一个重视度不够的问题。虽然有研究者提出创新主体间知识互动率的概念，将其嵌入加权 RIN（regional innovation network，区域创新网络）的解释中，提出了 RIN 知识流动效率测度模型。然而，上述研究主要针对网络中的知识流动的信息传递效率问题，对于知识流动效率与创新效率之间的关系没有进行深入的研究。由文献研究可知，测量和评价知识流动效率的方法主要包括 D-S 证据理论方法、随机前沿分析（stochastic frontier approach，SFA）、无向加权网络（undirected weighted network，UWN）方法和数据包络分析（data envelopment analysis，DEA）等。SFA 方法不但可以测算每个单元的创新效率，而且可以对影响各个单元创新效率的相关因素进行定量分析，并且在测量误差和统计干扰处理上具有优势。但是SFA 方法不但要设定具体的生产函数形式，还要对分布假设进行设定，一旦设定有误就会导致最终结果出错，因此在实际操作中很难运用。其他方法在使用上也各有优势和劣势。王晓红等（2020a）选择超效率 DEA 方法对知识流动效率进行测量，但此方法只适用于可以直接获得确切的数值。对于知识流动效率的评价可能存在一定的模糊性，DEA 方法无法应对测量的模糊性问题。因此，为更加有效和准确地测度创新网络中的知识流动效率带来的收益，本书选择 D-S 证据理论方法构建企业创新网络知识流动效率评价模型，并运用实际案例来说明该模型和方法的可操作性。

2.4.4　知识流动效率与双元性创新关系研究

本书首先从知识流动与双元性创新的关系进行了文献回顾，相关研究成果主要从知识本身、知识获取、知识共享、知识整合等不同维度进行了研究。Tortoriello（2015）的研究表明，知识异质性、知识体量对企业双元性创新有积极的作用，而与外部企业进行交流来获取不同的知识是企业能够识别产品适用领域以及创造新产品的灵感来源。de Zubielqui 等（2019）在基于澳大利亚 291 家中小企业的研究中发现，知识质量在网络参与者、知识转移及企业创新之间具有重要作用，也就是说，高质量的知识能够有利于企业产生优质的产品、服务和流程。吴楠等（2015）研究了外部知识获取与双元性创新的关系，通过对 175 份企业样本数据的分析，揭示不同类型的外部知识对双元性创新影响程度的差异性。付正茂（2017）基于悖论理论构建了悖论式领导、知识共享与双元性创新能力的理论模型，实证研究结果表明知识共享在悖论式领导与双元性创新能力之间起部分中介作用。王灿昊和段宇锋（2019）探讨了不同市场导向与双元性创新的关系，通过实证分析检验了顾客知识获取在不同市场导向下与双元性创新之间的中介作用。

关于知识流动效率与双元性创新或探索性创新、开发性创新关系研究的文献还比较少。现有研究多集中在知识流动效率的评价和前因变量方面，而关于知识流动效率对技术创新活动的理论分析和实证研究都有待于进一步深入探讨。段庆锋和潘小换（2018）以石墨烯专利为样本，从知识流动视角揭示了知识扩散的网络特征对企业双元性创新的影响。孙金花等（2020）构建了知识流动视角下联盟黏性与企业创新绩效的理论模型，揭示有序的知识流动对创新绩效具有提升作用。

尽管国内外学者对知识流动进行了广泛而深入的研究，研究成果主要集中在知识本身特征、知识流动机制及影响因素等方面，但是关于知识流动与双元性创新的关系研究内容还比较单薄，缺乏知识流动对双元性创新影响机理的深入分析，对于企业创新网络中知识流动效率对双元性创新影响的研究更是鲜有涉及，这为本书的研究提供了探索空间和挑战。

2.5 高管团队承诺的相关研究

2.5.1 高管团队承诺的内涵

高管团队是企业的创新决策者，学者们较早就开始对其展开研究。随着时代的发展，企业的治理结构也表现出更为复杂多样的形式，对企业高管团队概念的界定也随着相关研究和管理实践的深入而不断演化。基于对理论和实践的侧重程度不同，目前管理学界有两种主流的高管团队界定方法。一种是根据不同的研究需要来界定高管团队人员的范围。Hambrick 和 Mason（1984）在提出高层梯队理论时,首次给出高管团队的定义,即高管团队是由公司总经理、副总经理和直接向他们汇报工作的高级经理组成的群体。此后的学者们都沿着这一定义展开研究,并随着时代特征的变化而做出一定的拓展。Finkelstein(1992)将高管团队称为处于组织顶端,最具影响力的,直接向 CEO(chief executive officer,首席执行官)汇报的相对小群体。孙俊华和贾良定(2009)强调高层管理者是企业战略决策最主要的发起者和主导者,他们的战略决策对组织的生产和管理活动有显著影响。另一种是根据访谈相关高管人员,通过该高管人员的问卷和口述来确定高管团队成员,这种方法在实证研究中运用较为广泛。

在长期对高管团队的研究中,学者发现高管团队的各种特征和行为将会给企业的运营和发展等多个方面带来显著的影响。高管团队承诺作为一个新兴的研究方向,受到众多管理学者的重视。基于不同的研究背景,学者们对高管团队承诺内涵的界定存在差异。早期的研究者认为高管团队承诺主要表现为两种形式,一种是态度,即高度的赞扬和认可、鼓励、意见或愿望(Keil,1995);另一种是行为,其将高管团队承诺定义为一种直接的管理行为的实施,如提供技术协助(Compeau et al.,1999)、直接参与相关事务(Jarvenpaa and Ives,1991)。在后续的研究中,学者们围绕物质层面和非物质层面两个维度,在前期研究的基础上进一步发展。Dong 等(2009)指出高管团队支持包含情感参与和行为参与两个方面,情感参与指的是组织高管成员对企业愿景和使命的认同,行为参与指的是组织高管成员为企业管理变革提供的资源支持及政策支持。贺立军等(2010)提出高管支持主要包括参与支持和信念支持。其中,参与支持体现了高管在企业战略目标实现过程中的具体行为,信念支持则体现了高管对企业某一战略目标的认知程度。吕荣杰等(2012)对高管团队承诺相关的行为和态度进一步总结,并将其划分为三个维度:对工作的价值认知、资源支持、持续变革管理。梳理国内外研究文献,归纳出主要的高管团队承诺的定义,具体如表 2-6 所示。

表 2-6　高管团队承诺的定义

文献	主要内容
Keil(1995)	高管团队承诺是高管团队对下属工作的肯定,对目标的赞同,是一种态度上的支持
Jarvenpaa 和 Ives(1991);Liang 等(2007)	高管团队承诺主要表现在高管团队为帮助下属推进工作而采取的一系列实际行动
Dong 等(2009)	高管团队支持包含情感参与和行为参与两个方面,情感参与指的是组织高管成员对企业愿景和使命的认同,行为参与指的是组织高管成员为企业管理变革提供的资源支持及政策支持
贺立军等(2010)	高管支持主要包括参与支持和信念支持。其中,参与支持体现了高管在企业战略目标实现过程中的具体行为,信念支持则体现了高管对企业某一战略目标的认知程度

续表

文献	主要内容
吕荣杰等（2012）	将高管团队承诺分为三个维度：对工作的价值认知、资源支持、持续变革管理
白海青等（2014）	将高管支持划分为两个维度，分别是行为参与和心理认知，并指出高管支持能够促进组织变革和战略实施
Latif 和 Vang（2021）	将高管承诺划分为六个维度：沟通、参与、支持、授权、激励和监督，指出高管承诺有助于提高精益团队绩效

2.5.2 高管团队承诺的作用机制

国内外学者基于不同的视角对高管团队承诺进行了研究。通过文献梳理发现，目前主流的研究方向有两类：一是将高管团队承诺视为产生直接影响的自变量；二是将高管团队承诺视为产生间接影响的调节变量或中介变量来进行研究。

1. 高管团队承诺作为自变量的相关研究

高层梯队理论是将高管团队承诺作为产生作用变量的理论基础。该理论认为，企业面临着复杂的内外环境，高管不可能完全了解周边的所有事物，只能有选择地进行考察。作为组织内部战略决策主体的高层管理者，他们的经验、价值观和性格特征会影响企业的战略选择及所带来的决策结果（Arena et al.，2018）。基于高层梯队理论，许多学者开始研究高管团队承诺对企业产生的直接性影响。D'Amato 和 Roome（2009）探究了高管团队承诺对企业环保绩效的影响，他们认为高管团队支持是推动中国制造业环境创新战略的重要力量，高层管理者的资源承诺对企业在环保实践活动中各项资源分配具有重要影响。李怡娜和叶飞（2013）通过对珠三角 148 家制造型企业绿色技术创新的实证研究发现，由于绿色技术创新需要较多的资源投入，面临的创新风险较大，即便受到严格的环境规制约束，一些企业的高层管理者也不愿意把企业研发资源过多地分配到绿色创新的实践中，高管团队意愿对企业绿色创新活动有显著的影响作用。武德昆等（2014）研究发现，高管团队承诺水平较低是企业信息化建设失败的主要原因之一，高管团队的支持力度显著影响信息化建设的速度和水平。华斌和陈传明（2014）从社会心理学的视角研究后发现，高管团队承诺对企业中层管理者的积极行为具有催化反应，高管团队支持中层管理者的主张并提供相应的资源，中层管理者就会感知并愿意与高管团队保持一致，增加执行战略的意愿。Latif 和 Vang（2021）研究了高管团队承诺对精益生产的影响，将高管团队承诺划分为六个维度，分析了每个维度对提高员工能力、职业健康安全和工作满意度的影响作用，提出了管理启示和对策建议。

2. 高管团队承诺作为调节变量或中介变量的相关研究

在企业的实际运行过程中，高管团队很少主动做出相关承诺，通常是在内外部的各类变革动力源的推动下，为了取得更好的变革成效而表达支持态度或参与相关行为。高管团队承诺虽然可以对企业的工作绩效产生影响，但并不发挥主要作用，而是起到中介或调节作用，将自变量的影响更好地传递给因变量。

甄杰等（2019）研究了高管团队承诺在信息安全整合能力与企业绩效之间的调节作用，认为高管团队承诺能够强化高层管理者对企业信息安全的重视程度，高管团队成员参与具有良好的示范效应，更好地发挥信息安全治理和信息安全整合能力的效用。在调节作用中，高管通过自身态度和行动上的支持，表明高管对相关活动和应用的重视，同时为活动的开展创造良好的氛围和环境条件，提升资源利用和能力匹配水平，从而产生显著的绩效提升。Zhang 等（2018）将高管团队承诺视为企业关系管理的重要工具，为了提高企业的转化式学习能力，高管团队可以通过推动构建知识共享型企业文化、学习型组织等手段为成员利用异质性知识提供相应的学习环境，有助于提高成员间知识交流意愿，发挥重要的调节作用。Wijethilake 和 Lama（2019）考察了高管团队承诺在利益相关者压力与企业风险管理之间的调节作用，研究发现组织将可持续性发展理念融入企业战略愿景的程度对风险管理有着显著的积极影响，而高管团队承诺会正向调节这种关系。田野（2008）研究了高层管理者在促进企业 ERP（enterprise resource planning，企业资源计划）同化中所扮演的角色，结果发现高管团队在面临制度压力时，将对企业做出相关的积极承诺，可以有效推进 ERP 实施，即高管团队承诺在制度压力和ERP 同化之间具有部分中介作用。

2.5.3 高管团队承诺与双元性创新的相关研究

高管团队承诺与技术创新关系的研究主要集中在创新目标、研发资源和创新绩效等方面。薛宪方等（2021）基于目标设置理论，通过对 253 位企业家和高管的数据分析，研究发现高管团队的目标承诺与创新绩效呈正相关关系，认为高目标承诺的高管团队更重视对新知识的掌握，有助于创新想法的产生，为创新行动及创新结果的实现奠定基础，且创新活动常伴随不确定性，高目标承诺的高管团队更乐意进行创新尝试，以提高创新绩效。王晶晶和葛玉辉（2016）基于信号传递理论，将关注点聚焦在高管团队成员之间的集体创新承诺上，发现高管团队创新承诺是实现创新绩效的重要驱动要素，高管团队创新承诺对变革型领导与团队创新绩效的关系起中介作用。Ratten（2016）指出，高管团队承诺反映了企业高层管理者与团队成员之间的亲密程度，有助于企业将信息与知识获取活动纳入总体战略，增强团队成员的知识获取与处理能力，从而对企业新产品开发绩效产生积极影响。

随着企业之间竞争的加剧，企业单一创新方式已难以适应企业的发展需要，一些学者开始对高管团队承诺与双元性创新关系进行研究。杨建君等（2008）通过对科技类企业的研究发现，高管团队承诺、企业控制方式对双元性创新有显著影响，对于探索性创新和开发性创新，高管团队承诺较高的企业更倾向于探索性创新方式。刘月等（2017）将高管团队承诺分为情感承诺、持续承诺和规范承诺三个维度，发现三个维度均对双元性创新战略有显著的正向影响，并且情感承诺、持续承诺和规范承诺在高管团队管理自主权与企业双元性创新战略的关系中起部分中介作用。杨建君等（2010）将高管团队对双元性创新的支持分为内部和外部两方面，即高管团队内部承诺和高管团队外部承诺，研究发现当高管团队外部承诺以交易型为主导时，对企业进行探索性创新更有利，而以关系型为主导时，对企业进行开发性创新更有利。

综上，尽管学者们从不同视角对高管团队承诺的影响作用进行了研究，但关于高管团队承诺和企业双元性创新之间关系的研究文献还比较少，高管团队承诺对双元性创新的具体影响路径亦不明晰，有必要进一步探讨高管团队承诺与双元性创新的内在关联性。

2.6　现有文献述评

1. 双元性创新研究述评

自双元性创新的概念提出以来就存在着较大的学术争议。从技术创新管理的研究视角来看，仅国内学者在双元性创新概念的界定方面就存在较大差异，而概念的界定是研究逻辑的起点和前提。例如，李剑力（2009）、李桦等（2011）、张建宇（2014）等将双元性创新划分为探索性创新、开发性创新，研究了两种创新方式的关系及其对组织绩效的影响。王凤彬等（2012）将双元性创新划分为探索式技术创新与利用式技术创新，李国强等（2019）将双元性创新划分为突破性创新和渐进式创新。对双元性创新内涵划分维度上的差异，体现了不同学者对双元性创新的技术路径、创新需求、实现难度等方面的不同认知。梳理国外学者的研究成果也发现，双元性创新的概念界定也并不统一。本书运用 CiteSpace 软件，以 innovation ambidexterity、ambidextrous innovation、exploratory innovation、exploitative innovation、exploration innovation、exploitation innovation 等为关键检索词，对 Elsevier Science Direct、Web of Science、Ei Compendex 等主要数据库中 2000~2020 年收录的学术论文进行了检索和分析，结果显示，多数学者倾向于将双元性创新划分为探索性创新和开发性创新两个维度，尽管表述方式上有所差异。因此，本书在研究过程中将双元性创新界定为探索性创新和开发性创新，并对两种创新方式的内涵进行了明确界定。

探讨双元性创新的关系及其平衡日渐成为学者们关注的焦点。他们认为双元性创新有利于综合发挥两种创新方式的优势，使企业能够获得更优的技术创新效果。研究成果聚焦于如何揭示和解决资源有限条件下探索性创新与开发性创新的张力和竞争问题。例如，从组织行为的视角，前因变量的研究涉及网络要素、组织架构、高管团队、个体素养等对双元性创新的影响。从资源基础观和能力基础观的视角，前因变量的研究涉及资源禀赋、双元性能力、知识获取与应用等对实现双元性创新平衡的作用。尽管学者们从不同视角探讨了两种创新方式的关系及平衡对组织绩效的影响，然而从矛盾论的辩证统一思维来看，如何实现双元性平衡，理想的平衡状态该怎么界定等，这些问题仍未得到很好的回答。在双元性创新失衡的情况下，即当一种技术创新强于另一种技术创新时，企业应该如何改进以谋求双元性创新的平衡，在现有文献中仍缺乏足够深入的探讨。另外，双元性创新及其平衡如何更好地改善组织绩效也是学者们重点关注的研究方向。本书重点研究双元性创新的实现路径和方法，侧重于前因变量的探讨，企业通过双元性创新获取更好的绩效和竞争优势的研究成果为本书开展深入研究提供了重要参考。

2. 企业创新网络与双元性创新关系研究述评

企业创新网络作为推动技术创新的新型组织模式，对于解决双元性创新过程中的资源稀缺性问题，为企业同时开展探索性创新和开发性创新提供了很好的基础和条件。学者们往往从企业创新网络的某一特征或组合要素研究对双元性创新的影响，部分学者基于权变理论等将外部环境变量引入研究框架，试图探讨和揭示环境变量与两种创新方式及其平衡的匹配性关系。整体来看，缺乏企业创新网络与双元性创新的内在关联性的系统研究。关于企业创新网络与双元性创新关系的研究还存在以下不足。

（1）在研究视角方面。目前对企业创新网络的结构、关系的研究成果较为丰富，而对企业创新网络如何实现稳定高效运作以满足双元性创新所需的互补性资源，缺乏足够深入的探讨。特别是企业创新网络中各行为主体的合作机制设计、合作利益博弈、网络演化等如何对两种创新方式及其平衡产生影响的理论研究则更有限，相关的实证研究和案例分析的成果也不多见，现有关于企业创新网络与双元性创新关系的研究文献，大部分只是将双元性创新作为自变量或者中介变量来研究对企业绩效的影响。部分学者将创新网络要素嵌入具体社会情景中研究组织双元性对探索性创新和开发性创新的影响，但研究目的仍是如何提升组织绩效或者竞争优势。由此，未来研究有必要将企业创新网络要素和创新主体的行为要素作为前因变量，深入考察网络特征和创新主体行为是如何影响企业双元性创新及其平衡关系的。

（2）在研究内容方面。有些研究尽管探讨了企业创新网络特征对双元性创新的影响，然而如何充分挖掘出企业创新网络中知识体系对双元性创新的价值还有待于进一步深入探讨。当前针对知识流动与双元性创新的研究成果较为丰富，而探讨知识流动效率对双元性创新的影响作用的研究则较为有限，实际上知识流动效率对同时满足探索性创新和开发性创新的不同知识需求则更具研究价值和意义。现有研究成果对创新网络中知识流动效率的研究多侧重于从网络本身特性去分析（苏加福等，2020），相关研究成果对知识流动效率的衡量和测度标准也并不统一。本书对现有文献的梳理发现，在企业创新网络框架下，考察知识流动效率对双元性创新影响作用的成果较为鲜见，是一个值得深入研究的重要方向。

（3）在研究方法方面。有关企业创新网络要素与双元性创新关系，以及知识流动效率与双元性创新关系的研究大多是从数理统计意义上进行分析和探讨，少有学者基于逻辑推理基础进行案例分析或规范的实证研究。深入分析网络要素、知识流动效率对双元性创新的内在逻辑关系的理论研究，并辅以实证研究佐证理论研究内容的成果还比较少。由此，本书试图在系统论证三者之间内在逻辑关系的基础上，结合规范的实证研究方法和多案例纵向分析方法进行相关探索，为企业开展双元性创新提供理论和实践支撑。

根据现有文献研究现状及不足，本书以企业创新网络、知识流动效率与双元性创新的关系这一主线为研究的切入点，深入探讨企业创新网络、知识流动效率对双元性创新的影响机制，构建一个一般性的理论框架，总揽本书的研究领域和研究内容。首先，聚焦企业创新网络的结构特征和关系特征两个维度对双元性创新的影响进行研究，并探讨不同维度对双元性创新影响的差异性。其次，在对企业创新网络中知识流动效率进行明确界定的基础上，厘清知识流动效率不同构面对双元性创新的影响。再次，按照规范的实证研究方法提出概念模型和相关假设，通过大样本调查数据对模型和假设进行检验，旨在揭示企业如何通过构建创新网络、提升网络中知识流动效率来实现双元性创新及其平衡。最后，选择科技领军企业开展双元性创新的实践进行案例分析，总结基本经验，佐证理论研究内容，并提出相应的管理策略和建议。

第 3 章　企业创新网络运行机制

3.1　企业创新网络的界定

现代企业技术创新是一个相互作用的复杂的过程，由于创新活动越来越复杂和不确定、产品生产周期越来越短，企业不可能在其内部获得全部的知识与信息，企业也难以从企业内部获取创新活动所需的全部资源。为了提高技术创新绩效，企业不得不通过与其他的组织合作来获得外部创新资源，这些组织可能是其他的公司，也有可能是政府部门、大学或科研机构、科技金融机构等（叶江峰等，2016；黄灿等，2023）。通过企业的技术创新活动，企业与这些组织形成了相对稳定的创新网络，以获取和整合外部资源，获得技术溢出效应，降低技术创新风险，提升企业的价值创造能力。

现有的针对意大利北部工业区、美国加利福尼亚州的硅谷及波士顿 128 号公路等高科技企业聚集地区的诸多研究成果，都充分说明了企业创新网络的力量。中国许多企业也意识到创新网络是快速提升自主创新能力的一条重要途径。例如，华为与全球诸多知名公司包括沃达丰、摩托罗拉、Telus、Bell 等建立了联合创新中心，这种客户价值导向的创新网络使得华为在面向未来和客户中长远需求的研发领域，赢得了技术追赶的时间和空间。联想集团通过构建全球创新网络，整合网络内的资源和能力，获取了微软等公司的软件技术支持，成功学习应用了惠普公司的市场运作和渠道建设方法。创新网络这种新型的组织形式已经得到企业的重视和采用，它们或构建自己的创新网络，或加入已有的创新网络，创新管理的模式和方法已经从企业内部转向创新网络。网络的重要性衍生出一系列相关概念，如创新网络、学习网络、知识网络、虚拟网络等，这些都从不同视角表达了对创新网络的认识。

本书中采用的"企业创新网络"概念来源于 Freeman 于 1991 年发表在 *Research Policy* 上具有里程碑意义的重要文献。Freeman（1991）认为创新网络是应对系统性创新的一种基本制度安排，网络架构的主要联结机制是企业间的创新合作关系。目前创新网络与合作创新已成为国内外学者、创新实践者广泛关注的领域。在参考国内外研究成果的基础上，我们认为企业创新网络是创新主体为适应技术创新复杂性而形成的一种新的组织形式，可以将企业创新网络界定如下：企业为了获取更多创新资源，提高技术创新能力，与各相关利益主体在交互式的作用中建立的相对稳定的正式或非正式的各种合作制度安排。创新要素诸如知识、技能、资源在空间和组织上的分离是产生企业创新网络的直接动因，企业建立创新网络在本质上就是为了创新要素的融合和集成（Argyres et al.，2020）。

3.1.1 企业创新网络的行为主体

在中国特色社会主义市场经济体制下，我国企业在创新过程中必然要与市场中其他主体进行合作与交流，以获取更多的外部资源。其中有效的方式之一就是与其他的行为主体建立相对稳定的企业创新网络，从而获得更多创新资源和发展机会。企业创新网络至少由以下主体构成。

（1）企业。企业作为市场中最为活跃的主体和最重要的主体，既包括与其具有垂直关系的产业上下游企业，如供应商、客户、服务商、代理商等；也包括水平关系的竞争性、互补性和服务性企业；既有数量众多的中小企业，也有体量较大的大中型企业。企业是创新网络的核心，是创新投入、创新活动和创新增值收益的最直接行为主体。企业与企业之间存在着极为广泛的网络联系。企业之间可以通过战略联盟、信息共享、技术专利交易等达到优势互补的效果，这样可以缩短产品的开发周期，分担企业运行中的风险，通过信息交流和组织学习提升企业各自的竞争力（黄灿等，2023）。

（2）大学及科研机构。大学及科研机构是知识和技术的重要源头，是科技创新成果的主要发源地。大学和科研机构都拥有各个行业的前端先进技术，但是由于大学和科研机构本身的性质，这些技术大多并没有被开发和利用。所以企业创新网络组建过程中，大学和科研机构不仅可以为企业的创新提供各种新知识、新思想和新技术，还可以通过教育、培训及成果转化等方式，参与到企业的创新活动中，推动知识、信息、技术等创新资源在企业创新网络中的扩散。同时高校也可以将自己的优秀生源输送到企业中，为企业的技术创新活动提供人才。

（3）政府。政府不仅是创新过程的参与者，更是创新活动的引导者、推动者。但是与企业、大学、科研机构不同，政府及公共部门并不直接参与创新。政府虽然并不直接参与创新活动，但在营造高质量的创新发展环境、促进创新网络的形成与发展、有效规范市场行为及挖掘潜在的创新资源方面，发挥着不可替代的作用。在许多行业，政府可以通过引导、激励、保护和协调等方式影响企业创新的整个过程。在政府介入企业创新的过程中，发达国家大多会以间接方式介入，而发展中国家则较多以直接方式介入。在政府公共政策和产业政策的引导下，中小型企业建立和参与企业创新网络的难度将大大降低。

（4）中介机构。中介机构是指具有特定功能的服务机构，包括各种行业协会、商会、创新创业服务中心等组织机构，以及律师事务所、会计师事务所等各种形式的机构。中介机构是实现企业与其他主体之间知识流动的一个关键环节，中介机构的作用和政府类似，本身并不直接参与技术创新，但作为创新主体，其在创新活动中起着重要的辅助和促进作用。中介机构作为直接面向市场的服务机构，具有市场的灵敏性与公共部门的权威性，如行业协会，可以有效地规范企业间的竞争行为、协助企业解决管理中的各类难题，间接促进企业创新活动的进行。中介机构的活跃程度在一定程度上反映了经济发展的水平和质量，就像催化剂一样，大大加深了企业与其他主体之间的联系，对企业创新活动会产生积极影响。

（5）客户。高效率、低成本地为客户创造价值是组建企业创新网络的出发点和落脚点。由于顾客需求的多元化和市场竞争日趋激烈，邀请客户加入企业创新网络有利于更加明晰创新目标，更容易创造出适应市场需求的产品。在高度不确定的市场环境下，顾客的价值导向对于降低创新风险、稳定创新网络结构、提高创新成功率都具有重要意义。

在创新网络中，企业作为发起方，在企业创新的各个环节都会建立起各种关系链条，不仅包括企业间的各种关系链条，还包括企业与政府、大学等其他机构因创新合作而建立起来的关系链条。每种关系链条都是一种创新合作，具有特定的功能，如企业之间建立起来的战略联盟，其目的就是实现创新资源的互补，在一定程度上，可以进行资源的共享和信息的交流合作，大大地缩短产品开发周期，降低企业技术研发的风险和成本。企业与客户、供应商、研究机构等创新系统成员之间的交互构成了企业的社会资源，这些外部资源既有助于促进创新网络内企业的学习，也有利于创新知识的转移和扩散，使得企业能够获得更强的创新能力。政府作为企业创新网络中的重要节点，一般不会直接参与到企业创新活动之中，而是通过对宏观经济和产业发展的调控，制定公共政策和产业政策来引导和推动企业的创新活动。中介机构作为连接企业与大学、科研机构等主体的桥梁，不仅需要与企业建立良好的合作关系，还需要与大学、科研机构建立关系链条。中介机构与其他主体之间建立的各种关系链条，是通过技术研发、生产等各个环节中的知识、信息等资源的流动和扩散而建立起来的。其中，中介机构与企业建立合作关系，可以将企业的技术需求信息及时地传递给新知识和新技术的供应方；中介机构与大学、科研院所建立关系链条，可以为研究机构提供技术需求信息，还可以将研究机构的技术信息传递到市场中，实现产学研结合，加快科技成果在市场经济中的转化和产业化。

3.1.2 企业创新网络的基本特征

企业创新网络是一个复杂的系统，具有复杂性、动态性、开放性、不确定性等典型特征，具体内容如下。

（1）创新主体的复杂性。随着创新活动复杂性的增加与技术复杂性的不断增强，高校、研究机构、政府、客户等均成为创新网络的重要组成部分。这些组织因其拥有的资源不同，而在创新活动中发挥着不同的作用，表现出不同的功能。这些创新活动参与者形成了网络的不同节点，多元化的创新主体在整体上构成了复杂的创新网络。各个主体之间的相互作用构成了纵横交错的关系，创新主体之间的关系可分为正式与非正式两类，正式的关系往往基于某种契约、合同，如合作研发协议、供应商网络等，非正式的关系往往基于彼此间的信任和心理契约，一般不具有商业经济方面性质，如企业间的长期技术合作等，非正式关系有利于创新主体之间稳定关系的建立。合作对象的多样性与关系的多样性导致企业创新网络中主体间关系的复杂性。

（2）创新网络的动态性。根据合作对象的不同，企业创新网络组织间的合作分为企业与企业间的合作、企业与高校间的合作、企业与研究机构间的合作、企业与金融机构间的合作等多种形式。由于企业创新网络联结的各个行为主体及其相互关系随时在发生变化，企业创新网络的形成与发展呈现出明显的动态性特点。一方面可能是企业外部市场或技术变化造成的，特别是当新技术出现时，通过购买新技术专利比大规模研发投入具有更高的经济价值，因此原有企业创新网络组建的目标和价值就不复存在了。另一方面可能是价值链上企业的不断诞生、兼并重组、破产等造成的，如美国硅谷每年都有上千家新企业产生，数百家企业倒闭，企业创新网络中的节点也会随之发生改变。

（3）创新网络的开放性。企业创新网络是一个具有耗散结构的系统，只有当网络从外部获得的能量大于系统耗散的能量时，创新网络才能不断克服管理熵增而不断发展。所以企业创新网络必须是一个具有开放性的网络通路，有的组织进入，有的组织退出，创新网络结构因创新组织属性特征的变化而变化。企业创新网络中创新组织的复杂性及创新组织间合作关系的复杂性都会导致管理熵的增加，当企业创新网络运行过程中内部耗散大于互补效应时，就开始寻找新的合作伙伴加入网络，以降低交易成本，提高网络运行效率，确保创新目标的实现。

（4）创新环境的不确定性。企业创新网络是创新组织与外部环境交互作用的结果，不能脱离外部环境而封闭运行。创新组织所处的法律政策环境、市场竞争环境、科技发展环境与社会文化环境都处于动态变化之中。外部环境的动态变化一方面为创新网络的发展提供了需要的空间、资源及其他积极条件；另一方面也施加了一些约束、压力和冲击，影响了整个网络的持续、健康发展。环境的动态性和不确定性对创新网络的形成与发展产生重大影响，影响到创新的预期和创新成功的可能性，创新环境的不确定性导致企业创新网络形成和发展的复杂性。

3.1.3　企业创新网络的发展阶段

不同学者对企业创新网络发展阶段的划分标准并不统一，本书将企业创新网络形成和发展大致分为如下三个阶段。

（1）企业创新网络的初步形成阶段。企业创新网络组建的初始阶段，新技术往往是创新合作关系的凝聚点，许多研究表明，网络中主体的数量与技术研发强度或技术复杂程度正相关。相对离散的创新主体开始尝试合作，网络发起者扮演着关键角色，为了整合创新资源、突破技术障碍、减少创新风险，开始在上下游产业链上寻找合作伙伴，并提供相应合作方案为加入该网络的企业提供决策参考。此时由于网络规模较小，难以形成网络规模效应。相关企业会对相关技术进行评估，因为一旦选择加入合作网络，意味着如果再向其他技术方向发展就会面临着高额的转移成本。由于企业创新网络处于初步形成阶段，各企业投入的资源有限，网络内部成员之间的互补性并不强。

（2）企业创新网络的成长发展阶段。一旦企业创新网络突破一定的临界规模，随着新成员的加入，原有创新主体之间合作稳定性的增强，部分弱联系演变为强合作关系，企业创新网络的优势逐渐显现出来。特别是各创新主体专用性技术投入，企业开始专注于既定目标的实现，企业之间的战略依赖性开始形成，建立强合作关系就成为它们共享和使用各自专用性技术的主要通道。具有战略依赖性关系的企业就成为创新网络中的核心成员，而与其他主体之间合作关系的稳定性则取决于成本效益分析和心理契约，心理契约包含着合作者对其他主体参与合作动机的假定和可能采取的合作行为的一种识别与考察。此时企业创新网络呈现出强弱合作关系共存的特点。

（3）企业创新网络的成熟稳定阶段。当企业创新网络结构足以支撑创新目标的实现时，标志着企业创新网络进入成熟稳定阶段，企业间合作关系逐渐稳固并显现出协同效应。网络内各创新主体根据协作分工，专注于技术创新某一环节的开发，其各自的资源投入成为价值链上的专用性资源，形成了企业资源投入在整个分工协作体系内的重要组成部分，实现网络组织的整体动态平衡。当然在企业创新网络进入相对稳定阶段以后，还可能随着外部环境和企业能力的变化而不断加以调整。调整的依据在于合作效率、公平性和适应性的评估结果，不能达标的合作主体或者直接退出创新网络，或者在新的条件下进行调整，直至创新网络形成新的稳定状态。

企业创新网络通常是在新技术驱动下由一个中枢企业构建起来的，通过创新合作任务界定和合作界面结构设计，寻找资源能力相互匹配的合作伙伴形成一个适当的创新网络结构。通过设计一定的治理机制，维护合作主体之间关系，形成以正式合同和心理契约为基础的自主均衡网络。然而随着外部环境和企业内部能力的变化，这种自主均衡状态就会被打破，企业创新网络结构和关系随之做出适应性调整，以识别和解决失衡所带来的关键问题，求得企业创新网络的新平衡。企业创新网络的形成和发展实质上就是这种从不平衡到平衡再到不平衡的循环往复过程。不平衡更可能是创新网络的常态，而平衡也只是一种动态的平衡。国内外实践也表明，企业创新网络的失败率很高，一个主要原因在于企业创新网络是一个复杂而动态的系统，技术问题、社会环境、治理机制、执行因素等相互交织和影响，导致解决其运行过程中的难题对企业家来说极具挑战性。

3.2　企业创新网络的结构特征

企业创新网络结构主要由行为主体、行为主体之间的关系链条、由关系链条所形成的子网络等要素组成。前文已对行为主体进行了分析，本节着重分析企业创新网络结构中的关系链条及子网络体系。企业创新网络中企业、大学、研究机构等主体之间的联结便形成了关系链条，关系链条形成的数量和联系的强度，对企业创新网络主体功能的发挥具有直接的影响。关系链条不仅是信息、知识和技术扩散的关键渠道，也是创造价值、实现技术创新目标的关键。在企业创新网络中，存在各种具有不同功能的关系链条，它们共同实现了企业创新的系统功能。

企业创新网络中各行为主体围绕合作创新任务分工和界面结构设计，形成了包括技术研发、技术创新服务、市场交易等正式性的子网络体系。技术研发子网络是企业创新网络的核心，以技术创新目标为导向，根据各创新行为主体的组员的技术专长完成创新任务，逐渐积累形成其特定的、难以模仿的知识结构和价值体系，获取合作创新收益。由企业与中介机构、金融机构等建立起来的网络组成了技术创新服务子网络，中介机构发挥在某一领域的专业特长服务于网络中技术创新活动，降低由于信息不对称所带来的搜寻成本和交易成本，金融机构则为技术创新活动提供多元化的投融资渠道和充足的资金来源。由企业与产业链上下游企业、其他辅助类企业在原材料供应、产品生产制造及销售等环节构建起了市场交易网络，利用横向和纵向多渠道合作关系，聚集起更多专业化的企业，降低了市场交易成本。企业创新网络中不仅存在众多具有特定功能和目的的正式网络，同时还衍生出各种正式和非正式的关系网络，共同构成了复杂的企业创新网络结构。

企业创新网络的微观结构特征非常复杂，不同学者采用理论研究和实证分析的方法对企业创新网络结构特征变量进行了大量研究。因应研究内容需要，本书采用了企业创新网络结构的以下特征变量。

（1）网络密度。网络密度是衡量网络结构最基本的特征，它反映了整个网络的基本组成情况和可获取创新资源的丰富程度，代表着企业与合作者在创新活动中发生的各种互动关系总和。网络密度指的是网络中企业、大学、科研机构、中介机构等创新主体的数量，表征了网络的大小和主体间各种关系链条的多少。创新主体越多，网络中的资源、知识的存量越大，异质性和高质量性的知识存在的可能性越大。创新主体之间联结越多，网络中的资源流通的渠道也越多，资源流通的效率越高，越能加快创新的速度。

（2）网络稳定性。网络稳定性主要表征了企业创新网络中创新主体之间合作持续时间。通常情况下，企业在构建创新网络时，选择具有互补性资源、互信性关系、常态化合作的创新主体，创新网络一般具有较高的稳定性。稳定的企业创新网络有利于一些投资数额大、研发周期长、创新风险高的重大项目的协同攻关。网络稳定性变化反映了网络中直接或间接参与创新主体数量的调整，受创新任务目标、创新主体合作动机、网络功能实现程度等因素的影响。

（3）网络异质性。网络异质性代表创新活动中与企业发生联系的外部组织类型的多样性，在一定程度上也决定了企业能够获得互补资源或异质资源的数量。区别于传统社会网络理论认为网络连接是随机的，企业创新网络的连接是一个有意识的选择过程，具有一定的偏好性，创新主体往往倾向于选择与技术先进、能力强、社会声誉好的主体进行合作，以实现资源共享和优势互补，在创新全过程或某些环节共同投入、共同研发、共享成果、共担风险。参与到企业创新活动中的行为主体越具有更多差异性，越有利于实现多种创新要素的不同组合，从而充分激发各种优势资源在创新网络中的投入和流动。

（4）网络开放度。网络开放度被认为是企业与网络外成员的联系程度，具体由网络成员多样性、接受新成员意愿和网络外新成员联系程度所构成。网络规模和网络异质性在一定程度上决定了网络开放的程度，网络开放度体现了网络内外成员共同交互的结果，开放度较高的创新网络拥有的企业类型和数量都比较多，因而网络中也存在更多的资源、知识、信息可供网络成员利用，企业在产品开发和技术创新过程中能够以较低的经济成本和时间成本获取多样化的创新资源和创新思维，从而有利于企业内外部创新资源的整合，加快企业创新的速度和效率，是企业创新网络结构的又一个重要特征变量。

3.3　企业创新网络的合作关系

3.3.1　企业创新网络的合作关系强度

网络关系强度是网络关系特征的反映，是企业与其他网络之间、企业与机构之间进行交流和技术合作的重要变量，创新主体获取网络资源的能力、资源的质量都与网络关系强度息息相关。Granovetter（1973）提出人与人、组织与组织之间交流联系会形成不同的关系强度，而关系的强弱会影响知识的创造、获取和传递，根据网络关系强度的不同，可以将其分为强关系和弱关系。强关系表现为经常性的互动、相互的好感及长久合作关系，强调了网络主体之间的信任与协调的重要性，认为紧密的网络关系是获得网络资源的先决条件，彼此之间形成的心理默契，减少了合作中的机会主义行为，达到深度沟通、交换与共享的效果，有利于知识特别是隐性知识在网络中的交流和获取，能够有效地促进创新活动，提高创新能力。弱关系则表现为不频繁的联系、较弱的情感和短期的合作关系，网络关系中的弱联结表明企业通过外部网络进行创新的功能发挥不够，企业外部网络触角的延拓能力较弱，对资源、知识、技术的集成功能难以充分发挥。

关系强度指标是研究网络关系特征的重要内容。如前所述，不同强度的关系在信息传递与合作交流中起着完全不一样的作用，与网络主体获取网络资源的能力及资源质量具有很强的关联性，其对组织学习和技术创新的影响也具有很大的差异。然而，关系强度是由一些很难量化且抽象的概念所组成的，如信任、亲密性等，那么如何度量个体或组织间的关系强度是创新网络理论研究的薄弱环节，也是现在比较有争议的研究之一。本书的关系强度主要是指企业与创新网络中的其他主体联系的强弱程度，对关系强度主要从三个维度来进行分析，包括主体间接触时间、合作交流的频率和主体间的互惠性。

3.3.2　企业创新网络的合作关系质量

关系质量反映出网络成员是否愿意为预期目标付出时间和精力进行沟通，共同解决问题。关系质量的研究最早出现在市场营销领域中，学者们侧重于分析企业与顾客之间的信任程度、满意度等因素，此后，经济与管理学领域对关系质量的关注逐渐增多，开始用于探索企业间合作关系问题。多数研究围绕着双方的关系本质、关系管理来构建模型，比较主流的论调认为企业与合作伙伴之间的关系质量需要结合创新活动中参与主体间的满意程度、承诺程度、信任程度等指标来进行测量。随着企业边界的日趋模糊化和竞争压力的不断增加，为争取竞争优势地位和扩大市场份额，企业将会更加注重彼此之间的协作，提高企业间合作的关系质量。合作关系持久度也是测量企业创新网络关系质量的重要内容，主要是指企业间合作关系的稳定性和持久性，用来判定彼此合作关系的时间跨度。关系持久度反映的是关系的时间特性，主要包括两个方面：一方面是企业间合作关系的时间跨度越长，表明彼此间的关系持久度越高；另一方面是双方对彼此合作关系发展的预期，也就是说，双方对合作关系的预期越好，表示关系持久度越高。因此，本书中关于关系质量主要从三个维度来进行分析，包括主体间的信任程度、承诺程度和主体间合作关系持久度。

3.3.3　企业创新网络的中心性

网络中心性是衡量创新主体在网络结构中位置的重要指标。企业在创新网络中的中心性体现在企业由于拥有较大的资源优势或更加紧密的网络关系，而使得企业在与其他行为主体合作时占据有利地位。在创新网络中处于中心位置的企业与其他行为主体保持着更多的网络联结，可以从创新网络中收集更多有效的信息和知识资源，获取创新资源就会变得更加容易，并掌控着这些信息和知识资源的优先使用权和分配权。企业创新网络规模和密度越大，意味着网络中知识存量越大，各主体之间交互作用越频繁，处于网络中心性的企业获取外部资源的数量与机会越多，创新效果越好。

创新主体位居网络中心能使其获得资源获取优势和资源控制优势。这两种优势使得网络成员间的信息、知识等资源形成位置差异，迫使其他处于位置劣势的创新主体努力改变现有网络结构格局，强化了它们之间相互联系和交流的意愿，这种交流意愿可以促使它们直接进行联系或者重新寻找第三方建立间接联系，使创新网络呈现出内部分支结构与网络规模的同步自增长。原来位居网络中心的创新主体由于网络结构与合作关系的变化，逐渐失去中心位置。此时占据中心位置的企业应该及时调整合作策略，从自益性合作策略向共益性合作策略转变，以使更多创新主体享受到合作带来的额外收益，从而维持网络结构与合作关系的稳定。

3.4　企业创新网络的构建与演化

3.4.1　企业创新网络的构建与运行

企业创新网络由企业和各行为主体通过正式或非正式的关系联结，其中的关键要素是节点和联结。节点之间联结的形成则是来自企业创新活动中主体之间的各种合作关系的建立，通常包括技术合作、项目合作、资源整合、信息交流等。这些合作关系是各个主体开展合作创新活动的基础，新产品的开发、技术和工艺的创新、新市场的开拓等都离不开节点和联结的共同作用。创新资源的投入、新产品的研制、研发人员的创新活动是企业创新网络有效运行的最基本保证。企业创新网络功能实现过程的主要活动包括机遇与现状分析、确立目标、产品模块化分析、自身能力分析、合作伙伴能力分析、能力要素的遴选与集成、相关技术与人员准备、产品价值实现与增值服务等。基于此，本书构建的企业创新网络如图 3-1 所示。

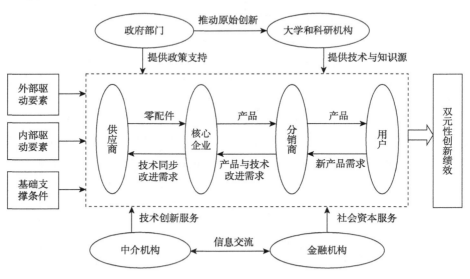

图 3-1　企业创新网络

企业创新网络的形成过程首先源于内外部驱动要素。在知识经济时代，市场竞争呈现出变化的日益加剧、高度不确定性、不可预测性、全球化等特征，并催生一种新的市场——虚拟市场。外部市场的变革要求企业必须保持高度的自我调整能力和组织柔性，通过在价值链上选择合作伙伴，实现资源和能力匹配，满足技术研发费用大幅度增加的需求，降低各种风险和挑战，以新型竞合关系获取市场份额和收益。

在内外部要素的驱动下，企业创新网络运行需要一定的基础条件，包括支撑自主性管理的信息技术平台，从内外获取新知识实现组织知识的快速更新和积累，建立有效的激励约束机制、控制机制等管理制度，形成基于共同价值观的相互信任、沟通顺畅的文化基础等。当然这些基础条件的建立不应仅限于由各分散的环节集成起来，而应把这些活动有机联系起来，形成一个整体的、连续的、专业的价值流。

企业和企业之间存在的广泛且复杂的合作关系是创新网络构建与运行的核心，不同企业之间的专业化合作能实现优势互补，缩短产品的开发周期，降低产品的研发成本，分担研发风险和市场风险，企业与其他主体之间通过网络进行信息交换、资源共享、技术交流和培训学习来提升其竞争力。供应商指的是在为企业提供创新活动中所需各种资源的厂商，包括研发和生产活动中所需要的原材料、机器设备、专有性技术等。客户对新产品、新功能特性的需求是企业创新的根本原因。在快速变化的市场环境下，仅靠企业现有的产品和服务无法满足客户的需求，如何在更大程度上留住已有客户，进一步开发新客户，是企业赖以生存的根本。产品创新的过程有了客户的参与，使得企业能够更直接、更客观地获取客户对新产品、新功能特性和新服务的需求信息。

政府部门是创新过程的主要参与者，通过出台相关政策，制定产业标准，制定人才引进计划，引进创新资源，引导创新主体的行为，营造良好的创新环境，激发企业对于创新投入的主观积极性，鼓励和支持企业的网络化创新活动，更好地为企业创新活动提供服务。

大学和科研机构是技术、知识、人才的来源地和储备库，既能完成新知识、先进技术和超前思想的创造，又能将自身所拥有的新技术和新知识资源在企业创新网络中传播和应用。在这个交互过程中，企业获得了先进技术和知识，大学和科研机构则实现了科研成果的商业化。

中介机构是企业与其他组织间信息交流和资源交换的关键环节，常见的中介机构包括各种行业协会、咨询公司、会计事务所、律师事务所和创新服务中心等。中介机构作为各种行为主体之间联系的桥梁，在企业创新网络中协助各行为主体联系与沟通，在创新活动中，单个企业自身很难完成创新资源和创新机会的搜寻和选择工作，中介机构存在的意义就是利用其某方面的专业优势，扩大搜索范围，减少搜索成本，加快资源交换的速度，促进信息的交流与共享，为各行为主体参与创新活动提供帮助。

金融机构在企业创新网络中至关重要。企业创新活动的各个环节都离不开资金的支持，企业进行技术创新活动有较高的潜在收益，但同时也有可能伴随着较大的风险。金融机构利用其多元化的渠道优势及时为企业提供支持，为创新活动提供保障。

企业创新网络有效运行的最大挑战在于建立一整套的组织模式、管理方法及各企业共同遵守的组织准则等制度性安排。组织模式的作用在于确保各行为主体面向某一特定的专业分工，通过相互协作，实现企业资源配置所需要的协同、交换、共享、应用，满足研发生产过程的模块化、网络化、集成化的需求。管理方法的作用在于确保企业向专业化方向发展，使得企业变得更加精练、柔性，通过战略匹配、能力匹配、资源匹配集成一批具有不同技术优势的企业，形成优势互补、高度信任的合作网络，共同实现各自利益的最大化。组织准则的作用在于遴选和确定战略匹配性、资源匹配性、能力匹配性都比较强的合作伙伴，拓展创新网络规模和专业化分工协作主体，形成各主体之间资源能力优势互补，更好地研发设计出满足市场和顾客需求的产品和服务，提升产品的市场占有率和利润空间，从而满足技术创新绩效目标的要求。

企业创新网络的构建与运行是一个开放式的迭代过程，通过主动寻求市场机遇，确立技术创新绩效目标，进而在产业链上选择匹配度高的合作伙伴，实现资源能力的集成与优化，分解和细化任务目标，降低问题的复杂性，通过技术平台支持协同完成各功能模块，最终提供给顾客多元化和个性化的产品和服务。在为顾客创造价值的同时，企业创新网络这一新的组织形式的优势和潜力得以充分发挥出来。

3.4.2　企业创新网络主体博弈分析

面对日益复杂的竞争市场，企业独立创新面临着巨大的压力。在全球产业链重构、国内国际双循环发展的大背景下，创新网络主体之间经过长期磨合形成稳定的企业创新网络已经成为大势所趋。企业创新网络合作关系是作为独立经济个体的创新主体之间从不协同到协同的过程，彼此经历长期而反复博弈的结果，博弈中信任危机、合作度低等问题的存在，都会导致协同创新网络风险，在很大程度上阻碍创新各主体的双元性创新战略。因此如何利用演化博弈策略激发协同创新网络中创新主体相互合作、积极嵌入就显得十分重要。

企业创新网络协同需要创新主体之间实现创新资源的有效流动、充分共享与合理配置。在知识经济条件下，任何企业不可能拥有自己企业发展所需要的所有知识，协同合作成为现代企业发展的必然策略。越来越多的企业逐渐意识到，知识是企业核心竞争力的主要来源，知识创新已成为企业获取核心竞争力的主要途径。然而在创新网络中的企业个体均有着不同的行为策略，在网络中的企业创新个体作为博弈过程的参与者，其行为策略构成了策略集合，企业个体行为之间存在的理性矛盾使得其间的利益始终不能保持一致，导致资源争夺、互相背叛、不诚信等行为的出现。协同创新网络演化博弈是指将参与协同创新活动的博弈个体分别视为网络节点，个体间的行为联系看作网络关系，创新网络的个体根据策略历史和收益历史反复进行博弈以寻求最优均衡策略，协同创新网络的创新个体之间达到收益最大化。博弈分析结果旨在将结构松散、弱关系的创新网络逐渐演化成结构紧密、强关系的创新网络，将个体之间不稳定的合作关系推进至稳定高效的合作关系。本书运用演化博弈理论探究在创新网络中各创新主体采取协同创新策略的影响因素，以期为推动各主体嵌入创新网络，加快知识流动和知识共享，最大程度上提升双元性创新的成效提供一定的理论依据。

1. 博弈模型的基本假设

由于企业创新网络所处环境复杂多变，并且具有多种不确定影响因素，所以创新主体之间各自的策略选择是无法确定的，由此最终也无法确定最佳的协同创新策略。故本书做出如下假设。

H3-1：在企业创新网络协同创新过程中，在博弈过程中的创新主体均是有限理性的群体，且在某一时刻，一个创新主体只和另一个创新主体进行协同博弈。创新主体之间的策略选择和效用函数都是未知的，因此在博弈初期双方都无法确定自己的最佳策略。此时，一方创新主体和另一方创新主体都需要不断地进行重复博弈，在反复的策略调整过程中找到系统的最优策略。

H3-2：在协同创新过程中，1 代表创新主体甲方，2 代表创新主体乙方，两者的策略组合都是{积极协作，消极协作}，创新主体甲方选择积极协作策略的概率为 $x, x \in [0,1]$，创新主体乙方选择积极协作策略的概率为 $y, y \in [0,1]$，则双方均选择消极协作策略的概率分别为 $1-x$、$1-y$。

H3-3：当创新主体甲方与创新主体乙方都选择积极协作策略时，两者都会投入一定的创新资源，进行更深层次的交流与融合以达成协同状态，假设进行协同创新的总成本为 C，创新主体甲方的协同创新投入系数为 λ，创新主体乙方的投入系数为 $1-\lambda$。按照"多劳多得"的分配原则，各方的投入系数也是超额利润的分配系数。假设在企业创新网络协同状态下取得协同的超额收益为 R，且超额收益大于成本，即 $R>C$。

H3-4：创新主体甲方对创新主体乙方的信任水平为 T_1，创新主体乙方对创新主体甲方的信任水平为 T_2。信任是企业创新网络构建的基础和前提，有利于实现企业创新网络协同创新的目标，创新主体甲方和创新主体乙方在信任的基础上进行协同创新所取得的超额收益分别为 $\lambda T_1 R$、$(1-\lambda) T_2 R$。

H3-5：创新主体甲方和创新主体乙方在协同创新过程中的交易成本分别为

C_1、C_2，在协同创新过程中，由于创新主体甲方与创新主体乙方之间需要进行频繁的沟通、协调等，合作虽然建立在信任的基础上，但是还是需要对对方进行一定的监督，这会产生一定的交易成本，则可得创新主体甲方的总成本为 $\lambda C + C_1$，创新主体乙方的总成本为 $(1-\lambda)C + C_2$。

H3-6：在企业创新网络内，创新主体的双方不论是否选择积极协作策略，两者都始终处于基本的合作状态。当创新主体甲方或者创新主体乙方都选择消极协作策略时，企业创新网络无法实现协同，因此无法取得协同的超额收益，但是网络内的创新主体都能得到基本的合作收益，分别用 R_1（创新主体甲方基本收益）、R_2（创新主体乙方基本收益）来表示；当创新主体甲方和创新主体乙方只有单方选择积极协作策略时，协同方才付出协同创新成本，这时企业创新网络虽然可以实现部分协同，产生部分协同收益，但是协同效应并没有充分发挥，同样不能取得超额收益，并且这部分协同收益不足以弥补其协同创新成本。假设当只有创新主体甲方选择积极协作策略时，创新主体甲方的单独协同收益为 P；当只有创新主体乙方选择积极协作策略时，创新主体乙方的单独协同收益为 Q，并且满足 $P < \lambda C + C_1$，$Q < (1-\lambda)C + C_2$，即单独协同收益也是不足以支付投入成本的。

H3-7：当创新主体甲方和创新主体乙方只有一方选择积极协同策略时，另一方"搭便车"的情况就会发生，由于存在"知识溢出效应"或者"技术溢出效应"，"搭便车"的那一方也会取得"搭便车"收益，假设都为 D，并且 $D < \min\{\lambda T_1 R, (1-\lambda)T_2 R\}$。

H3-8：企业创新网络协同的顺利实现，还需要对协同主体进行激励与约束，而政府作为企业创新网络中的参与者，应当充分发挥其监督职能。政府在博弈双方策略选择过程中起到监督作用，并对博弈双方行为选择进行引导和约束，对选择消极协作的一方进行惩罚，同时为了弥补积极协作的一方，将消极协作一方的罚金作为对积极协作一方的奖励，假设对消极协作一方的惩罚金额（也是积极协作一方的奖励金额）为 F，且 $F > D$，即对"搭便车"一方的惩罚金额高于其"搭便车"所获的收益。

2. 博弈模型的构建

根据上述八个基本假设，构建出企业创新网络协同博弈的收益矩阵，如表 3-1 所示。企业创新网络协同博弈双方的博弈结果有四个组合：{积极协作，积极协作}、{积极协作，消极协作}、{消极协作，积极协作}和{消极协作，消极协作}，S_{11}、S_{21}、S_{31}、S_{41} 为四种组合下创新主体甲方的收益，S_{12}、S_{22}、S_{32}、S_{42} 为四种组合下创新主体乙方的收益。特别指出，企业创新网络中协同主体的策略选择原则是总收益大于总成本。

表 3-1　模型参数

创新主体甲方	创新主体乙方	
	积极协作 y	消极协作 $1-y$
积极协作 x	S_{11}, S_{12}	S_{21}, S_{22}
消极协作 $1-x$	S_{31}, S_{32}	S_{41}, S_{42}

其中：

$$S_{11} = \lambda T_1 R + R_1 - \lambda C - C_1; \quad S_{12} = (1-\lambda)T_2 R + R_2 - (1-\lambda)C - C_2$$

$$S_{21} = R_1 + P + F - \lambda C - C_1; \quad S_{22} = R_2 + D - F$$

$$S_{31} = R_1 + D - F; \quad S_{32} = R_2 + Q + F - (1-\lambda)C - C_2$$

$$S_{41} = R_1; \quad S_{42} = R_2$$

假设创新主体甲方选择"积极协作"与"消极协作"的期望收益分别为 E_{1Y}、E_{1N}，则：$E_{1Y} = yS_{11} + (1-y)S_{21}$；$E_{1N} = yS_{31} + (1-y)S_{41}$。

同理，创新主体乙方选择"积极协作"与"消极协作"的期望收益分别为 E_{2Y}、E_{2N}，则：$E_{2Y} = xS_{12} + (1-x)S_{32}$；$E_{2N} = xS_{22} + (1-x)S_{42}$。

创新主体甲方与创新主体乙方的平均期望收益分别为 E_1、E_2，则：$E_1 = xE_{1Y} + (1-x)E_{1N}$；$E_2 = yE_{2Y} + (1-y)E_{2N}$。

根据复制动态理论可知，每次博弈结束后，博弈方会以自己的历史结果或者相似条件下其他博弈方的策略选择为参考，考虑是否改变自己的策略选择。因此，博弈过程中选择某一种策略的成员比例是动态变化的，反映在复制动态方程中，就是在群体中使用该策略的个体在群体中所占比例的增长率要大于零。由复制动态方程可以得出创新主体甲方与创新主体乙方的复制动态方程分别为

$$F(x) = \frac{\mathrm{d}x}{\mathrm{d}t} = x(E_{1Y} - E_1) = x(1-x)(E_{1Y} - E_{1N})$$

$$= x(1-x)\left[y(\lambda T_1 R - P - D) + P + F - \lambda C - C_1 \right]$$

$$F(y) = \frac{\mathrm{d}y}{\mathrm{d}t} = y(E_{2Y} - E_2) = y(1-y)(E_{2Y} - E_{2N})$$

$$= y(1-y)\left\{ x\left[(1-\lambda)T_2 R - Q - D \right] + Q + F - (1-\lambda)C - C_2 \right\}$$

3. 博弈模型均衡点的稳定性分析

创新主体甲方协同创新行为的演化路径如图 3-2 所示。

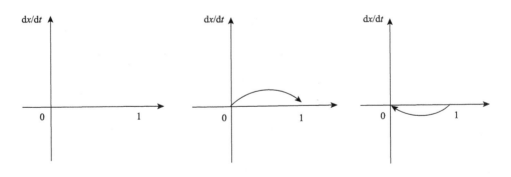

（a）创新主体甲方决策无差异　　　（b）创新主体甲方积极协作　　　（c）创新主体甲方消极协作

图 3-2　创新主体甲方协同创新行为的演化路径

令复制动态方程 $F(x)=0$ 可知，存在两种情况，一是当 $y=\dfrac{\lambda C+C_1-P-F}{\lambda T_1 R-P-D}$ 时，对于所有的 x 都是稳定状态，即当创新主体乙方选择积极协作的概率为 $y=\dfrac{\lambda C+C_1-P-F}{\lambda T_1 R-P-D}$ 时，创新主体甲方无论选择哪种策略都是无差异的，其复制动态相位图如图 3-2（a）所示；二是当 $y\neq\dfrac{\lambda C+C_1-P-F}{\lambda T_1 R-P-D}$ 时，可以得到 x 的两个稳定状态 $x=0$ 和 $x=1$。

当 $y>\dfrac{\lambda C+C_1-P-F}{\lambda T_1 R-P-D}$ 时，$F(x)>0$，$x=1$ 是 x 的稳定状态，且 $E_1 Y-E_1>0$，也就是说，创新主体甲方选择"积极协作"策略的期望收益大于其平均期望收益。因此，创新主体甲方选择积极协作的概率为 $x=1$，其复制动态相位图如图 3-2（b）所示。

当 $y<\dfrac{\lambda C+C_1-P-F}{\lambda T_1 R-P-D}$ 时，$F(x)<0$，且 $E_1 N-E_1<0$，即创新主体甲方选择"消极协作"的期望收益小于其平均期望收益。此时，创新主体甲方选择"消极协作"策略的概率为 $1-x=1$，即 $x=0$ 是 x 的稳定状态，即使初始状态是 $x=1$，由于其期望收益小于平均期望收益，受到利益驱使，创新主体甲方会通过"试错"学习的形式去尝试选择"消极协作"策略，并最终在 $x=0$ 处达到稳定。此时创新主体甲方的复制动态相位图如图 3-2（c）所示。

创新主体乙方协同创新行为的演化路径如图 3-3 所示。

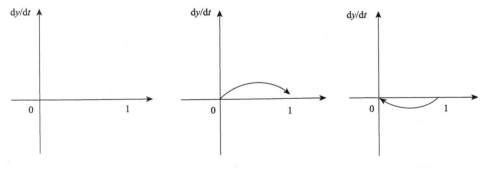

（a）创新主体乙方决策无差异　　　　（b）创新主体乙方积极协作　　　　（c）创新主体乙方消极协作

图 3-3　创新主体乙方协同创新行为的演化路径

同理可知，令 $F(y)=0$ 也存在两种情况，一是当 $x=\dfrac{(1-\lambda)C+C_2-Q-F}{(1-\lambda)T_2R-Q-D}$ 时，对于所有的 y 都是稳定状态，即当创新主体甲方选择积极协作的概率为 $x=\dfrac{(1-\lambda)C+C_2-Q-F}{(1-\lambda)T_2R-Q-D}$ 时，创新主体乙方无论选择哪种策略都是无差异的，其复制动态相位图如图 3-3（a）所示；二是当 $x\neq\dfrac{(1-\lambda)C+C_2-Q-F}{(1-\lambda)T_2R-Q-D}$ 时，可以得到 y 的两个稳定状态 $y=0$ 和 $y=1$。

当 $x>\dfrac{(1-\lambda)C+C_2-Q-F}{(1-\lambda)T_2R-Q-D}$ 时，$y=1$ 是创新主体乙方协同行为策略选择的稳定状态，其选择"积极协作"的概率为 $y=1$，其复制动态相位图如图 3-3（b）所示。

当 $x<\dfrac{(1-\lambda)C+C_2-Q-F}{(1-\lambda)T_2R-Q-D}$ 时，创新主体乙方选择"消极协作"策略的概率为 $1-y=1$，即 $y=0$ 是 y 的稳定状态，也就是说，即使初始状态是 $y=1$，由于其期望收益小于平均期望收益，受到利益驱使，创新主体乙方也会通过"试错"形式尝试选择"消极协作"策略，并最终在 $y=0$ 处达到稳定。此时创新主体乙方的复制动态相位图如图 3-3（c）所示。

基于对创新主体甲方和创新主体乙方复制动态方程的分析可知，二者在不同的条件下分别有三种演化的稳定策略，创新主体甲方和创新主体乙方策略演化组成的动态系统的复制动态方程组为

$$\begin{cases} F(x) = \dfrac{\mathrm{d}x}{\mathrm{d}t} = x(E_{1Y} - E_1) = x(1-x)(E_{1Y} - E_{1N}) = 0 \\ F(y) = \dfrac{\mathrm{d}y}{\mathrm{d}t} = y(E_{2Y} - E_2) = y(1-y)(E_{2Y} - E_{2N}) = 0 \end{cases}$$

当 $0 \leqslant x \leqslant 1$ 且 $0 \leqslant y \leqslant 1$ 时，可以得到五个演化博弈的均衡点：$A(0,0)$，$B(1,0)$，$C(0,1)$，$D(1,1)$，$O(K_1, K_2)$，其中，$K_1 = \dfrac{(1-\lambda)C + C_2 - Q - F}{(1-\lambda)T_2R - Q - D}$，

$K_2 = \dfrac{\lambda C + C_1 - P - F}{\lambda T_1 R - P - D}$，通过雅可比矩阵局部稳定性分析可以对创新主体甲方与创新主体乙方协同均衡点的稳定性进行分析，通过分析可以得到协同的雅可比矩阵 J 为

$$\begin{pmatrix} A_1 & B_1 \\ A_2 & B_2 \end{pmatrix}$$

其中，

$$A_1 = (1-2x)\left[y(\lambda T_1 R - P - D) + P + F - \lambda C - C_1 \right]$$
$$B_1 = x(1-x)(T_1 R - P - D)$$
$$A_2 = y(1-y)\left[(1-\lambda)T_2 R - Q - D \right]$$
$$B_2 = (1-2y)\left\{ x\left[(1-\lambda)T_2 R - Q - D \right] + Q + F - (1-\lambda)C - C_2 \right\}$$

通过计算该雅可比矩阵的行列式（$\det J$）和秩（$\operatorname{tr} J$）的正负号可以对五个均衡点的稳定性进行分析，计算结果如表3-2所示。表3-2中情况一为创新主体甲方的协同收益小于协同成本，创新主体乙方的协同收益小于协同成本。情况二为创新主体甲方的协同收益大于协同成本，创新主体乙方的协同收益小于协同成本。情况三为创新主体甲方的协同收益小于协同成本，创新主体乙方的协同收益大于协同成本。情况四为创新主体甲方的协同收益大于协同成本，创新主体乙方的协同收益大于协同成本。其中，秩（$\operatorname{tr} J$）若大于零，则该平衡点就是不稳定的，N 表示不稳定的状态，可能为正，也可能为负。

表 3-2 均衡点稳定性分析

均衡点	情况一：$\lambda T_1 R < \lambda C + C_1$，$(1-\lambda)T_2 R < (1-\lambda)C + C_2$			情况二：$\lambda T_1 R > \lambda C + C_1$，$(1-\lambda)T_2 R < (1-\lambda)C + C_2$			情况三：$\lambda T_1 R < \lambda C + C_1$，$(1-\lambda)T_2 R > (1-\lambda)C + C_2$			情况四：$\lambda T_1 R > \lambda C + C_1$，$(1-\lambda)T_2 R > (1-\lambda)C + C_2$		
	$\det J$	$\operatorname{tr} J$	稳定性分析	$\det J$	$\operatorname{tr} J$	稳定性分析	$\det J$	$\operatorname{tr} J$	稳定性分析	$\det J$	$\operatorname{tr} J$	稳定性分析
$A(0,0)$	+	−	ESS	+	−	ESS	+	−	ESS	+	−	ESS
$B(1,0)$	−	N	不稳定	−	N	不稳定	+	+	不稳定	+	−	不稳定
$C(0,1)$	−	N	不稳定	+	+	不稳定	−	N	不稳定	+	+	不稳定
$D(1,1)$	+	+	不稳定	−	N	不稳定	−	N	不稳定	+	−	ESS
$O(K_1, K_2)$										−	0	鞍点

由表 3-2 可知，创新主体甲方和创新主体乙方的混合策略演化过程中存在五个局部平衡点，其中，$A(0,0)$、$D(1,1)$ 为协同主体行为演化稳定策略。当创新主体甲方和创新主体乙方至少有一方的协同期望收益小于其协同成本时，也就是表 3-2 中的情况一、情况二和情况三这三种情况下，无论初始位置在哪里，协同主体行为均会在均衡点 $A(0,0)$ 处，也就是双方都选择"消极协作"策略达到稳定状态，其协同行为演化相位图如图 3-4 所示。在情况一中，起初甲乙双方都是以获得合作创新收益为初衷加入企业创新网络，但当双方协同收益小于协同成本时，双方均会选择"消极协作"策略，演化曲线会沿着各自路径往均衡点 $A(0,0)$ 方向演化，最终在均衡点 $A(0,0)$ 处达到稳定状态。在情况二中，甲方的协同收益大于协同成本，则它会选择"积极协作"策略，演化曲线从均衡点 $B(1,0)$ 朝着均衡点 $D(1,1)$ 方向演化；但由于乙方的协同收益小于协同成本，则它会选择"消极协作"策略，演化曲线就会从均衡点 $D(1,1)$ 向均衡点 $C(0,1)$ 方向演化；如果乙方在动态博弈过程中坚持采用"消极协作"策略，此时甲方为了防范在协同创新过程中利益受损，则会改变博弈策略，同样会选择"消极协作"策略，演化曲线会朝着均衡点 $A(0,0)$ 方向演化，最终在均衡点 $A(0,0)$ 处达到稳定状态。同样，对于情况三，甲乙双方博弈过程亦是如此，最终会在均衡点 $A(0,0)$ 处达到稳定状态。

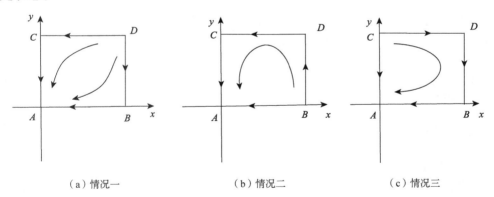

（a）情况一　　　　　　　（b）情况二　　　　　　　（c）情况三

图 3-4　协同主体至少一方协同期望收益小于协同成本时其协同行为演化相位图

当创新主体甲方和创新主体乙方的协同期望收益均大于其协同成本时，同时存在两个稳定点 $A(0,0)$ 和 $D(1,1)$，其协同行为演化相位图如图 3-5 所示。可以看到，$A(0,0)$，$D(1,1)$ 为创新主体甲方和创新主体乙方协同行为演化的两个局部稳定点，$B(1,0)$ 和 $C(0,1)$ 是局部不稳定点，也是创新主体甲方和创新主体乙方协同行为演化的出发点，$O(K_1,K_2)$ 点为鞍点。协同主体行为演化的稳定点由初始位置决定，BOC 为初始状态的"分界线"，在初始状态位于 $ABOC$ 区域时，系统最

终收敛于 $A(0,0)$ 点，也就是说，当协同主体一方选择"积极协作"策略的概率比较小的情况下，协同主体另一方就会选择"消极协作"策略，最终使系统无法实现协同，协同主体行为演化的稳定策略为（消极协作，消极协作）。当初始状态位于 $DBOC$ 区域时，系统最终收敛于 $D(1,1)$ 点，也就是说，在协同主体一方选择"积极协作"策略的概率比较大的情况下，如果另一方的协同主体认为参与协同可以获得额外收益，其会选择"积极协作"策略，协同主体行为演化的稳定策略为（积极协作，积极协作）。

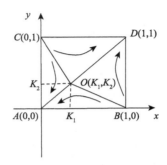

图 3-5 协同主体双方协同期望收益均大于协同成本时其协同行为演化相位图

4. 博弈的数值仿真分析

为了进一步分析各参数对演化结果的影响，通过以下假设数值进行仿真分析。由图 3-4 可知，企业创新网络内协同主体之间实现协同的概率由 $ABOC$ 和 $DBOC$ 的面积决定，如果 $S_{ABOC} > S_{DBOC}$，那么协同主体更倾向去选择"消极协作"策略，反之，当 $S_{ABOC} < S_{DBOC}$ 时，协同主体选择"积极协作"策略的概率大于其选择"消极协作"策略的概率。维持企业创新网络协同的状态，应尽量扩大 $DBOC$ 的面积，其中，$S_{DBOC} = 1 - \dfrac{1}{2}\left[\dfrac{(1-\lambda)C + C_2 - Q - F}{(1-\lambda)T_2 R - Q - D} + \dfrac{\lambda C + C_1 - P - F}{\lambda T_1 R - P - D}\right]$。

（1）各创新主体协同收益与协同成本的比值对演化结果的影响。由表 3-2 的均衡点稳定性分析和图 3-4 的相位图分析可以看到，当博弈双方或其中一方的协同期望收益小于其要付出协同成本时，双方最终都会选择"消极协作"策略。分别求 S_{DBOC} 对协同收益 R、协同投入成本 C、创新主体甲方协同交易成本 C_1、创新主体乙方协同交易成本 C_2 的偏导数，可得

$$\frac{\partial S_{DBOC}}{\partial R} = \frac{1}{2}\left[\frac{(1-\lambda)C + C_2 - Q - F}{(1-\lambda)T_2 R - Q - D} + \frac{\lambda(\lambda C + C_1 - P - F)}{\lambda T_1 R - P - D}\right] > 0 \qquad （3-1）$$

$$\frac{\partial S_{DBOC}}{\partial C} = -\frac{1}{2}\left[\frac{1-\lambda}{(1-\lambda)T_2 R - Q - D} + \frac{\lambda}{\lambda T_1 R - P - D}\right] < 0 \qquad （3-2）$$

$$\frac{\partial S_{DBOC}}{\partial C_1} = -\frac{1}{2}\frac{\lambda}{\lambda T_1 R - P - D} < 0 \qquad （3-3）$$

$$\frac{\partial S_{DBOC}}{\partial C_2} = -\frac{1}{2}\frac{1}{(1-\lambda)T_2 R - Q - D} < 0 \qquad （3-4）$$

因此，S_{DBOC} 是 R 的单调增函数，是 C、C_1、C_2 的单调减函数。当 R 逐渐增大时，系统会朝着"积极协作"的方向演化，即创新网络协同收益越高，协同主体双方选择"积极协作"策略的概率越大；S_{DBOC} 随着协同成本的增加而逐渐减小，致使系统朝着"消极协作"演化的概率增大。这说明创新主体选择"积极协作"策略的概率会随着协同收益与协同成本比值的增大而增大，也会随着协同收益与协同成本比值的减小而减小。

（2）各创新主体之间信任程度对演化结果的影响。分别对 S_{DBOC} 求创新主体甲方对创新主体乙方的信任水平 T_1、创新主体乙方对创新主体甲方的信任水平 T_2 的偏导数，可得

$$\frac{\partial S_{DBOC}}{\partial T_1} = \frac{1}{2}\frac{\lambda(\lambda C + C_1 - P - F)}{\lambda T_1 R - P - D} > 0 \qquad （3-5）$$

$$\frac{\partial S_{DBOC}}{\partial T_2} = \frac{1}{2}\frac{(1-\lambda)\left[(1-\lambda)C + C_2 - Q - F\right]}{(1-\lambda)T_2 R - Q - D} > 0 \qquad （3-6）$$

由此可见，S_{DBOC} 是 T_1、T_2 的单调增函数，S_{DBOC} 会随着创新主体间的信任系数的增大而增大，因此，提高协同主体间的信任水平系数，将彼此之间的弱联结转换为强联结，可以促使系统朝着协同方向演化，即创新主体双方选择"积极协作"策略的概率会随着彼此间信任程度的增加而增大。

（3）机会主义行为的惩罚力度对演化结果的影响。分别求 S_{DBOC} 对 F（采取机会主义行为的罚金）、D（"搭便车"获取的收益）、P 和 Q（创新主体甲方与创新主体乙方单方选择"积极协作"策略时分别获取的收益）的偏导数，可得

$$\frac{\partial S_{DBOC}}{\partial F} = \frac{1}{2}\left[\frac{(1-\lambda)C + C_2 - Q}{(1-\lambda)T_2 R - Q - D} + \frac{\lambda C + C_1 - P}{\lambda T_1 R - P - D}\right] > 0 \qquad （3-7）$$

$$\frac{\partial S_{DBOC}}{\partial D} = \frac{1}{2}\left\{\frac{(1-\lambda)C + C_2 - Q - F}{\left[(1-\lambda)T_2 R - Q - D\right]^2} + \frac{\lambda C + C_1 - P - F}{\left(\lambda T_1 R - P - D\right)^2}\right\} < 0 \qquad （3-8）$$

$$\frac{\partial S_{DBOC}}{\partial P} = \frac{1}{2}\frac{\lambda T_1 R + F - D - \lambda C - C_1}{\left(\lambda T_1 R - P - D\right)^2} > 0 \qquad （3-9）$$

$$\frac{\partial S_{DBOC}}{\partial Q} = \frac{1}{2}\frac{(1-\lambda)T_2 R + F - D - (1-\lambda)C - C_2}{\left[(1-\lambda)T_2 R - Q - D\right]^2} > 0 \qquad （3-10）$$

由此可见，S_{DBOC} 是 F、P、Q 的单调增函数，是 D 的单调减函数，也就是

说，随着 F、P、Q 的增大，$DBOC$ 的面积也在增大，即创新主体采取"积极协作"策略的概率增大；随着 D 的增大，$DBOC$ 的面积在减小，即创新主体采取"积极协作"策略的概率降低。因此，当协同主体有一方选择"搭便车"行为时，增大处罚力度、降低"搭便车"收益、提高对单方选择"积极协作"策略主体的收益都可以提高创新主体的创新意愿，进而促使系统向着协同方向演化。

（4）收益分配系数对演化结果的影响。在假设其他因素固定不变的情况下对创新网络协同收益的分配系数 λ 进行分析，对 S_{DBOC} 求 λ 的二阶偏导，可得

$$\frac{\partial S_{DBOC}}{\partial \lambda} = \frac{1}{2}\left\{ \frac{T_2 R(Q+F-C_2)-C(Q+D)}{\left[(1-\lambda)T_2 R-Q-D\right]^2} - \frac{T_1 R(P+F-C_1)-C(P+D)}{\left[\lambda T_1 R-P-D\right]^2} \right\} \quad (3\text{-}11)$$

$$\frac{\partial S_{DBOC}}{\partial \lambda^2} = -\frac{T_2^2 R^2(Q+F-C_2)-T_2 RC(Q+D)}{\left[(1-\lambda)T_2 R-Q-D\right]^2} - \frac{T_1^2 R^2(P+F-C_1)-T_1 RC(P+D)}{(\lambda T_1 R-P-D)^3} < 0$$

$$(3\text{-}12)$$

由 $\frac{\partial S_{DBOC}}{\partial \lambda^2} < 0$ 可知，S_{DBOC} 存在极大值，令 $\frac{\partial S_{DBOC}}{\partial \lambda}=0$，可得

$$\frac{T_2 R(Q+F-C_2)-C(Q+D)}{\left[(1-\lambda)T_2 R-Q-D\right]^2} = \frac{T_1 R(P+F-C_1)-C(P+D)}{(\lambda T_1 R-P-D)^2}$$

也就是说，S_{DBOC} 在

$$\frac{T_2 R(Q+F-C_2)-C(Q+D)}{\left[(1-\lambda)T_2 R-Q-D\right]^2} = \frac{T_1 R(P+F-C_1)-C(P+D)}{(\lambda T_1 R-P-D)^2}$$

时，取得极大值，此时创新主体双方都选择"积极协作"策略的概率最大。因此，在其他因素固定不变的前提下，存在最佳的分配系数可以促使协同主体选择"积极协作"策略的概率最大。

5. 博弈结果讨论

经过长期反复的策略调整，在一定的条件下，企业创新网络最终会形成稳定"双赢"的博弈均衡状态，通过紧密的结构联结和信任的合作关系，创新各主体之间能够互相启发，促进技术知识和市场信息的交流，也有助于共享资源、优化资源配置、提高创新效率，实现创新主体之间优势互补，促进彼此的发展，以促进双元性创新水平的提高。第一，企业创新网络要达到稳定高效的状态，则创新主体的协同创新收益要高于协同创新成本，只有这样，创新主体才能选择"积极协作"的创新策略，这是形成稳定高效的企业创新网络的首要条件。第二，要通过一定的措施和手段增强各创新主体之间的信任程度，如加强沟通频率等。尽可能避免其他创新主体采取"消极协作"策略对自身的不利影响，这有助于长期合

作关系网络的构建，在一定程度上增强了企业间资源、知识优势互补，促使企业创新网络不断释放活力，为网络内企业进行协同创新提供良好环境，保障不同规模和拥有不同水平核心竞争力的企业都能获取协同创新收益。第三，坚定和坚持对机会主义行为的惩罚力度。只有提高知识侵权代价成本，有力惩罚机会主义行为，使得创新主体乐意合作、愿意协同，并营造出良好的协同创新氛围，才会避免创新主体的策略在积极与消极之间反复摇摆，影响稳定网络的构建。第四，制定合理的分配系数。通过本书分析，企业创新网络的各主体在资源共享过程中，存在最佳的分配系数使得创新网络各主体均愿意选择"积极协作"的创新策略，最大限度地提高各主体进行资源共享的意愿，从而为各主体积极嵌入网络，建立稳固高效的企业创新网络奠定基础。

在最开始的企业创新网络结构中，创新主体一般结构松散，更多采取竞争策略来为自身博得最大的竞争优势。尽管有着政府作为监督者，并制定了针对创新协同过程中机会主义的相关奖惩政策，鼓励创新主体之间的交流合作，资源共享，但创新主体在此时多数仍是保持着观望的态度，不愿意承担额外的协同创新成本，对其余创新主体缺乏信任，对与其他创新主体协同产生的作用也不看好，更愿意通过自身去寻求双元性创新所需的内外部资源，导致提升双元性创新水平的进展缓慢。

在日益复杂且激烈的内外部环境中，一些创新主体为了生存或是更大的发展，开始做出试探性的迈步，即采取"积极协作"的策略，通过与多方主体的探讨，初步建立起合作关系。此时被协同方采取的策略不一，但多是"消极协作"的策略，协同的双方只是试探性地初步合作，缺乏深入的信任基础，很可能双方都会演变为"消极协作"策略，甚至中断合作。同时企业在逐步扩展合作对象时，企业双元性创新的成本也在逐渐升高，且由于主体间没有坚实的合作基础，极有可能面临单方面的投入，知识资源无法精准对接，会产生大量冗余资源，无法有效配置双元性创新所需的资源。

在经过一段时间的合作后，创新主体会逐渐舍弃掉不能密切合作的协同对象，也对本身需要的资源有了更为清晰的认知，在选择协同创新主体的对象时，为了降低不必要的双元性创新成本，会格外谨慎，更加注重不断强化已有网络主体之间的合作深度，形成网络中的资源优势互补，加快知识共享和知识流动的速率，使得异质性知识的流向也更加精准，有利于双元性创新的提升。但推动双元性创新旨在使创新主体保持长期的稳定发展，而长时间巩固现有网络关系会让创新主体的规模变小，知识总量也略有不足，会在日新月异的市场变化中失去对异质性知识的吸收能力，导致双元性创新的中断。

为了维持企业的长期发展，创新主体会在稳定的网络结构的基础上，继续发展成熟的合作关系。此时的创新主体已经在前期的博弈对抗中深刻认识到协同创新的益处，基本都可以放弃机会主义，选择积极协作的策略进行协同创新。此时的各创新主体均有着清晰的目标，彼此之间互相学习、借鉴，相互支持，注重知识共享和资源共享，相互促进，形成了一种稳定的团队合作的协同创新模式。该模式有着较为稳定的网络结构和较强的合作关系，各创新主体对收益有着一定的可预见性，形成知识互补、资源互补，提高了双元性创新的效率和能力，有助于创新主体取得更大的竞争优势。

3.4.3 企业创新网络的演化过程

企业创新网络演化过程参考了"结构-关系"研究范式，企业创新网络的网络结构和合作关系均会对企业创新网络的演化产生影响。因此，根据企业创新网络结构和合作关系不同，将企业创新网络演化过程分为四种类型，分别是初始型企业创新网络、拓展型企业创新网络、凝聚型企业创新网络和协同型企业创新网络，如图 3-6 所示。

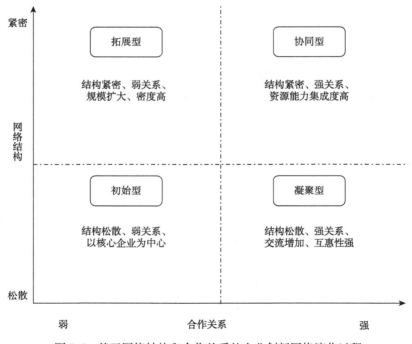

图 3-6　基于网络结构和合作关系的企业创新网络演化过程

（1）初始型企业创新网络。这种类型的企业创新网络具有松散的结构和弱关系。在初始型企业创新网络中，通常由核心企业基于创新目标促成特定创新网络的产生并设计网络结构。根据创新任务分工和界面结构把各行为主体连接起来形成可以运行的网络，网络成员的核心能力决定着它们之间的关系类型。此时由于网络规模较小，其他创新主体处于选择阶段，对是否加入网络犹豫不决，创新网络组建较为缓慢。同时，由于网络中行为主体之间的交流频率低，成员关系并不紧密，成员间的信任程度也比较低。这种类型创新网络中各个主体之间的联系较少，核心企业具有较强的控制能力，即自主决定网络联系的建立、中断、加强与减弱，是一种低效、不稳定的创新网络类型。

（2）拓展型企业创新网络。这类企业创新网络中主体的数量和范围都明显增加，但是尚未建立起互惠互利的合作关系。拓展型企业创新网络往往产生于企业创新网络的发展时期，网络注重于不断发展网络成员，增加网络节点的数量，使网络规模和密度不断扩大。专门从事价值链某一环节产品设计和创新任务的企业数量和资源投入都在逐步增加。但处于该阶段的网络成员之间的沟通频度较低，对彼此的需求了解不够深入，相互之间的信任程度低。虽然网络规模的扩大使网络知识存量增大，增加了网络成员获取新知识的概率，但是很可能也会使组织花费大量的精力筛选和处理网络中的存量知识，导致知识获取的成本颇高。

（3）凝聚型企业创新网络。这类企业创新网络的构建首先选择具有良好合作关系的成员加入，因此网络中创新主体之间的相互影响和依赖程度都比较高，企业创新网络的凝聚能力也比较强。凝聚型企业创新网络往往注重不断加深网络间各主体的合作关系，愿意投入彼此需要的专用性技术、知识和方法，其各自的专用性资源的投入使得网络中资源优势互补性增强。通过创新主体之间的频繁互动和交流，将有利于传播组织中无法描述的隐性知识，而隐性知识的交流、共享与扩散则更有利于企业进行技术与知识创新。但由于网络中组织的数量较少，网络的规模较小，网络中知识的总量也较少，网络中的组织能获取的新技术和新方法的范围比较小。因此，凝聚型企业创新网络若想从外部获取更多优势资源，还应不断寻找互补性较强的合作伙伴加入创新网络中。

（4）协同型企业创新网络。这种网络类型具有紧密的结构和强关系，已经形成较为成熟稳定的网络结构和合作关系，各创新主体之间的交流也比较深入。这种稳定的网络结构和关系增加了企业收益的可预见性，随着技术、知识、信息、资金等资源在网络中流动与共享，各参与创新的行为主体的利益来源也变得更加多样性，除了由新技术、新产品所带来的显性收益外，还可以获得研发人员水平的提升、企业关系渠道的扩展、与政府及研究机构关系的加深、社会声誉的提高等其他隐性收益。企业创新网络主体开始专注于目标的实现，彼此之间形成相互依赖、协同创新的行为模式。

综上所述，企业创新网络结构与关系强度的不同匹配性对创新主体的影响作用不尽相同。四种企业创新网络演化示意图如图 3-7 所示。

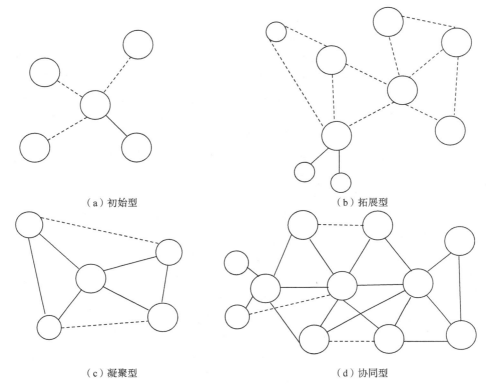

（a）初始型　　　　　　　　　　　　　　（b）拓展型

（c）凝聚型　　　　　　　　　　　　　　（d）协同型

图 3-7　企业创新网络演化示意图

——— 节点间频繁发生合作关系　　·········· 节点间偶尔发生合作关系

　　从图 3-7 中可以看出，对于协同型企业创新网络，即企业网络结构紧密，关系强度高，企业创新网络的资源和能力的集成度高，企业创新能力的开发和形成最容易，技术创新目标就很容易实现。初始型企业创新网络的表现恰恰相反，网络结构松散，创新主体之间合作关系较弱，很难实现资源整合和优势互补，企业创新能力则难以形成，企业创新网络的优势就很难发挥出来。同时，需要指出的是，四种不同类型的企业创新网络不是固定不变的，而是一个进化的过程，从低级到高级、从简单到复杂，由此带来企业技术基础的不断更新和活动空间的不断扩张。以拓展型企业创新网络为例，随着更多企业（特别是专业化企业）加入创新网络，企业创新网络规模和密度增加，这些企业发挥专业特长积极地参与到各种合作创新任务中，吸收行业内的新知识并使之内化，经过长期的经营实践，逐渐积累形成其特定的、难以模仿的知识结构和价值体系，拥有了更强的创新能力和竞争力。在协同创新过程中，企业之间通过频繁互动交流提升了信任和互惠关系，从而推动企业创新网络逐渐向协同型企业创新网络演化，即逐步形成稳定的创新网络结构和合作关系。这也恰恰体现了企业创新网络的动态演化特征。

第4章　企业创新网络对双元性创新的影响

4.1　双元性创新的界定

从管理学角度看，企业创新是指为获取更大价值，对企业的各要素、各环节，不断进行新的构想、新的调整和新的组合的行为与过程，包括技术创新和管理创新。由于创新有侧重于过程和结果的不同分类界定，本书将侧重于创新过程的研究。因此本书的双元性创新是指嵌入在创新网络中的节点企业，同时进行探索性创新和开发性创新并保持两者适度平衡——利用现有知识满足企业当前业务发展需求，同时探索掌握新知识应对企业未来业务发展需求的创新活动。

探索性创新和开发性创新是双元性创新的核心内容。探索性创新是指依靠新知识寻找新的技术发展轨迹或者是对全新商业机会的探索和开发的过程。探索性创新强调在新知识或偏离现有知识基础上，从根本上改变技术轨迹和组织能力，提供新设计、创造新市场和开发新的销售渠道以满足新兴市场需求。开发性创新是指企业在已有的知识和技术基础上对产品或服务进行优化设计的过程。开发性创新强调对组织现有产品、市场和经营管理在方式上的加强与完善，创造性地组合和利用现有知识，对企业绩效产生即时性提升。He 和 Wong（2004）认为探索性创新和开发性创新与企业从事创新活动事前战略布局有关，更能体现企业对现有资源的优化配置以及对外部动态环境的主动适应，是一种战略主动性行为。

由于探索性创新和开发性创新是两种不同性质的创新行为，探索性创新和开发性创新遵循不同的逻辑，需要不同的战略和结构、思维方式和文化。探索性创新是利用不同于企业之前的知识基础，寻找新的技术、新的设计，通过新的系统、新的渠道获取新的客户群。开发性创新是通过已有技术和客户完善已有知识，加深已有知识，通过已有技术提高设计能力，拓宽渠道来加深已有客户关系。探索性创新与开发性创新的比较如表 4-1 所示。

表 4-1 探索性创新与开发性创新的比较

比较类型	探索性创新	开发性创新
领域	新领域	已有领域
目标	满足新出现的顾客的需求	满足已有市场的需求
知识基础	新知识或从已有知识中提炼的知识	已有的知识和技能
活动	变异、试验、柔性、冒险、创新	复制、选择、提高效率和实施
战略意图	创新、成长、适应性	利润、成本、效率
绩效影响	长期效果	短期效率
创新方式	变革性创新	渐进性创新

对于探索性创新和开发性创新的关系，可具体分解为两个研究问题，即是否需要平衡及如何实现平衡。一是组织是否需要平衡探索性创新和开发性创新？对于该问题，目前并没有一致的看法，持反对意见的学者认为，两种创新行为之间存在张力关系，即相互竞争组织内部有限的资源，需要组织具有很强的整合能力，或者说需要付出很高的协调成本。但是，近年来越来越多的研究更强调组织须同时进行对探索性创新和开发性创新的追求，认为探索性创新和开发性创新可以在组织层面同时进行，将两者视为可以共存互容的关系。企业只有在成功进行开发性创新的同时，不断探索新的机遇，才能在愈加不确定的竞争环境中保持可持续竞争优势。二是该如何实现两者之间的平衡关系？He 和 Wong（2004）借助在研究中应用较为广泛的，对适合度的六种分类，尤其是其中两个变量的适合度：作为调节变量的适合度和作为匹配变量的适合度，考察了探索性创新和开发性创新与市场销售增长率之间的关系，研究结论表明两者之间的互动（平衡）对市场销售增长率具有正向影响，而两者之间的失衡对市场销售增长率具有负向影响。

本书在研究过程中，将探索性创新和开发性创新的平衡机制作为研究重点。平衡机制是指两种创新方式之间既存在张力关系又存在协调关系。张力关系旨在避免企业陷入两类陷阱，即过度开发和过度探索。过度投入开发性创新会导致企业开发性创新的路径依赖，并造成探索性创新趋于萎缩，降低企业对环境变化的适应能力，最终导致"核心能力刚性"。过度投入探索性创新很容易导致企业陷入无休止的"探索—失败—再探索"的怪圈，并且要承担可能不会带来预期超额收益的大量实验成本。但是，两者之间也存在可管理和协调的关系，高水平的开发性创新可以提高企业对新知识和资源的支持度，促进探索性创新活动；探索性创新依靠新知识成功进行新的设计开发或者开拓新的技术领域后，会帮助企业沿着相应的技术轨道进行开发性创新活动，以实现两种创新方式之间的平衡和匹配。

4.2　双元性创新平衡机制

4.2.1　双元性创新的平衡关系

双元性创新平衡是指组织在处理探索性创新与开发性创新之间存在相互竞争关系时，强调寻找探索性创新活动和开发性创新活动之间有机平衡的管理行为。虽然探索性创新可能会给企业创造赢得潜在市场和超额利润的机会，但是创新前景难以预料，投入成本回收具有高度不确定性，也给企业资源配置和能力调整带来巨大挑战。然而大量学者的研究成果和企业发展实践均表明，每当市场上出现突破性技术创新成果时，总会引发市场规则、关键竞争节点及产业链的重大变化，仅依靠开发性创新维持现有市场竞争力的企业则无以应对，甚至丧失竞争优势。这就迫使企业重新思考创新战略定位，如何平衡和协调两种创新，以及如何在开发现有能力的同时实现长久发展的目标。

第一，探索性创新与开发性创新之间会争夺有限的组织资源，存在此消彼长的矛盾关系。由于组织资源的有限性和稀缺性，往往会出现探索和开发之间的资源争夺与竞争，当提升一方面的资源投入时，另一方面可能面临资源稀缺，因此对一种模式的侧重就会带来对另一种模式的减弱。第二，两种创新方式都有自增强和路径依赖性的特征，因此会产生矛盾或张力。但是这种冲突不是一对根本的矛盾，而是在利益一致的基础上因为自适应和匹配性产生的不和谐。冲突双方都会积极地寻找均衡点防止矛盾再次出现或者进一步升级，而不是一劳永逸地消除对方。无论是暂时的妥协还是有意的节制以及其他悖论相处方式，最终的目的都是达到组织双元性创新平衡，实现组织当前和未来的利益诉求。

探索性创新是在审视外部细分市场机遇和组织产品体系缺陷的基础上，大范围进行尝试、搜索和改变，扩大知识特别是新颖性、交叉性知识的吸收和应用范围，把大量的知识和资源用于新技术与新产品的研发，开发新的市场，具有高风险、高回报的特点。但是过度进行探索性创新而忽视开发性创新会给企业带来负面影响。因为企业大部分的探索性创新都是以失败告终的，一次又一次的尝试、探索、创新，一次又一次的失败扑面而来，不仅消耗了组织大量的时间和资源，还可能使组织陷入一种不断失败和不断变革的循环之中。即使企业成功实现了探索性创新活动，暂时获得了超额收益，如果没有对探索性创新成果进行深化和拓展，那么其他企业也会闻风而来，瓜分走新技术和新产品带来的红利和巨大市场。

同样地，开发性创新活动会使企业更倾向于复制成功的经验，把大量的资源、知识用于已有产品的升级改造，稳定和固化现有知识体系和组织惯例来创造良好的短期绩效，致使组织陷入"能力陷阱"，单一的知识路径及过分依赖成功经验，会使组织难以应对外部市场环境的动态性和复杂性。以手机行业为例，曾经红遍大街小巷的某手机，一直固守塞班操作系统，享受其带来的巨大市场份额，而在探索性创新方向上难以做出根本性改变，在智能手机成为当今主流消费市场的环境下，某手机也因此衰落。开发性创新过程的重复根源于企业对现有状况的肯定，很容易导致企业核心能力变为核心刚性，难以应对快速变化的环境和激烈的市场竞争。因此，企业需要通过有效管理方式寻求探索和开发之间的相对平衡，而不是进行探索和开发两种行为的选择，通过相互交替方式形成间断均衡从而实现两者的有机平衡。

4.2.2 双元性创新失衡的原因

企业技术创新管理难题主要来源于技术创新过程中的两难悖论：一是技术创新领先上的两难悖论；二是技术创新在组织上的两难悖论。技术创新领先上的两难悖论主要产生于企业过度专注于现有技术和产品创新，而对该领域技术发展趋势的响应度和对市场需求的敏感度不够。技术创新在组织上的两难悖论主要源于开发性创新与探索性创新对组织结构和惯例的不同适应性，开发性创新适应标准化流程、低度分权化的组织结构和惯例，而探索性创新则要求灵活的、有机式、高度分权化的组织结构。在同一组织结构中很难实现两类创新的平衡。双元性创新失衡的原因主要体现在以下几个方面。

1. 探索性创新和开发性创新技术轨道的差异性

探索性创新往往需要企业脱离、跨越原有技术轨道，构建新的间断性技术轨道或研发范式，催生后续一系列技术演进，并突破性地改进技术和产品性能或功能。开发性创新则是基于现有知识基础和技术轨道，以渐进式地改进、升级现有技术和产品的功能，其技术变革程度比较小，对资源需求的可预测性较强。相关学者也曾指出两类创新活动都涉及技术改进、知识交流和学习及必要的创新能力，根本区别在于创新活动是否在同一技术轨道上发生（Benner and Tushman, 2003）。由于路径依赖的作用，探索性创新和开发性创新在沿着各自技术轨道进行时，技术创新有可能进入良性循环的过程，也可能因为技术创新路线错误而付出大量的实验成本，还可能会被锁定在某种无效的状态，导致企业双元性创新失衡，直接影响到企业未来的生存和利润空间。

2. 探索性创新和开发性创新管理方式的互斥性

探索性创新和开发性创新在目标导向、资源需求、组织学习和绩效影响等方面都存在着明显差异，两类创新活动主要体现出企业驾驭其现有知识与资源的能力和自我调整能力，企业如果对两类创新活动的管理方式处理不当，很容易造成双元性创新的失衡。本书主要从以下几个方面分析两类创新活动的互斥性给管理能力和方式带来的挑战。

（1）从资源需求的角度，探索性创新对技术储备、高值科研基础设施和高端研发人才等稀缺资源的需求较大，这些资源门槛高、市场获取难度大，需要耗费大量时间和金钱，需要高管团队保持战略定力和一致性行动，以保障探索性创新的大量有形和无形资源的投入。开发性创新通过巩固现有市场、产品和客户可以快速实现资源变现，企业资源和能力用于成熟的市场与产品以实现短期收益比用在未知领域更容易被各级管理人员所接受。因此，两类创新活动对有限资源的挤占和争夺是必然的，企业总是面临如何在两者之间配置资源的问题。

（2）从组织创新能力的角度，探索性创新和开发性创新需要组织和团队具有两种不同的学习能力与创新能力。探索性创新往往需要多学科交叉的前沿知识体系，具有高度的复杂性和"原因模糊"，这就要求团队具有高度专业性、多元化的人才队伍和较强的创新能力，能够快速吸收新的知识和技术以满足变革性技术创新的知识需求。开发性创新则是依托现有知识结构体系，需要研发人员在已有知识积累和技术经验上进行内部学习与交流，通过集成创新以改进现有产品技术和工艺。因此，企业同时进行两类创新活动就需要有足够的研发人才数量和高质量的人才结构，同时还需要建立有效的激励机制引导研发人员合理分配学习时间和内容，提升创新能力。

（3）从过程控制的角度，探索性创新活动通常需要敢于探索的创新氛围，建立对研发人员探索和试错行为进行合理分析，定性分析与量化考核相结合的容错机制进行过程控制，方有利于探索性创新成果产出。而开发性创新通常需要组织惯例约束、目标导向清晰、个体行为聚敛的过程控制，创新活动能够取得快速进展，实现既定的创新任务。在现实的企业实践中，标准化、程序化的组织管理模式无法很好地解决两者之间过程控制的差异性，已成为双元性创新失衡的重要缘由。

3. 探索性创新和开发性创新实现过程的分化性

探索性创新的实现过程往往需要克服路径依赖导致的"核心能力刚性"，构建独特的复杂知识结构体系，对企业的技术、管理和文化都产生较大的冲击，迫使企业在新的技术知识、结构、管理流程及商业策略上做出调整，投入大量资源。开发性创新的实现过程则相对稳定有序，按照原有创新流程和规范进行深入拓展，与企业的技术资源、知识储备和组织能力的适应性较高，如成熟大企业的系列产品开发、功能延伸和集成等，对企业绩效和稳定发展的正向促进作用是显而易见的。

两种创新类型实现过程的分化性，实质上是在企业资源禀赋和知识存量有限的情况下，两种创新行为对有形资源和无形资源的争夺与竞争。如果企业把大部分资源用于开发性创新，那就意味着只有很少资源可用于探索性创新，反之亦反。企业同时开展两种不同类型创新活动还考验着企业管理者的资源编排能力，即企业从内外部获取、整合和利用资源的能力。如果企业无法从外部获取足够相匹配的资源同时开展两种创新，双元性创新失衡将会出现，至少在短期内难以实现平衡，企业往往会采取有利于获取最佳绩效的妥协措施接受现实。

4.2.3　双元性创新平衡的演化过程

按照有机平衡观，双元性创新平衡呈现出两种创新方式的不平衡、趋向低能程度上平衡，再趋向高能程度上平衡的演进路径。探讨和解决双元性创新失衡的成因则有利于实现理想状态的平衡。探索性创新活动和开发性创新活动遵循着不同的逻辑，需要不同的战略和结构、思维方式和文化来支撑，企业需要在有限的资源下，处理好两者之间的关系，有效促进企业整体创新能力的提升。在某一个时间点上，组织双元表现为探索和开发的一种相对平衡，两者之间的相对平衡关系是双元性创新实现的关键因素。

从企业层面来看，探索性创新与开发性创新是矛盾的两个方面，本质上不存在绝对分割，只是创新程度及其实现方式具有差异。例如，在具有高度柔性的企业里，企业发展初期会将更多的已有资源用于开发性创新，壮大已有产品或业务。在开发性创新的基础上，企业积累了更多知识与技术，提高了企业对探索性创新所需资源的支撑性，进而将更多资源用于探索性创新，为企业进行探索性创新提供了扎实的基础和更多可能，谋求企业未来的发展方向。当组织第一次进行某种新技术实验时，进行的是探索性创新行为，但当组织重复这些实验并将新获取的成果加以开发时，则进入了开发环节。这样，开发转化成探索，探索又演进成为开发。这种方式是通过持续不断地调整资源分配和整合利用来实现的，组织在开发性创新行为和探索性创新行为之间不断循环，探索性创新与开发性创新就可以实现相互促进。

从组织单元层面来看，当不同领域相互交叉并且松散耦合时，探索性创新和开发性创新往往是正交关系。通过组织单元的分离可以同时实现探索性创新和开发性创新。例如，高科技企业可以在研发部门进行高强度的探索，同时也可以在制造、销售和服务等领域进行高强度的开发；抑或在某一业务领域开展高强度的探索性创新，而在另一业务领域进行高强度的开发性创新。因此，当具有合适的转化流程以及管理者认为有转化的必要时，两种创新方式之间可以相互转换，从而在组织单元层面实现双元性创新的有机平衡。

从企业创新能力的角度来看，当探索性创新弱于开发性创新时，企业在前沿技术领域的探索能力上存在欠缺，与理想的平衡状态相比出现能力缺口。这个能力缺口便是企业进行定点弥补和跨越的动机和动力，直接办法就是加强投入以提升探索性创新能力相对不足的状况，通过整合内外部资源形成探索性创新所需的新知识体系，从而扭转企业技术差异化劣势，实现双元性创新的有机平衡状态。反之，对于一些探索性创新能力高于开发性创新能力的高科技企业或科研院所，通过开发性创新将已有的技术积累和知识技能应用到相关的经营领域，使知识资源利用更富效率，开发出更多细分市场以改善组织运行的稳定性和经营绩效。在科技成果市场化过程中，其相对不足的开发性创新能力得以提升，从而趋向与探索性创新能力的平衡。

从创新实现过程来看，双元性创新失衡显然不符合企业长远发展的战略目标。但是当企业处于探索性创新和开发性创新水平都较低，即低能平衡状态时，从理论上讲企业有以下选择：一是单方面提升探索（开发）性创新的水平；二是同时提升探索性创新和开发性创新的水平。如果企业采取曲折前进的路径，即先通过加强某一类创新活动而走向不平衡，再通过提升另一类创新活动而走向新的平衡。然而按照路径依赖理论的观点，每一种创新活动都具有自我强化的特点，企业需要付出相当大的努力或者代价，才能避免在单一技术轨道上继续强化的状态，甚至即使付出很大代价，也未必能成功。因此，本书认为企业要实现从低能程度上平衡向高能程度上平衡的演进，不管是采用职能单元和业务领域上同步加强两类创新活动，还是通过平行创新团队或特殊任务团队组织实施两类创新活动，建立相应的协调机制，解决创新过程的分化性，都有助于企业从低能平衡向高能平衡的过渡。相关学者的实证研究也表明，同步加强两类创新活动对逐步改善组织绩效具有重要意义（王凤彬等，2012）。

因此，从企业提升整体创新能力的视角来看，开发性创新为探索性创新提供了基础条件、积累了资源。探索性创新为开发性创新提供了新的发展空间，通过开发性创新巩固和深化了创新成果的应用范围与领域，帮助企业获得了更大的经济效益，并且探索性创新引入的新知识也有助于开发性创新更加充分地挖掘和利用现有知识，形成企业独特的、难以模仿的知识体系和价值创造能力。只有实现了探索性创新与开发性创新的高效能平衡，才能保证企业长期发展的需要。

4.2.4 双元性创新平衡机制的实现

在开放性创新环境下，企业通过创新平台对内外部要素进行有效整合和集成应用，以实现现有技术知识存量的挖掘和新技术知识需求的动态增长。通过组织结构有机化的调整和资源配置协调机制的建立，形成组织技术管理能力对新技术领域的拓展探索和原技术领域的深度挖掘。同步开展探索性创新和开发性创新，使两种创新方式从不平衡趋向低能状态平衡再过渡到高能状态平衡，从而推动双元性创新进入相对良性循环状态，实现双元性创新悖论跨越，提高企业创新绩效和竞争优势。随着组织惯例约束和外部环境干扰因素的不断强化，企业需要进行自我调整并有效应对外部环境变化，重新识别双元性创新的起始点位置，进入实现双元性创新平衡的下一个周期。基于以上认识，本节建立双元性创新平衡的实现机制，如图 4-1 所示。

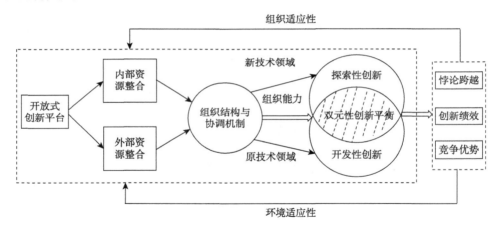

图 4-1　双元性创新平衡的实现机制

企业搭建开放式创新平台，有利于将内外部资源和创新要素进行有效整合与利用。企业将外部优质资源吸引到企业内，与内部资源禀赋和创新条件进行互补性组合，形成超越自身的资源利用能力，更有利于双元性创新的实施。一方面，打破原有的企业产权属性，使组织边界扩大，可以集成应用更多的新技术和新知识，实现量的增长；另一方面，企业突破既有的创新范式和路径，在创新互动过程中实现价值共创、共享和共用，助力企业技术创新能力发生质的提升。

组织结构是为实现企业战略目标而设置的分工协作体系，是实施双元性创新的组织保障。基于既定的资源禀赋和创新要素，通过组织结构的自我调整，建立更加灵活、更富效率的组织架构，有利于在整个组织层面和不同业务单元层面同时展现协作能力和适应能力，更好地对原有技术领域进行深度挖掘和对新技术领域进行拓展探索，满足探索性创新和开发性创新的资源与技术知识需求，就可以对探索性创新和开发性创新进行有效协调与平衡。

识别双元性创新的起点，是选择从提升探索（开发）性创新"弱项"走向双元性创新平衡，还是同步提升探索性创新和开发性创新水平实现双元性平衡的前提。作为"悖论"的两个方面，探索性创新和开发性创新并不能自然而然地在组织内获得平衡，这意味着不平衡是一种"常态"。正如图 4-1 所展现的那样，企业探索性创新与开发性创新在多数情况下是沿着各自的技术轨道进行，所需要的资源能力体系和组织结构条件都具备时，两种创新方式才能从不平衡趋向平衡。本书认为，企业不论从什么起点上实现低能平衡抑或高能平衡，都意味着企业已实现"悖论"跨越，逐步建立起双元性平衡的机制和实现路径，也都会促使组织绩效向好的方向改善，只是对绩效改善的影响程度具有一定差异性而已。双元性创新平衡无疑对企业获取异质性能力，赢得与其他企业的相对竞争优势是有促进作用的。

外部市场竞争环境的剧烈变化和内部组织惯性的自我强化，是打破双元性创新平衡机制的主要因素。此时企业应根据外部市场的动态变化进行自我修复，更新组织结构和业务单元布局来应对外部压力，形成兼具组织自我适应性和外部环境适应性的新架构。同时，及时调整和确定两种创新行为的资源配置和投入程度，随着两种创新行为沿着各自的技术轨道不断向前推进，当技术创新在量的积累和质的提高进入特定阶段时，即探索（开发）性创新"弱项"提升到预期目标时，就会开启新一轮的双元性平衡。

双元性创新是矛盾论中对立统一关系在技术创新管理中的应用和发展，阐释双元性创新平衡也应该基于对立统一的辩证思维去开展。探索性创新和开发性创新是两种不同性质的创新方式，存在着一定的张力和竞争关系，这是"双元"思维的对立面，然而这种张力关系并非不可调和，只要有效揭示和解决造成张力关系的前因变量，使两种创新方式达到有机平衡，就会有利于综合发挥各类技术创新的优势，由此对企业来说达到最佳的创新效果，这是"双元"思维的统一面。矛盾论中的对立统一关系不是一成不变的，随着内外部条件变化，两种创新总是面临着平衡到失衡再到平衡的动态发展趋势，因此需要企业运用辩证思维适时适度地进行自我调整以改变不利于双元性创新的条件，从而达到双元性创新的有机平衡，提升企业技术创新体系的整体效能。

4.3　企业创新网络中影响双元性创新的关键因素

在不同企业创新网络模式下，网络的结构嵌入性、关系嵌入性及节点企业间合作的方式都不相同，导致创新网络中节点企业采取不同的资源与知识获取方式，进一步影响企业创新方式的选择。根据前人的研究，本书将网络嵌入性界定为企业在网络中与网络中的其他组织建立联系的广度和深度，将企业在网络中的嵌入性分为结构嵌入性和关系嵌入性两个重要维度进行研究。结合现有研究，本书从企业外部创新网络（结构嵌入性与关系嵌入性）与企业内部（组织结构与组织文化）两个角度分析影响企业双元性创新的影响因素。具体分为创新网络的结构嵌入性、关系嵌入性、企业内部三个维度，分别讨论企业双元性创新的影响因素，如图 4-2 所示。

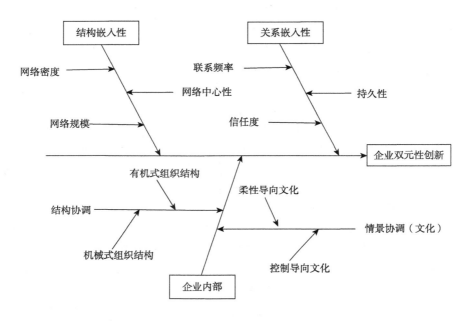

图 4-2　企业双元性创新的影响因素

4.3.1　网络结构嵌入性对双元性创新的影响

　　结构嵌入性描述了企业与网络中组织之间的联系广度，本书主要从网络规模、网络密度和网络中心性进行分析。相关文献研究表明，随着网络规模的不断扩大，网络中合作主体不断增加，对于企业而言，能够获取外部知识和信息资源的广度与多样性增加，从而有助于提高企业双元性创新能力（向永胜和李春友，2019）。企业获取的冗余资源越多，越有利于企业进行开发性创新，异质性的非冗余资源和知识越多，越有利于企业进行探索性创新活动的开展。因此，处在较大规模网络中的节点企业，能够获取到更多的知识和资源，更有利于企业开展双元性创新。

网络密度是指网络中成员相互联结的程度。网络密度越高，即相互联结的程度越高。紧密网络内的节点企业联结的程度高，说明成员间保持着频繁和密切的联系，由于网络会促进成员间的信任、互惠和共享的认同，因此紧密网络内的节点成员更愿意开展合作，更愿意分享知识，特别是对于创新构想产生最为关键的隐性知识（于飞等，2022）。在保持大量联系的期间，企业可以获得探索性创新和开发性创新所需要的隐性知识，用来研发新产品和新技术，从而为组织带来更高的回报。

不同的网络位置体现节点企业获取知识和资源的机会不同，这些新知识和资源是企业双元性创新的关键源泉（Chuluun et al.，2017）。网络中心度高，说明企业占据了网络中的关键桥梁位置，即这类企业获取资源和知识的机会越多，获取关键知识和资源的渠道就越多，更容易从网络成员中获得诸如技术、资金和管理技能等企业外部资源，从而更有利于开展双元性创新。居于中心位置的企业，可以在更广泛领域内与拥有异质性知识和专有性技术的优势企业建立直接联结关系，拓展企业知识结构体系，提高技术差异化程度，进行探索性创新活动，研发新的产品和服务，占领新兴市场。同时，基于原有知识基础，更有针对性地与网络内的企业进行知识整合和技术合作，解决现有产品和工艺改进过程中的创新难题，提升开发性创新的效率和效果。宋波等（2019）对战略性新兴产业的企业研发合作网络的研究表明，无论是企业开发性创新还是探索性创新，位置嵌入模式总是最有利于其长期创新绩效的提升。

4.3.2　网络关系嵌入性对双元性创新的影响

关系嵌入性描述了企业与网络中组织之间的联系深度，表征为创新主体之间合作关系强度，主要从联系频率、持久性和信任度进行分析。Granovetter（1985）主要从四个方面研究网络关系强度：时间长度、情感密集度、亲密度及互惠程度，提出网络成员关系联结的强度越大，越有助于企业从其他节点企业处获得创新所必备的知识与资源。王慧等（2022）在研究企业成长要素、产业集群网络与企业绩效关系时指出，集群网络结构规模与中心性、关系强度与持久性等特征通过企业间的协作和资源配置来提升企业绩效。根据社会交换理论分析，网络成员关系越紧密，节点企业间知识转移的能力越强，关系强度越大，越有利于企业双元性创新活动的开展。

在合作过程中隐性知识的传播主要依赖于团队之间的互动交流，网络成员之间联系的频率越高，成员间隐性知识的传播越频繁，越有利于企业进行双元性创新。合作关系的持久性有助于创新主体之间形成战略共识，提升创新主体履行正式契约的意愿，达成合作创新的心理契约。合作关系持久性还有助于各创新主体采取互惠互利策略，减少合作创新顾虑，将主要精力集中于完成各自技术创新目标，增加未来持续合作的机会。

网络关系的优化是提高企业创新绩效的最有效途径之一，网络中的节点企业通常通过其所嵌入的网络关系来影响创新活动开展所需知识与资源的获取、转移与整合。网络关系嵌入得越深，说明节点企业间关系越强，企业间信任感就越强，企业越容易从网络成员处获得知识和资源，越容易获取异质性和多样性的知识，开展探索性创新，提高企业长期绩效。另外，企业也可从其他节点企业处了解到现有产品和服务的不足之处，开展开发性创新来完善和提升现有产品，满足和扩大现有目标客户的需求，进一步提升竞争优势。

4.3.3　组织要素对双元性创新的影响

组织内部层次双元性创新的主要影响因素分为组织结构变量和组织情景变量。主要是通过组织结构、高管团队、协调机制和文化氛围等来影响双元性创新的。

组织结构作为企业有效配置各类资源实现组织目标的载体，其特征对创新过程和创新结构产生重要影响。组织结构分为机械性组织结构（集权化）和有机性组织结构（分权化）两类。机械性组织结构特征表现是具有严格的层级关系、复杂化、正式化、集权化程度高，层级设置较为正规，缺少变通和灵活性。机械性组织结构是以效率为导向的组织文化，有正式的管理职权、相对正式的职能任务、高度专业化的业务流程和相对稳定的人力资源。组织研发方向沿着现有市场需求和产品技术轨道进行改进，实现开发性创新。这对组织短期绩效提升具有强大的推动作用，但不利于长期绩效。有机性组织结构具有灵活的内外部沟通交流，复杂化、正式化程度低，分权化程度高。有机性组织结构中各业务单元较为松散和灵活，民主的权利结构、柔性的组织文化、灵活的组织学习方式、异质化的团队、自由的氛围能促进创新活动的展开。这种灵活的组织结构有助于企业突破现有的技术路径的影响，通过广泛寻找外部机会获取多样化的新知识和资源，从而促进探索性创新开展。

高管团队在提高组织双元性的过程中扮演着重要角色，是推动双元性创新的关键力量。对于高管团队自身特征而言，由于差异化的高管团队成员拥有多元的认知和能力处理不同领域的需求，高管团队的异质性能促进企业进行探索性创新和开发性创新，能够对新出现的客户需求和技术差距有强烈的前瞻性关注，积极推进新市场和新产品的开发，利用资源优势推动双元组织的构建，从而加强两类创新活动。

　　组织协调机制对双元性创新有着重要影响。无论是充分利用已有知识、技术和设计更好地满足现有市场或客户的需要，还是以新的知识在未知领域探索突破性创新以满足新兴市场或客户的需求（Benner and Tushman，2003），都有赖于管理团队利用协调机制链接整合不同的业务单元以提升组织学习能力。良好的协调机制将有利于打破团队之间利益冲突所导致的部门协调困难，拓宽沟通的渠道，提升知识和思想传递交融的数量与质量，鼓励创新人员积极整合新知识，以非常规方式推出新的解决方案，从而促进探索性创新。这也将破除长期固化的利益格局在高度情景依赖的创新活动中增强协调机制的确定性，提升整合已有知识解决现实问题的能力，强化信息的传导效率，进而有利于开发性创新。

　　组织文化分为柔性文化和控制文化，实际上是控制导向和灵活导向在企业文化发挥作用过程中的表现形式。控制文化导向倡导控制标准的企业文化，有利于执行。控制文化导向能够针对领导提出的各项任务做出快速响应，鼓励员工服从命令、注重效率。柔性文化导向提倡灵活性的组织文化，有利于创造性，能够针对竞争对手和环境做出快速响应，营造创新性和变革性的组织氛围，鼓励企业中的员工敢于尝试，勇于创新，容忍失败。另外，双元性的文化氛围使得部门间以共同的战略意图和价值观去指导自身工作的开展，促进探索性活动和开发性活动的协同进行，提升企业的竞争优势。多样化的激励能够有效促进员工围绕共同的目标去努力工作，通过引导员工的行为去开展开发性创新和探索性创新，从而实现组织双元性创新水平的提升。

4.4　企业创新网络中双元性创新的实现路径

　　企业创新网络的优势在于可以集成产业链上的企业、大学、科研院所等行为主体的资源和能力，分析、确定和响应市场机遇的各种能力及模块化重构关键经营活动，通过建立相对稳定合作关系以激发各创新主体活力，既可以规避高额的市场交易费用，又可以避免较高的组织成本，是应对动态多变市场竞争环境的一种新型组织模式。与传统企业组织结构相比，企业创新网络是动态的，根据市场和技术创新需求，企业创新网络中核心企业与合作伙伴之间能够适时进行功能集成，通过技术平台相互联结，形成异地分布式协同设计、研发、生产制造等功能，共同完成创新任务。构建和拓展企业创新网络实质上是通过挖掘企业内外部资源，满足企业双元性创新的多样化知识需求，解决企业同时实施探索性创新和开发性创新过程的资源稀缺性问题。企业创新网络对双元性创新的影响模型如图 4-3 所示。

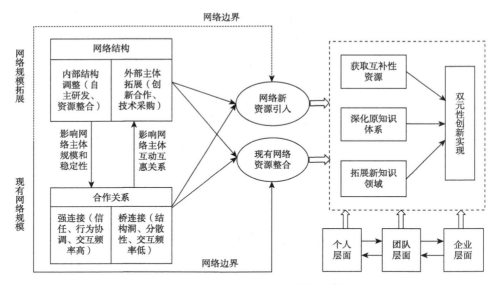

图 4-3　企业创新网络对双元性创新的影响模型

4.4.1　网络层面上双元性创新的实现路径

　　企业双元性创新是一个复杂过程，由于创新的复杂性和不确定性，单一企业无法完成创新链的所有活动，需要与企业创新网络中的其他节点组织通过合作来获取创新所需的知识和资源。在外部环境竞争日益激烈的情况下，处于创新网络中的节点企业既要进行开发性创新同时又要进行探索性创新，并保持两种创新活动的适度平衡，从而既能满足企业当前业务发展需求，又能应对企业未来业务发展需求。当企业连续不断地追求组织双元性创新的时候，组织会定期地在探索性行为和开发性行为之间切换。这种周期的切换，需要组织结构、流程、激励和控制系统及资源分配方式的改变，还需要建立冲突管理机制和切换规则。探索性创新与开发性创新需要的知识基础与资源不同，企业不仅需要整合组织内部的知识与资源，还需要与网络中的其他企业建立联系，汲取创新所需的知识和资源，共同完成复杂的技术创新过程。

　　本书认为企业双元性创新的实现过程是减少资源争夺，克服探索性创新与开发性创新之间张力关系的过程。需要企业通过外部网络获取到更多新资源，以满足企业两种不同创新过程所需资源；需要企业对现有网络资源进行整合，为两种创新方式的相互转化提供合适的环境，最大化发挥网络资源对探索性创新与开发性创新的促进作用。因此，本书认为企业创新网络中的双元性创新是企业从外部创新网络中获取资源和对现有网络资源进行整合这两种方式共同推动的。创新网络中的节点企业，通过与现有网络主体进行创新合作，获取互补性知识或者异质性知识，进行探索性创新和开发性创新。如果企业在现有网络中获取新资源受限时，那么企业就会从产业链或价值链上寻求新的合作伙伴加入，引入新的知识和资源，促使企业双元性创新的实现。网络层面上推动双元性创新的示意图如图 4-4 所示。

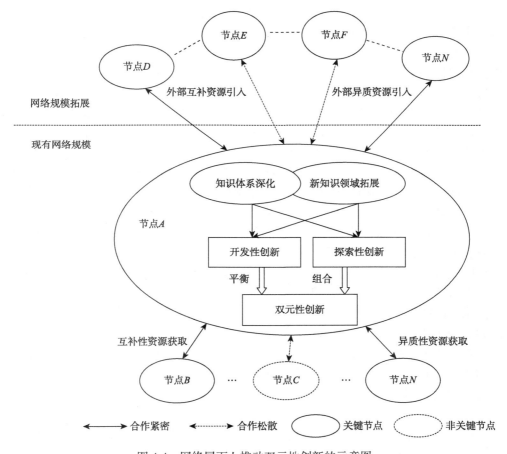

图 4-4　网络层面上推动双元性创新的示意图

首先，企业要做的是加入不同组织所构成的创新网络中。通过嵌入该网络，搜寻创新所需的知识与资源，满足双元性创新的资源需求。嵌入网络中的节点企业不断寻求与其他节点企业的技术合作，针对技术和市场变化对原有产品和服务进行不断完善与改进，能让员工获得特定领域的深度知识，拓展和丰富企业员工的知识体系，提高其创新能力，通过联合研发能够降低单一企业独自研发的不确定性，降低研发失败的风险，提高产品研发的效率，快速占领新市场。网络中的成员之间比网络外成员之间的信任感更强，网络中成员更容易获取信息、知识和资源，尤其是隐性知识，因而有助于企业获取新颖性和多样性的知识，进行探索性创新。通过与合作伙伴之间的交流互动，有利于管理者清楚地掌握内部知识和资源的情况，并使用已有知识和资源进行高水平的开发性创新，可以更好地开发现有产品的功能，满足市场需求。

其次，获得网络位置权力推动双元性创新。根据社会网络理论，在企业创新网络中拥有较高中心性的企业，往往拥有更大的社会资本和影响力。占据关键节点或中心位置的企业在识别和获取前沿技术和互补性资源上有更多的选择，对知识流动方向和溢出效应具有较强的掌控力。一方面，企业获得较高中心性的网络位置，可以利用网络位置优势获得更加多样化的知识，融入现有知识体系，在原有技术轨道上加快开发性创新；另一方面，企业位置优势可以帮助企业有机会遴选更优秀的合作伙伴，获取新兴技术知识并掌握新兴技术的应用方法，以更有效的方式在新的技术轨道上进行探索性创新。因此，企业需要尽快占据网络关键节点或中心位置，与网络中知识储备丰富和技术实力雄厚的创新主体进行知识、技术、资本、市场等领域的交流合作，广泛建立和拓展合作关系，最大限度地获取更多、更精准的关键知识资源，满足双元性创新的不同知识需求。

再次，企业选取互补的合作对象推动双元性创新。假设企业创新网络中两类节点企业在进行开发性创新和探索性创新行为过程中相互依存，这种相互依存性来自网络节点企业 A 的开发性创新行为产出变成节点企业 B 的探索性创新行为投入，来自节点企业 B 的产出再循环变成节点企业 A 的投入。当网络节点企业维持较高水平的探索和开发的平衡时，探索性创新成果与开发性创新成果在节点企业之间实现了相互转化，对企业双元性创新产生更积极的影响。当网络节点企业之间实现高水平的探索性创新和开发性创新平衡时，已有知识和资源可以得到充分的利用，从而提高节点企业间获取新知识和资源的能力，同时新知识和资源又能够充分地整合进已有知识和资源中，知识价值充分在两种创新行为中体现和应用，对企业双元性创新也会产生正向促进作用。

最后，企业对从网络中获取的资源进行整合推动双元性创新。由于快速更新、支持创新活动的知识和资源往往分散在不同企业内，通过企业与外部主体之间的交互式学习，企业之间信息、知识、技术等要素才能进行流入、流出和反馈，为企业创新要素的互动融合提供了可能。但是，知识和技术等要素只有与企业现有知识体系进行整合和重构，内化为企业创新能力时，才能实现资源要素与技术创新路径的有效匹配，更好地推动双元性创新的实现。

4.4.2　组织内部层次双元性创新的实现路径

1. 组织结构设置促进双元性创新

组织内部层次的双元性创新整合行为，是通过部门/业务单元、团队、个人之间的多层次交互作用实现的。组织层次与团队层次的交互：在组织构建一个情景均衡的条件下，会有效增强高管团队的行为复杂性对组织双元的正向影响。个人层次与团队层次交互：一方面，高层管理者与高层管理团队的交互界面影响高层管理者对组织双元性作用的发挥，如信息的分享、理解和共同利用的程度；另一方面，变革型领导行为调节高管团队属性对组织双元性创新的关系，其中，变革型领导激励团队成员对组织愿景产生一致认同感，强调以组织内部共同利益为目标进行思考，从而加强高管团队共同愿景和社会整合对组织双元性的影响。

高层次的双元性创新行为是通过低层次的开发性创新与探索性创新行为的交互作用实现的；企业双元性创新行为是通过部门/业务单元层的开发性创新与探索性创新行为的交互作用实现的；部门/业务单元层双元性创新行为是通过团队层次的开发性创新与探索性创新行为的交互作用实现的；团队层次的双元性创新是通过个人层次的开发性创新与探索性创新行为的交互作用实现的，如图 4-5 所示。

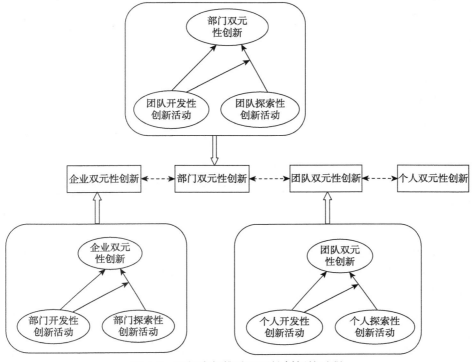

图 4-5　组织内部推动双元性创新的过程

（1）部门/业务单元层次的双元性创新。部门/业务单元层次的双元性创新主要是指组织内部通过将业务部门分离，让员工自发地探索和开发，每个部门拥有的员工、结构、流程、文化不同，但是它们都拥有共同的目标来保证资源和能力的利用。部门层次的双元性创新是企业通过不同任务要求，有针对性地将探索性创新和开发性创新活动单独分开，由不同职能部门承担。企业的一些部门/业务单元主要集中进行开发性创新活动，这些部门/业务单元内部文化保守、流程较为紧凑、规模大而集中；另一些部门/业务单元主要集中进行探索性创新活动，这些部门/业务单元内部文化自由、流程相对松散、规模小而分散。通过分离子单元来实现对两种创新活动同时的追求，探索和开发在不同时点上以先后顺序实现平衡，或者达到同时平衡。

（2）团队层次的双元性创新。团队层次的双元性创新主要是指组织内部研发团队和高管团队具备的双元性创新能力，其能够有效处理矛盾和资源的分配，促进探索性创新和开发性创新的协同发展。如果组织的高管团队成员间普遍有着相似的工作经验，基于已有经验，他们更倾向于带领研发团队进行开发性创新活动。反之，如果高管团队成员之间具有不同的工作经历，他们则更倾向于带领研发团队进行探索性创新活动。因此，高管团队成员间如果既有类似的工作经验，又有多样性的不同工作经历，更有利于企业开展双元性创新活动。

（3）个人层次的双元性创新。个人层次的双元性创新主要是指在特定的时间内个人倾向于从事开发性创新活动或探索性创新活动的行为导向。在同一组织单元中，因为资源稀缺，同时追求开发性创新与探索性创新将导致冲突和矛盾。需要组织提供一个支持性的氛围，鼓励个体在解决一致性和适应性冲突的时候，独立地分配自己的时间。个人层次的双元性创新是通过组织情景、组织文化、系统流程等影响个人层面的行为，使得在一个独立的组织单元中能够维持开发性创新与探索性创新行为之间的平衡。通过一改现有工作常规和任务，主动积极寻求机会，针对现有问题给出新的解决方法，则有利于开发性创新。通过不断与他人合作，创造出新业务，不断提升现有知识搜寻的深度和广度，则更有利于探索性创新。

2. 高管团队承诺促进双元性创新

高管团队承诺是高管团队成员与员工的一种心理契约或联结成员与团队之间关系的纽带，即成员对团队的归属感、依附感和认同感。一般而言，有较高水平的高管团队承诺的成员通常会更加积极地实施创新活动，因为高水平承诺的高管团队成员比其他成员有着更多的创新倾向，他们将工作视为一种自我实现，自然更愿意在工作中展现更多的创新性（王晶晶和葛玉辉，2016）。高水平承诺的高管团队成员重视工作乐趣、组织认同和个人价值实现，这都属于创新的内部动机，因此高水平承诺的高管团队成员拥有更强的创新内部动机。同时，高管团队承诺能够促进成员主动承担角色外行为（王雁飞等，2021）。高水平承诺的高管团队成员往往具备高水平的组织认同感，他们认为自己应当为组织发展承担必要的责任，从而更加积极投入创新活动中。高管团队承诺也是提高高管团队成员忠诚度和抗风险能力的重要来源。高水平承诺的高管团队成员往往拥有更高的心理安全感（王雁飞等，2018），能够克服创新行为所面临的困难，不计较个人利益，主动承担责任，提出改进意见，即使需要面临创新失败的风险，也更敢于采取创新行为。高管团队承诺能够提高创新失败的容错率，给予创新较大的发挥空间，特别是针对风险较大的探索性创新，更能够发挥高管团队成员的自主权，持续性对创新进行投入，更容易取得创新成效。

高阶理论强调高管团队决策对企业战略的影响。双元性创新作为企业发展的一项重要创新战略，如何从战略制定的起点把握两种创新活动的平衡至关重要。当企业处在创新网络中推进双元性创新时，对高管团队的要求便是能够基于自身的知识和经验，做出正确的战略决策，促使企业的内外部资源得到充分且高效的运用，并为下一步乃至更长远的方向做好战略规划。当企业嵌入创新网络中时，无论处于关键节点还是非关键节点，都由高管团队来把控双元性创新战略的平衡。基于企业所处的市场环境、技术环境和制度环境，适时而准确地对两种创新模式进行切换需要高管团队有充足的知识基础、经验和长远的战略意识。本书认为从高管团队的视角，在高水平承诺下，为了实现企业的战略目标和自身价值，双元性创新战略是由高管团队集体学习、高管团队信息共享、高管团队共同决策和高管团队相互协作等行为的交互作用来推动实现的。

（1）高管团队集体学习。从知识的层次来说，企业的高管团队可以通过专业教育、经验获取的方式从外部社会网络，以及从内部正式及非正式关系网络中学习有关创新规律、行业知识、竞争状况、产品信息等知识，并利用这些知识正确配置资源达成组织目标。从知识的来源来说，根据 March（1991）对组织学习的分类，对上述知识的学习应该包括探索式学习（exploration learning）和开发式学习（exploitation learning）两种，前者着重学习现有知识之外的新知识，后者着重充分利用现有知识。因此，为了避免陷入"能力陷阱"和"创新陷阱"，企业的高管团队还必须重视两种学习的平衡，既要注重企业内部现有知识的开发、利用和传播，又要重视外部新的市场知识、技术知识和制度知识的获取，高管团队对双元学习的积累恰恰能够应用在创新网络中企业双元性创新的开展，此外双元性创新产生的异质性知识又会被高管团队再次学习产生良性循环。较高的团队承诺水平会使得高管团队的每个成员都能以较高的责任感和使命感投入学习中，愿意为推动企业双元性创新付出个人的时间和精力。

然而，在企业的高层管理团队中，每位高管团队成员分管不同的业务领域，他们在人口统计学特征和从业经历、任期、专业背景等方面存在一定程度的异质性，根据高阶理论（upper echelons theory）的观点，这种异质性使其在识别和接收信息的注意力焦点有所不同，在信息处理的认知模式上存在差异，导致每一位高层管理者对组织内部和外部环境信息存在选择性接受和处理，单个高管团队成员无法也不可能获得环境与组织运营管理的完全信息。因此高管团队成员的个体学习对创新决策的制定是存在纰漏的。只有经过集体学习过程进一步解释、整合和制度化才能将隐性知识转变为显性知识，并在组织中传播和制度化。

另外，对于复杂多变的外部环境来说，每个高管团队成员个体的学习能力还受到个体认知能力的制约，每个高管团队成员仅能把握有限的环境信息，他们甚至对组织内部的了解也仅限于自身所管辖的业务或职能部门。因此，基于企业家个人或最高领导者的决策在动态复杂的环境中会存在很大的风险。基于以上考虑，为了应对复杂动态环境的挑战，高管团队必须通过集体学习实现团队的集体认知跃迁，从而使得高管团队能够正确看待内外部环境、制定环境匹配战略，还能够有效地实施和执行战略，即建立、整合、重构和重新配置组织资源，形成新的资源组合，从而把握行业中稍纵即逝的机会。

（2）高管团队信息共享。在新经济形势下，技术、制度和市场需求动态非线性变化，信息纷繁复杂，识别行业关键成功要素越来越难，而机会则稍纵即逝，依靠企业高层领导者个人有限的认知基础和学习能力很难制定有效率和效果的战略决策。在高管团队集体学习后，企业必须整合高管团队中每一位成员的分散信息，形成制定有效战略所必需的完整知识拼图，才能提高企业识别环境机会，通过正确战略决策把握机会的能力，从而做到对双元性创新战略的灵活切换。高水平承诺的高管团队由于有着较高的忠诚度，其在分享信息时也会更加积极，更愿意及时提供有效信息供团队决策时使用。

信息共享是指企业在制定与内外部环境相匹配的双元性创新战略时，能够鼓励大家提出不同的意见，及时进行有建设性的讨论，并积极吸纳彼此有助于解决问题的、有价值的建议、思想和理念，促使高管团队产生能够解决问题的创造性方案。信息交换可以划分为数量和质量两个层面，信息交换数量反映信息交换的频率，信息交换质量反映信息交换的充分性、及时性和准确性。信息交换属于组织学习的解释过程，通过对话、讨论、经验分享等正式与非正式的群体学习过程，高管团队成员将存在于自身头脑中的隐性知识解码为显性知识，并与其他高管团队成员共享，分散在每一位高管团队成员头脑中的环境信息和组织运营管理知识得到进一步补充与整合，也提供给高管团队成员信息反馈与错误纠偏的机会，使其对环境的洞见更为深刻，从而提高了整合组织资源、开发组织能力的有效性。

（3）高管团队共同决策。通过高管团队的集体学习和信息共享，高管团队需要对已有的所有信息进行整合判断从而做出共同决策。共同决策是指高管团队成员经常相互讨论并了解彼此期望和需求，明确企业及整个团队所面临的共同问题，在制定决策以及采取行动时，能够及时沟通以化解可能会对彼此产生负面影响的必要信息。通过共同决策过程，高管团队讨论并获得对决策问题的共同理解，团队成员相互调整认知，形成团队层面的集体理念和行动的共识。高水平承诺的高管团队有着较高的团队认同感，在决策时即使面对矛盾和冲突也会更倾向于以企业的总体利益为重，更能做出有利于企业双元性创新战略的决策。

高管团队成员彼此明确自身的行动与团队中其他成员的关联性，清楚地理解所面临问题的复杂性，形成了关于如何看待环境中机会与威胁，以及如何采取战略行动把握机会的共识。在必要时，高管团队会通过制度化的形式将最新形成的战略目标、愿景、经营理念、绩效考核与激励体系，以及业务层战略和职能层战略灌输到企业的运行系统、结构和惯例中。此外，共同决策的目的还在于解决战略实施中的利益冲突。高管团队成员在清楚了解彼此的期望、需求及共同面对的问题之后，会通过调整自身期望与需求、统一团队整体期望与需求，以及调整个人目标迎合团队期望与需求的方式获得彼此在战略实施时的配合承诺。

（4）高管团队相互协作。高管团队中每一位成员都负责特定的职能或业务领域，对该领域相关资源的处置、调配具有一定的控制权和剩余所有权，并根据行业机会制定并实施战略行动。这意味着组织结构与资源组合可能发生改变，如果高管团队缺乏配合与协调会导致双元性创新战略执行受阻。在高管团队做出共同的战略决策后，在执行的过程中需要高管团队每个成员相互之间都要通力配合。相互协作是指高管团队成员在行动上自愿互助、相互配合，为了共同的愿景与目标自愿调整自己的行为方式，并将高管团队个人掌握的信息、专业知识、社会资本等资源整合为组织资源的过程。高水平的团队承诺也使得高管团队成员在相互协作时能最大限度避免个人私心，以集体利益、战略目标为重，达成决策时的密切合作和一致性行动。

双元性创新战略决策的制定和切换意味着企业为了把握环境中的机会要不断改变现有资源与能力基础。因此，战略的调整意味着资源与能力的获取、建立、重构、整合与不良资产的剥离处置，这涉及作为利益相关者的高管团队成员的利益，缺乏协作的高管团队会使战略决策很难得到有效实施。高管团队成员相互协作不但有利于组织结构与资源组合的顺利调整，还可以在相互协作的过程中不断磨合，修正自己的行为和目标，并分工协作达成组织目标与愿景。通过在实践经验反馈中的自主学习，形成一套根据环境机会调整组织、团队、个人目标，协作达成目标的制度、文化体系和心智模式。掌握开发性创新和探索性创新的切换正需要高管团队成员能服从企业发展的大局，能在复杂多变的市场环境中保持战略定力。

高管团队集体学习、共享信息、共同决策、相互协作这一过程的互动提高了信息的利用效率和资源调配的灵活性，也会逐渐形成良好的组织协调机制，组织目标与团队目标更为明确，也更容易获得整个团队的理解和认同。每一位高管团队成员都能通过集体学习并结合分管的职能部门或业务领域，将自己对信息的直觉转化为显性知识加入团队的信息集合中，多元化角度的决策更容易获得高管团队成员的认同，也更具可行性，高管团队成员所掌握的组织资源能够更容易地为组织战略目标所调配。一旦企业制定把握机会的战略决策，企业就可以通过调整、整合、重构与剥离的形式改变组织现有业务或职能的范围、结构、流程与目标，并通过投资或新建、收购或兼并，以及合资或合作的形式获取新的资源与能力，使得企业的愿景、使命、目标与环境的要求相匹配，在双元性创新的两种创新活动的转换过程中会更顺畅。

从双元性创新的结果来看，其实质是企业在复杂的环境中保持探索性创新与开发性创新活动的动态平衡，它反映了企业、部门、团队等各个层面的组织能力，表现为一系列复杂的决策与组织惯例，使得企业能够感知环境中的机会，并通过组织资源分配与整合来把握新机会以适应环境变化。高管团队通过成员高度的组织认同感和忠诚度，在集体学习、信息共享、共同决策和相互协作的行为过程中完成了高管团队成员的认知跃迁和能力跃迁，他们通过环境中的关键信息的分享和沟通，产生对环境中机会与威胁的正确认知，提高了组织探索新机会和新能力的水平。同时也提供了反馈信息和错误纠偏的机会，凝聚了对现有问题及解决方案的共识，使得双元性创新战略更容易落地。

在较高的高管团队承诺水平下，高管团队成员有着较高的热情参与到企业双元性战略的制定和实施过程中，得益于良好的组织协调机制，高管团队成员通过集体学习、信息共享、共同决策、相互协作等一系列行为的交互使得对探索与开发活动之间的矛盾和解决方案有了更为清晰的认识。每位高管团队成员对企业内外部环境的独特视角和特殊知识基础被整合在一起，共同参与决策形成了整个高管团队对内外部机会的关键决策和对执行决策的承诺。高管团队成员之间相互协作，从而整合组织资源把握探索性和开发性机会，因此，探索性创新和开发性创新的水平都得到提升。企业固有的探索性创新与开发性创新之间的矛盾能够得到缓解。同时，由于高管团队成员所管辖的职能部门或业务领域的信息得以在整个高管团队内部充分交流和共享，提高了现有资源和能力的协同性和针对性，更有利于开发性创新活动的实施。高管团队成员相互分享外部环境信息，交流对环境信息的认知，共同制定决策并协调彼此分工、整合资源、把握机会，则有助于探索性创新活动的顺利开展。此外，高管团队成员通过信息共享了解到较为充分的内外部环境信息，有助于高管团队成员达成对决策的共识，从而协调资源调配和双元组织结构的整合，提升企业探索性创新与开发性创新的相互切换和相互促进的效能。

第5章　知识流动效率对双元性创新的影响

5.1　企业创新网络中的知识流动

当代管理实践越来越关注知识在创新活动中的重要作用，多数学者认为与传统的资源遵循边际递减规律不同，知识资源在传播过程中由于自身扩散性强、复制成本低等特点，会呈现出收益递增规律。因此，知识资源已经被看作除了资本和劳动力以外最重要的资源。

企业创新网络的本质在于促成创新网络的各节点之间进行自然的资源流动，依赖于焦点企业，并与网络中的其他研发组织和辅助机构进行资源的深度调配与协同利用，实现对各种资源要素的充分利用和优化配置。知识流动是主体之间相互学习和企业发展提升的主要方式，也是创新网络中流动资源的重要组成要素。从知识管理的视角看，企业创新网络中不同主体进行合作交流的过程就是知识流动的过程，只有知识的流动顺利进行，才能实现主体间合作的目标（李柏洲等，2022）。通过知识流动，网络中不同的主体共同构成了一个复杂的整体，每个个体在这个整体中发挥着独当一面的作用，同时又在整体中通过知识的学习提升自身的能力。因此想要提高网络中主体的创新能力，就不能忽视网络中的知识流动。企业创新网络中参与主体进行互动的主要目的之一是保证异质性和互补性知识的高效流动，从而创造和应用新知识。因此，如何管理知识在网络中的有效传播和提炼，促进知识流动和企业间价值交换是企业创新网络研究关注的热点之一。

5.1.1 知识流动的基本内涵

企业创新网络是指在一定区域内多主体间紧密的正式及非正式关系交织而成的相对稳定、激发组织创新能力的网络系统，其中创新主体一般包括企业、大学与科研机构、政府部门、金融机构、中介机构等（沈必扬和池仁勇，2005）。各主体在创新网络中扮演着不同的角色。企业作为创新网络中技术创新的主要行为者，利用网络中的资源要素创造出新的技术、产品和服务，完成技术创新和技术成果转化。大学与科研机构在创新网络中主要承担着基础性的研究工作，是科技创新的主要完成者，可以为创新网络提供丰富的知识来源。政府、金融机构、中介机构等在创新网络中主要辅助各种资源在网络中的协同和分配，营造良好的合作创新氛围，组织和引导各种要素在不同的创新主体间流动。知识流动是指知识通过特定的媒介在不同的主体之间发生知识共享和创新的过程（王晓红等，2020b）。本书将网络层面的知识流动定义为发生在企业、高校、科研机构、政府部门、中介机构等多个参与主体之间的知识分享和转移的活动。企业主要通过与合作伙伴构建创新网络的形式获取知识，企业的研发部门、大学及科研机构在网络中是知识流动的直接促进者，而政府部门、中介机构等是间接促进者。

企业创新网络为企业提供了与网络中其他组织合作的机会，通过组织间的相互学习产生了知识在网络中的流动，促进了网络中知识领域之间的交互，推动了新知识的产生。企业创新网络中的知识流动形成过程示意图如图 5-1 所示。知识沿着核心组织之间构成的网络进行流动，网络中的组织 I 拥有 A 领域的知识，组织 II 拥有 B 领域的知识，组织 III 拥有 C 领域的知识。当组织 I 沿着创新网络与组织 II 发生实质的合作或研发互动时，组织 I 与组织 II 在互动的过程中会发生知识转移，所拥有的异质性知识会发生碰撞并向外辐射加宽领域，相互渗透融合，最终突破组织 I 与组织 II 的知识边界，从而创造出新的知识领域 D。新的知识领域再次推动了知识在各个子网络中的流动和融合。该研究从多核心组织创新行为的角度阐述了组织之间的创新行为如何推动知识流动和融合，从而创造出新的知识的过程，即随着成员之间的合作交流，组织之间的知识流动也突破了原有边界，不断向外辐射形成了新的知识地图。

企业创新网络中知识流动是连续而复杂的动态过程，知识流动不仅体现在企业与外部网络成员之间的交互活动中，同时当企业从外部环境中获取知识后，这些知识通过企业内部的部门结构设置得以在企业内部进行传播并产生知识流动。因此，企业创新网络带来的知识流动可以概括为网络层面的知识流动和组织层面的知识流动两部分。

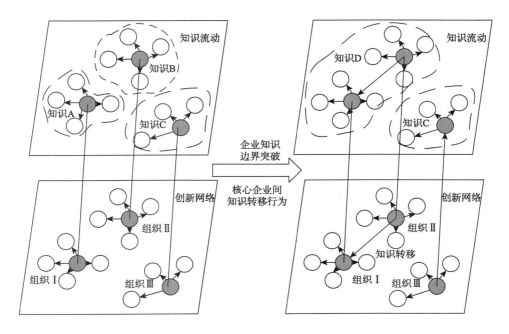

图 5-1　企业创新网络中的知识流动形成过程示意图

5.1.2　企业创新网络中知识流动机制

知识流动能够"盘活"从创新网络中获取到的各种知识资源，促进创新主体完善自身知识体系。在企业创新网络组织模式下，知识流动主要发生在网络层和组织层两个层面。

1. 网络层面知识流动机制

在前文中分析了知识流动在主体之间的过程：两主体之间知识流动主要产生于知识供应方和知识需求方之间的知识势差。知识从高势能方流向低势能方，并对流入的知识进行选择和反馈，经过多次的传递、吸收、反馈、创造，直至主体间的角色慢慢发生改变。但对于焦点企业在创新网络中知识流动的整体情况的分析还比较薄弱。焦点企业的创新活动不仅依赖于知识在内部的流动，还与其在网络中与其他组织之间的知识交换、融合与创造不可分离。在当今创新环境中，大部分的技术创新为高技术含量的复杂创新，融汇了多领域的专业知识，甚至需要跨行业、跨领域共同完成，因此涉及多网络、多层次的协同合作。但很少有研究对知识在网络中各个层面的流动情况进行梳理。基于此，为了厘清网络各个层次间和层次内的知识流动机制，本书基于以往研究成果进行了延伸，不仅探讨了企业内部的知识流动形成机制，而且聚焦于创新网络层面的知识流动，以及创新网络中组织间的知识流动，构建了企业创新网络知识流动模型。该模型将企业创新网络内的知识流动分为组织（个体、团队、组织）和网络（企业创新网络、外部网络）两个层面，包括知识吸收、知识整理和知识转移三个过程，知识吸收和转移根据提供者和接收者的不同，又分为外部知识吸收、外部知识转移、内部知识吸收、内部知识转移四种类型。企业创新网络中的知识流动模型示意图如图 5-2 所示。

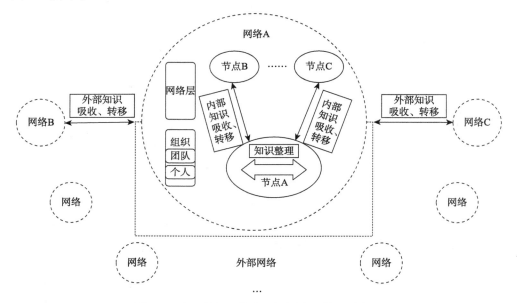

图 5-2　企业创新网络中的知识流动模型示意图

知识在网络层上的流动分为两种情况：一种是企业创新网络与外部网络的知识交互；另一种是知识在创新网络内部的流动情况。

第一，在企业创新网络外部，存在着许多其他的网络，而企业创新网络或其中的某个组织也会与这些外部网络开展一定程度的互动，从而在两个网络之间形成知识流动。因此，企业创新网络与外部网络的知识流动是指创新网络 A（网络A）或其中的某一组织（节点A）可以从外部网络（网络B）中获取知识。知识在创新网络 A（网络 A）中进行整理和内化之后，经由创新网络 A（网络 A）中的其他节点扩散向其他外部网络，如与创新网络 C（网络 C）发生知识交互，也就是发生了网络层面的外部知识转移。正如曹兴和马慧（2019）的研究，以不同焦点企业构成的企业创新网络在进行知识交互的时候，因为所属的知识领域相差较大，比较容易促进知识领域的融合和再创造，多个企业创新网络间的知识流动能够促进产业间的整合创新，摆脱线性创新实现企业在高模糊性和高复杂性的竞争环境中的探索性技术创新。

第二，在企业创新网络内部，组织之间的知识流动首先是网络内的一个组织（节点 B）从其他组织（节点 A）获取知识（内部知识吸取），该组织（节点 B）对获取的知识进行整理和内化，完成知识创新和知识应用（组织层的知识流动），之后该组织在与其他组织（节点 C）进行合作创新活动或者其他的合作活动时，再次将内化的知识向这一组织转移，完成网络内部知识在节点之间的流动。也就是说，知识流从节点 A 流动到节点 B，当节点 B 完成知识整理和利用后，再向网络内的其他节点转移。在创新网络中知识流动会给企业带来多元的渠道，获得新颖和多元化的知识元素，对企业的知识搜索和利用有显著的促进作用，有助于企业对空间内的知识进行重组，从而促进网络中企业的创新活动。

2. 组织层面知识流动机制

组织层面的知识流动的相关研究已比较成熟。组织层面的知识流动是指企业部门和成员之间相互信任、学习、合作等频繁的知识互动，通过内部关系网络形成知识在企业内部的流动过程。企业通过对内部知识流动进行管理，从而实现知识重组，并将重新组合的知识应用于企业的创新和生产活动中。针对企业内部知识流动过程，大部分学者从服务企业创新活动的角度出发，将其分为知识获取、知识创造和知识应用三个阶段。为挖掘企业创新网络的技术创新潜力、提升创新网络中企业的竞争力，需要探索网络中知识流动效率的提升路径和方法。根据本书中对知识流动效率有关研究文献的回顾和梳理，只有合理划分企业创新网络中知识流动效率的测量维度，才能有针对性地获取新知识和新技术，进而内化为企业知识基础，拓展企业知识存量，以更有效的方式推动双元性创新。

依据行为主体的不同，组织层面的知识流动可以分为个体、团队和组织三个部分。个体知识流动是指个人不断获取知识，通过学习对知识进行创新然后应用于个人创新活动，并且将内化的知识通过储存入知识库的方式转移给组织中其他个体，以推动组织知识存量增长的过程。团队知识流动是指团队成员不断获取知识，通过学习对知识进行创新之后应用于团队工作，并且将内化的知识通过储存入知识库的方式转移给组织中其他团队，以推动组织知识存量增长的过程。组织知识流动是指组织成员不断获取知识，通过学习对知识进行创新之后应用于组织工作，并且将内化的知识通过储存入知识库的方式转移到组织中，以推动组织知识存量增长的过程。组织层面的知识流动过程如图 5-3 所示。

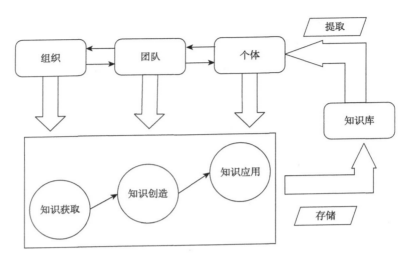

图 5-3　组织层面的知识流动过程

（1）个人知识流动和团队知识流动之间的关系。隐性知识是每个高技能专业化员工最重要的价值体现，如果得不到有效开发和分享，将会阻碍个人及其所在群体或者团队中的相关者的能力提升，从而阻碍组织发展。个体知识流动是开发隐性知识的重要方法，但是要想能够获取新知识或使知识得到有效的分享，就需要促进个体知识与团队知识之间的相互转化，形成知识流动和交互。要想使员工拥有的知识转化为团队的知识，首先是建立良好的沟通渠道，并且加强团队成员间的相互信任，信任将使成员对团队有更强的责任感和归属感，促进成员间的知识流动和提升成员的共享意愿；同时建立有利于团队成员之间相互交流的激励机制和乐于分享的氛围对知识转移也非常重要。

（2）个人知识流动与组织知识流动之间的关系。个体知识量的增加是个体获取知识并将其内化从而增加自身知识存量的过程。孙红霞等（2016）分析了组织和个体之间的知识流动过程，发现个体知识吸收能力越强，越容易从组织获取所需知识。个体与组织之间的知识流动受到诸多因素的影响。例如，建立良好的激励机制和企业文化可以促进员工进行知识共享，构建正式和非正式的知识流动渠道更便于员工共享隐性知识，提升员工学习能力可以加速知识流动过程等。个人是组织的基本单元，若想有意识地提升个体的知识存量，需要促进个人与组织之间的知识交互，使个人知识与组织知识之间的流动相互契合，从而形成个人知识库和组织知识库之间相互影响和转化的良性循环。

（3）团队知识流动和组织知识流动之间的关系。组织中不同类型团队所积累的专业化知识不同，因此将团队的知识传递给组织是不容易的。团队间可能会为心理防卫或者出于对团队绩效的考虑，不愿意将自身的核心知识在组织中共享。Zhuge（2002）构建了一个知识流动模型，认为共同的信念和对等关系可以把不同的团队联合在一起，促进组织中不同团队之间的知识流动，使团队知识为整个组织服务。组织需要构建有效的激励机制，促使较为活跃的团队将创造出的新知识在组织中共享，其他团队可以将共享的新知识内化、再创造和应用，从而促进组织中团队的良性互动，通过激励团队之间共同努力进步而提升组织绩效。同时，组织也要关注不同知识背景下的团队间知识流动，结合自身业务特点，认真研究什么样的知识在组织中是可以无障碍传递的，尽可能地搭建平台让这些知识在组织内沉淀下来。

3. 网络层面知识流动与组织层面知识流动的关系

在面对激烈的市场竞争环境时，组织不仅可以从内部获取知识，还可以从其所在的创新网络中获取知识，并对知识进行分类、聚合，再创造新知识。尤其是当组织在寻找问题解决方案的时候，组织外部的异质性知识能够提供新方法、新思路，从而扩大组织知识增量来源，更新知识体系，以应对外部环境的机遇和挑战。同时，组织从内部的知识流动中创造出的新知识、新技术等传播到组织内所有相关领域，寻求上下游或其他利益相关者的支持，才能保证组织新技术和新产品的应用更加顺利。因此，知识流动既要从个体水平上升到组织水平，在必要时还可以与网络中的其他组织进行共享，以实现知识集成应用。组织要想与外部网络之间产生良好互动却是一件不太容易的事情，其中信任关系是组织获取有价值知识并加以整合利用的重要因素。王涛等（2022）认为，企业与外部网络之间的知识流动往往是从组织关键人物之间建立相互信任的私人关系开始的，非正式治理在企业创新网络知识流动过程中起着重要作用。

要提高企业创新网络中的知识流动，不但要了解知识流动的形成机制，还需要解析影响企业创新网络中知识流动的相关因素。通过识别企业创新网络知识流动的关键影响因素，从而提升员工、团队、组织的分享意识和意愿，增强新知识的吸收和应用能力，建立组织与外部网络间顺畅的沟通渠道，激发创新网络中的组织、团队、个人的创新意识和创新能力。

5.2　企业创新网络中知识流动效率的评价研究

5.2.1　知识流动效率的界定

传统的增长理论认为物质生产要素由于要素边际效益递减和稀缺资源有限性，其对生产产生的价值效益会随着时间的推移而呈现衰减并最终停滞，影响企业产生经济价值的效率。1996 年，OECD 指出各国已经充分意识到具有高增值性、非稀缺性和非消耗性等特点的知识作为与劳动、资本并列的重要生产要素，在生产中起着重要的作用。企业的价值或核心能力的来源不再是简单的生产要素的加总，而是对知识的积累和再创造。如何通过有效的知识管理实现持续的知识创新过程，使组织能够在变化的环境中不断生产出适应性、领先性和独占性的新知识，并将其运用于组织的价值创造中，是当前企业实现以创新驱动发展的重要保障。具有领先性和独占性的新知识与新技能是企业核心竞争能力的重要来源，因此要求企业具有不断创造新知识与新技能的能力。任何新知识的产生都不是凭空想象的，而是站在巨人的肩膀上发展起来的，是建立在企业知识基础之上的再创造。因此，企业的知识储备对企业知识的再创造非常重要。企业之间的知识扩散、知识获取能够增加企业的知识储备，从而改进企业的知识结构，创造出能够服务于企业发展战略的新知识体系。因此，知识流动和创造对构建企业核心竞争力至关重要。

企业创新网络内部凝聚了各种创新主体和创新元素及资源的可访问性流程，其目标是形成一个协同互动的网络体系。其中，企业、大学和研究机构是关键因素，而政府、金融机构等组织则扮演着支持角色。流体借助介质从势能高的一端移动到势能低的一端。知识在主体之间的传递过程也存在类似动态交互。借助于组织间的互动，知识从势能高的一方向势能低的一方流动，实现知识在动态过程中的获取、吸收和转移，在学习和交流中不断创造新知识，知识的价值增值得以实现。这样复杂的一个创新系统之中存在着创新主体之间深度合作和资源整合的问题，又由于知识自身的资源性和组织间关系的复杂性，网络中知识流动成为一个不确定性较强的动态的过程（Yu et al., 2018）。虽然知识在广义上是无限复制的，但其对于创新网络中的企业又是核心的、稀缺的，并不是真正意义上的共有产品，另外知识在不同主体之间的流动受到诸多因素的限制，如知识主体、知识载体、关系特征及环境条件等都会影响知识在主体之间的传播效率（王晓红等，2020b）。因此，管理创新网络中的知识，促进其有效流动是企业创新网络治理的核心内容，知识流动效率就是描述这一内容的重要指标。

企业创新网络中的知识流动效率是指在企业创新网络中，知识能够被有效地共享和流动的程度。这种流动不仅限于内部，也包括外部的知识交换。知识流动效率高的企业创新网络可以促进创新和发展，因为它们能够更好地利用内外部资源，增强企业的竞争力和创新能力。在企业创新网络中，知识流动效率的界定与其他情境下知识流动效率的界定存在一些不同之处。在企业创新网络中，知识流动的目的是促进创新和发展，因此，知识流动效率的评估要考虑知识共享和传递对企业创新与发展的贡献。与此相比，在其他情境下，如科研团队或知识管理系统中，知识流动效率的评估更注重知识共享和传递的速度和准确性。在这些情境下，知识流动效率的目的是提高知识共享双方对知识的准确理解。此外，企业创新网络中的知识流动效率的界定还需要考虑到企业内部和外部的知识共享和传递。企业内部的知识流动效率可以通过优化企业内部的知识管理和沟通机制来实现，而企业外部的知识流动效率则需要通过建立有效的合作伙伴关系和知识共享平台来实现。企业创新网络中的知识流动效率的评估还需要考虑到组织文化和价值观的影响。企业的文化和价值观对知识共享和传递的鼓励和支持至关重要。因此，在评估企业创新网络中的知识流动效率时，需要考虑这些因素对知识共享和传递的影响。综上所述，本书认为企业创新网络中的知识流动效率是指知识在企业内部和外部共享和流动的程度。

知识流动效率可以理解为企业的知识流动行为多少、水平高低及其带来的结果。虽然流动的概念来自物理现象，但知识流动不同于实体物质的流动，它是看不见摸不着的，因此对知识流动效率的构成进行分析并有效测度是了解企业创新网络中知识流动效率的有效途径。只有准确地测度，才能构建知识流动效率的相关指标，确保企业创新网络的功能实现和顺利运行。从过程的角度来衡量知识流动效率，可以定义为在知识流动过程中在一定的时间和成本范围内知识在知识发送方与知识接收方之间成功流转并使知识接收方感到满意的程度（王晓红等，2020b）。对于知识流动效率的测度反映了网络中知识得到有效配置和有效使用的程度。较高的知识流动效率表明在企业创新网络内知识增量不断扩大、主体的活力不断增强，从而可以实现创新的既定目标，最终不断提升网络内创新主体的技术实力和经济实力。由此可见，企业创新网络中的知识流动效率测度指标的选择非常重要。但如今对知识流动效率的研究多在理论层面，并且对评价指标的选取还没有统一的衡量标准。为便于度量，本书将单位时间参照企业创新网络演化过程中的时间节点（每月或每季度），通过知识流动的过程表征（流动水平）、静态表征（知识存量）和动态表征（知识流量）来进行描述。综上所述，知识流动效率可以视为在某一时间节点内，企业创新网络中知识流动水平高低、知识存量的多少及带来的结果。

5.2.2　知识流动效率评价的必要性

进入知识经济时代，企业能否在市场竞争中占得先机取决于其知识流动与创新的能力。在协同创新过程中，知识流动表现为协同成员对新知识与新技术的不断追求，协同成员最佳实践与经验的有效快速推广与共享，知识从隐性到显性、从个体到组织的高效循环。在此过程中，协同成员之间的相互联系、合作与相互影响关系构成了创新网络。企业创新网络是协同成员进行知识交流与创新的平台和引擎,有助于促进个人、团队与组织等层次上的知识创造与传递。企业创新网络治理不仅需要对知识网络及其知识资源进行管理,还需要对知识在网络中的流动性、演化性等动态特性进行研究。其中,知识流动是企业创新网络治理的重要内容,对知识流动效率进行量化测度与分析,并在其基础上优化企业创新网络的知识流动性,对企业创新网络的有效运行有着重要意义,直接影响了创新网络运行的效率和效果。

测度知识流动效率的重要性如下:一方面,它可以帮助组织评估其在创新网络中的表现,发现自身的优势及劣势(苏加福等,2020);另一方面,它可以帮助组织提高知识流通效率,促进知识的有效流通和分享,从而提高创新能力。此外,知识流动效率的测度还可以帮助组织识别知识分享障碍,从而采取有效的措施提高知识流动效率。例如,如果组织发现知识流通效率较低,可以通过改善知识分享基础设施和程序,增强员工的知识分享意识,以提高知识流动效率。

5.2.3 知识流动效率评价方法

D-S 证据理论是一种处理不确定性和不完备信息的数学工具,是提高不确定条件下决策准确性和可靠性的重要方法之一。赵金先等(2020)在对 D-S 证据理论发展过程回顾时指出,Dempster 于 1967 年提出了一种处理不完备信息的方法,后经 Shafer 拓展完善,形成了 D-S 证据理论。D-S 证据理论的核心是将同一层次下识别的多个基本概率函数合成为一个函数,满足了比贝叶斯概率函数更弱的条件,具有直接表达"不知道"和"不确定"的能力。原始的 D-S 证据理论主要限制于合成方法简单、证据间存在冲突等问题,因此后来的学者对合成法则进行了改进。Yager(1987)提出了一种新的证据合成方法,通过对证据函数进行数学变换,将其转化为概率分布函数。该方法扩大了 D-S 证据理论的适用范围,使得它可以处理更加复杂的问题。此外,研究者们还提出了多种扩展形式,如 PBOWA、PCR5 等,这些扩展形式在一定程度上解除了原始 D-S 证据理论应用的一些限制,提高了证据合成的准确性和可靠性。自 21 世纪以来,随着研究者们对 D-S 证据理论的深入研究,它在各个领域中的应用越来越广泛。例如,在智能决策、情报分析、信号处理、工程设计等方面,D-S 证据理论都得到了广泛应用。同时,随着人工智能和机器学习的快速发展,D-S 证据理论也与这些领域进行了深度融合,为实际问题的解决提供了更好的解决方案。

我国学者也对 Dempster 合成法则进行了深入研究,提出了很多改进算法。李伟等(2022)根据证据本身的优先级、重要性和可靠性不同,提出了加权证据合成法则，以解决在合成规则不确定的情况下融合结果的合理性及有效性问题。任静（2016）将层次分析法与 D-S 证据理论相结合，将指标权重向量与具有管理效率特征的指标样本向量之积作为 D-S 证据理论基本可信度分配计算的基础，运用 D-S 证据理论计算管理效率值。赵金先等（2020）将模糊层次分析法与 D-S 证据理论相结合，通过引入可信度概念处理绩效评价过程中的不确定信息，将多组评价信息进行证据融合，缩小不确定值的区间范围，使绩效评价结果更加全面可信。吴明雨和黄炎焱（2021）针对经典 D-S 证据理论在海上态势分析中对高冲突的证据融合结果准确性较低的问题，提出一种改进 D-S 证据理论的数据融合方法，利用证据源的可信度对冲突信息进行加权分配，结果表明，证据冲突越明显，使用该方法的计算结果越具有准确性和稳定性。

D-S 证据理论能够针对不同来源的信息进行融合，包括不同专家的意见、不同传感器的数据等。通过将这些信息进行融合，可以得到更全面、更准确的信息，从而为决策提供更好的依据。另外该理论可以灵活地建立信息模型和简单的证据组合机制，把研究命题逻辑的不确定性问题转为研究数学集合的不确定性问题。这为处理不同来源的冲突的证据提供了可行方案。这种处理方式可以帮助决策者更好地理解问题的不确定性和复杂性，从而做出更好的决策。

D-S 证据理论相比其他信任理论模型可以更具区分度地描述关于信任的"不精确"和"不确定"，提供了一种在信息不完备情况下的不确定性推理方法，比较适合研究开放环境中所面临的不确定性信息的计算问题。因此，基于 D-S 证据理论所建立起来的信任模型近年来受到学术界的广泛关注。

1. D-S 证据理论与知识流动效率评价的适配性

企业创新网络中的知识流动效率评价是一个涉及众多复杂性、不确定性因素的管理难题。首先，D-S 证据理论具有很好地处理模糊不确定性问题的能力（李伟等，2022）。由于企业创新网络中知识流动过程受到多种因素的影响，如人员流动、技术变革、信息共享等，这些因素往往具有一定的不确定性和模糊性。因此知识流动实际情况的模糊性及评价标准难以确定，使得在评价过程中，将信息精确于某一个具体数值的难度很大。评价主体根据对企业创新网络知识流动的实际情况有时含混、有时混乱的感觉与理解后，结合自身的判断给出某一指标支持给定等级的程度。D-S 证据理论采用评价等级评测的方式定性测量，可以有效地处理这些模糊不确定性，提高评价的准确性和可靠性。其次，D-S 证据理论可以考虑到不同证据之间的关联性。在企业创新网络中，不同的知识流动路径和节点之间往往存在着复杂的关联关系，而 D-S 证据理论可以通过对证据之间的关联性进行建模，更加全面地评价知识流动效率。最后，D-S 证据理论还可以通过贝叶斯公式对证据的重要性进行排序，进一步提高知识流动效率评价的准确性和可靠性。综上所述，D-S 证据理论具有较好的适用性和优势，可以作为一种有效的企业创新网络中知识流动效率的评价方法（任静，2016）。当然，D-S 证据理论本身也存在一定的局限性，如不易对证据的可靠性和权重进行准确的估计等，需要在实际应用中加以注意。

2. D-S 证据理论的基本概念

定义 5-1：对于需进行判断的对象 x，它的所有可能答案的集合我们称为辨识框架 Θ。$\{\theta_1, \theta_2, \quad, \theta_n\}$ 构成了问题的所有可能结果，这些结果两两互斥，集合中任意一个元素 θ_i 称为基元。2^Θ 为 Θ 中所有子集的合集，称为幂集。

定义 5-2：A 为 Θ 的任一子集 $\forall A \subseteq \Theta$，若集函数 m：$2^\Theta \to [0,1]$ 满足 $m(\phi) = 0$（即空集无任何信任度）和 $\sum_{A=\Theta} m(A) = 1$（整体的信任度为 1），则称 $m(A)$ 为事件 A 的基本可信数，表示分配给 A 的信任度。如果 $m(A)>0$，则称 A 为焦元。

定义 5-3：设 Θ 为辨识框架，若集函数 m：$2^\Theta \to [0,1]$ 是 Θ 上的一个 mass 函数，定义 Bel：$2^\Theta \to [0,1]$，并满足 $\mathrm{Bel}(A) = \sum_{B \subseteq A} m(B)$，则称 $\mathrm{Bel}(A)$ 为 A 的信任函数，表示 A 的所有子集 $B (B \subseteq A)$ 的 mass 函数的和，即对 A 的全部信任度。

定义 5-4：设 Θ 为辨识框架，Bel：$2^\Theta \to [0,1]$ 为 Θ 上的一个信任函数，对于辨识框架上的基本可信度分配 $m(A)$，$\forall A \subseteq 2^\Theta$，$\mathrm{Pl}(A) = \sum_{B \subset 2^\Theta} m(B) = 1 - \mathrm{Bel}(\overline{A})$，则称 $\mathrm{Pl}(A)$ 为 A 的似真函数，表示不反对命题 A 的程度。

A 的变化范围通过信任区间 $\left[\mathrm{Bel}(A), \mathrm{Pl}(A)\right]$ 来表示，代表着证据不确定区间，表示了证据的不确定度。

拟真函数和信任函数并非可加的，可以理解为所有的拟真函数度量和不一定是 1，信任函数也是如此。信息的缺乏程度可通过 D-S 证据理论表示出来。当把一个信任值赋予 A 时，剩余的信任值并不是给 A 的补集，$1 - \mathrm{Bel}(A) - \mathrm{Bel}(\overline{A}) \geqslant 0$ 就表示不确定程度。用 $m(\Theta) = \mathrm{Pl}(A) = \mathrm{Bel}(A)$ 来表示 A 的不确定性。

这些度量不仅可以由基本概率函数 m 引出，这两个度量也可以相互引出。例如，$\mathrm{Pl}(A) = 1 - \mathrm{Bel}(\overline{A})$。

事件的概率在似真函数和信任函数之间，如果 $\mathrm{Pl}(A) = \mathrm{Bel}(A)$，则概率值是确定的并且唯一的。若似真函数与信任函数不相同，则其就是事件发生概率的上界与下界，图 5-4 即置信区间。

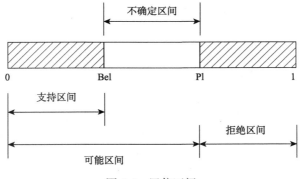

图 5-4　置信区间

3. D-S 证据理论的合成法则

D-S 证据理论是通过 Pl 函数和 Bel 函数来确定给定问题的可能性区间的。Pl 函数和 Bel 函数由集函数 m 确定，因此在衡量命题时需要确定 mass 函数，即要确定 D-S 合成法则反应证据的联合作用。

定理 5-1：设 Bel_1 和 Bel_2 是同一个辨识框架 Θ 下的两个信度函数，标记为 m_1、m_2，焦元分别为 A_i、B_j，设 $k = \sum_{A_i \cap B_j} m_1(A_i) m_2(B_j) < 1$，则 D-S 的函数 m：$2^{\Theta} \rightarrow [0,1]$ 基本概率分配函数为

$$m(A) = m_1(A) \oplus m_2(A) = \begin{cases} \dfrac{\sum\limits_{A_i \cap B_j} m_1(A_i) m_2(B_j) < 1}{1-K}, & A \neq \phi \\ 0, & A = \phi \end{cases}$$

其中，K 为归一化因子，它在一定程度上反映了证据之间的冲突程度。当 $K=1$ 时，表示完全冲突，此时无法用 D-S 合成法则进行合成；$m_1 \oplus m_2$ 为 m_1、m_2 的正交和。

定理 5-2：设 $\text{Bel}_1, \text{Bel}_2, \ , \text{Bel}_n$ 是统一辨识框架下 Θ 的信度函数，$m_1, m_2, \ , m_n$ 是其对应的 mass 函数，则多个信度函数合成法则为

$$m(A) = m_1(A) \oplus m_2(A) \oplus \ \oplus m_n(A) = \begin{cases} \dfrac{\sum\limits_{\cap A_i \rightarrow A_1 \leqslant i \subseteq N} \Pi m_i(A_i)}{1-K}, & A \neq \phi \\ 0, & A = \phi \end{cases}$$

其中，$K = \sum\limits_{\cap A_i \rightarrow A_1 \leqslant i \subseteq N} \Pi m_i(A_i)$，合成结果 $m(A)$ 反映了 $m_1, m_2, \ , m_n$ 对应的 n 个证据对命题 A 的联合支持程度。

5.2.4 企业创新网络中知识流动效率评价维度

很多学者通过构建模型测度知识流动效率。Cowan 等（2007）从小世界的角度出发，通过平均知识水平、主体间知识变动方差（可以理解为知识在网络中分布的均衡性）、知识扩散达到稳定状态所需要的时间这三个指标来描述知识的流动效率。苏加福等（2020）认为节点之间效率降低的主要原因是节点之间的长度大，经过节点多时，会造成节点之间流动的知识的损失，节点之间的路径越长，消耗越大，花费的成本也越多，因此他们用阻力系数代表节点之间的消耗，并且建立影响相邻（具有直接联系）的节点间合作能力、节点间关系强度、信息便利性、节点间距离及网络结构特征五个反映节点间知识流动效率的聚类系数，计算出节点间知识流动效率和网络整体知识流动效率。郑展和郑康（2009）提出创新网络主体间知识互动率的概念，他们认为，一般网络结构的描述仅仅是两个节点之间有无联结，但是这种描述并不能全面地解释知识在网络中流动的本质，因此他们设计了一种描述主体间知识互动强度的测度方法，用图论中加权的思想刻画创新网络中主体之间的互动紧密程度，并构建 RIN 知识流动效率测度模型，给出了进行网络间比较的关键变量度量规则。

在实证研究中，对于知识流动效率维度划分及测度方法也有一些较为成熟的研究。知识流动效率指标体系的复杂多样性根植于知识流动效率衡量的维度上。由于测度方法本身只是知识流动效率某个角度的概括，研究角度不同，也就出现了不同的知识流动效率的指标体系。王晓红等（2021）将区域知识溢出效应和网络结构的思想引入知识网络中，建立了知识流动效率测度模型。宋凯等（2017）将知识流动效率确定为知识的广度、强度和速度，有效揭示了信息网络中的知识流动。

然而，更多学者采用知识流动水平作为衡量知识流动效率的指标。知识流动水平是对流动知识的体量进行测度的维度，描述了知识流动双方（传递方和接收方）就某一知识学习或相互问题求解所交流知识量的多少，体现了知识流动的整体水平和效果。Zhang 和 Li（2016）认为知识更新的速度是衡量效率的重要标准，即基于物理学中流体运动的速度对知识流动进行测量，流动越快，流动效率越高。在现有研究成果的基础上，结合网络特征，研究者们认为知识在网络中的分布情况也是知识流动效率需要考虑的重要指标（谢守美和郑启玮，2018）。因此，本书以知识流动水平、知识分布均衡性及知识更新速度三个维度对知识流动效率进行测量，并结合企业创新网络的特征，对三个维度的测量方式进行了新的定义。

1. 知识流动水平

企业的知识流动水平可以理解为企业知识的存量水平，是企业对知识进行创造和利用的先决条件，也可以被描述为企业在某个时间段内对知识资源的平均占有量。但在创新网络中知识依附于不同的载体在网络中流动，具有动态性和空间性，是一个随着时间的增加而变动的函数。因此，在创新网络中，知识流动水平被定义为企业内部及企业与外部合作伙伴之间知识流动的程度，它是衡量知识流动效率的重要指标之一。它不仅仅包括企业内部知识的传递和分享，也包括企业与外部合作者之间的知识交流与合作。较高的知识流动水平，说明企业能够从网络中获取丰富的知识和创新资源，及时补充自身知识库，拥有更广阔的知识领域，加强企业获得自身缺乏的新知识的可能性，提高企业的知识重组和知识交叉利用的可能性，从而有利于企业将知识应用于创新活动之中，而大量的新知识可以帮助企业自身完善知识漏洞，了解利益相关者的需求，补充企业的知识体系。在测度知识流动水平时，各指标应以组织的平均值来衡量组织整体知识的水平和程度。

2. 知识分布均衡性

创新网络中知识分布均衡性是指在网络中不同主体之间知识资源的差异和不平衡程度。在创新网络中，不同的主体拥有不同的知识背景、技能和资源，这使得创新网络中拥有来自多领域、多样性和异质化的知识元素，这些知识在内容、层次、结构方面都存在着较大的差异。企业通过与网络中其他组织进行交流，与不同领域的知识接触，提高企业扫描环境的能力，发现新知识和新机会，弥补自身知识库缺陷，并与原有知识相互融合碰撞创造出新的知识，促进知识流动。也就是说，当知识分布不均衡时，说明网络中流动的知识所涉及的领域相差较大，知识的异质性较强，可以给企业带来非冗余的知识资源，降低了企业搜索新知识的成本，提高了知识流动效率。并且，异质性知识流动增加了企业获得知识的不确定性，从而能够促进创新的非线性发展，实现创新的跨领域、跨技术轨道变迁，激发了新知识、新技术的产生，使知识流动质量有了飞跃式提升，从而提升了知识流动的效率。

3. 知识更新速度

知识更新速度主要是描述企业知识流动过程中对知识库的更新频率。任何组织的知识库如果不进行更新，都面临着被淘汰的风险。知识的价值也会随着时间的推移而衰减，企业只有不断获取新的知识才能够确保其创新活动的稳步进行。企业所感知的网络中知识更新速度是指创新网络中知识流动的接收方通过网络获取新知识的时间。由于知识流动涉及多个关系主体，知识在从知识的传播者流动到知识的接收者这个过程中，会由于知识的碰撞和启发性的作用而产生新的知识。当网络中知识的更新速度较快时，一方面，说明网络中成员交流比较顺畅，沟通障碍少，减少了企业需要支付的沟通成本，能够更高效地获取新的知识。另一方面，说明单位时间内企业可以从网络中获取的知识量越大，越有利于企业的知识更新。因此知识更新速度也可以作为考量知识流动效率和效果的指标。

5.2.5 知识流动效率评价的实例分析

1. 问题描述

本书结合调研和访谈资料，选择中兴公司的"5G超高清直播解决方案"作为典型案例进行分析。"5G超高清直播解决方案"是中兴公司布局的探索性创新活动中的重点研发项目，重点瞄准超高清内容生产、边缘服务和智能分发这三大领域痛点，提供最新技术方案，助力提供多视角、自由视点、VR（virtual reality，虚拟现实）等多维视频超低时延互动直播体验。为推动该项目研发的效率和效果，中兴公司遴选数十家相关企业和高校科研机构组建企业创新网络，根据研发任务分解目标，各创新主体通过专有性科研基础设备的整合使用、基础实验数据和知识的即时共享，最终实现了关键核心技术突破。以此为基础，基于中兴公司多年的相关技术知识积累，运用开发性创新实现了可以支持更加多元化的应用场景体验，是典型的双元性创新平衡的实践案例。因此，本书在企业创新网络视角下，运用 D-S 证据理论算法对 2020 年 "5G超高清直播解决方案"研发过程中的知识流动效率情况进行测算，以说明本书构建的知识流动效率评价维度的合理性和适用性。

设评价主体集合为 $B = \{B_T | T=1,2,3,4\}$，即由两名熟悉该领域并对创新网络中各企业相关情况较为了解的专家 B_1、B_2，核心企业专家 B_3，以及重要参与企业专家 B_4 构成，根据以往研究并综合专家的建议，其权重集合 $W_A = \{0.20,0.20,0.25,0.35\}$。根据对知识流动效率评价指标的研究，知识流动效率评价体系的一级指标集合为 $X = \{X_i | i=1,2,3\}$，二级指标的个数分别为 $m_1 = 3$，$m_2 = 4$，$m_3 = 3$，指标权重集合为 $W_i = \{w_{i1}, w_{i2}, \quad , w_{im_i}\}$。知识流动效率评价指标体系的权重采用专家打分法进行确定，如表 5-1 所示。

表 5-1　知识流动效率指标权重

一级指标	权重	二级指标	权重
知识流动水平	0.364	贵公司通过创新网络获得大量专利转让及专利说明信息	0.380
		贵公司通过创新网络获得大量新知识和新技术文档资料	0.320
		贵公司通过创新网络对行业的技术发展趋势有了更深入理解	0.300

续表

一级指标	权重	二级指标	权重
知识分布均衡性	0.265	贵公司与创新网络中其他成员之间资源互补	0.218
		贵公司经常与其他公司开展在职培训和专业技能提高活动	0.212
		贵公司经常与不同合作伙伴交流共享各自的技术专长	0.273
		贵公司善于通过多种渠道从创新网络中获取所需知识	0.297
知识更新速度	0.371	贵公司在创新网络中可以学习到很多新知识	0.302
		贵公司经常在与其他公司合作交流中受到启发产生新想法	0.400
		相对于竞争对手，创新网络能够帮助贵公司更快获取知识	0.298

评价主体的评语集的辨识框架表示为 $\Theta\{\theta_r | r=1,2,\cdots,5\}$，分别表示（很好，较好，一般，较差，很差），二级指标置信度集合表示为，β_i 满足 $0 \le \beta_{ijr} \le 1$，$\sum_{K=1}^{5} \beta_{ijr} = 1$，$(i=1,2,\cdots,n;\ j=1,2,\cdots,m_i;\ r=1,2,\cdots,5)$，$\beta_{ijr}$ 体现了对评语的支持强度。中兴公司专家根据对团队相关情况和资料的调查分析，结合自己的知识进行判断，确定二级指标在各等级上的置信度；核心企业专家根据对创新网络情况的把握和观察给出各等级的置信度；创新网络中重要参与企业专家根据自身参与情况对创新网络的知识流动效率进行直接评价，然后取平均数确定置信度。根据对知识流动效率评价指标的研究，$n=3$，$m_1=3$，$m_2=4$，$m_3=3$。知识流动效率评价指标体系的置信度采用专家打分法进行确定，置信度评价信息如表 5-2 所示。

表 5-2　置信度评价信息

置信度		B_1				B_2				B_3				B_4			
		θ_1	θ_2	θ_3	θ_4	θ_1	θ_2	θ_3	θ_4	θ_1	θ_2	θ_3	θ_4	θ_1	θ_2	θ_3	θ_4
X_1	X_{11}	0.6	0.3	0.1		0.5	0.3	0.2		0.4	0.3	0.3		0.3	0.3	0.4	
	X_{12}		0.4	0.4	0.2			0.6	0.4	0.6	0.4			0.1	0.2	0.4	0.3
	X_{13}	0.4	0.5	0.1		0.2	0.4	0.3	0.1	0.7	0.3			0.2	0.1	0.3	0.4
X_2	X_{21}	0.3	0.2	0.2	0.3	0.6	0.4							0.5		0.4	0.1
	X_{22}	0.6	0.4			0.6	0.3	0.1		0.4	0.4	0.2		0.3	0.4	0.3	
	X_{23}		0.5	0.5		0.7	0.3				0.4	0.4	0.1		0.6		0.1
	X_{24}		0.6	0.4		0.4	0.3	0.3		0.6	0.4			0.2	0.2	0.2	0.2
X_3	X_{31}		0.5	0.5											0.4	0.3	0.3
	X_{32}		0.5	0.5		0.2	0.6	0.2		0.4	0.4	0.1	0.1	0.1	0.2	0.2	0.5
	X_{33}	0.5	0.3	0.2											0.6	0.2	0.2

注：由于 θ_5 的置信度均为 0，因此不在此表上显示

2. 计算步骤

（1）二级指标 mass 函数计算。

根据二级指标 X_{ij} 的置信度 b_{ijr} 和权重 w_{ij} 计算其 mass 函数 $M(\theta_r|x_{ij})$。由于指标存在模糊和不确定性，为更为真实地反映二级指标对于一级指标的支持程度，需在合成时计算二级指标的可信度折扣率。折扣率的计算方式是以关键指标为基准，对其他非关键指标进行判断。其中，关键指标是指在同一个一级指标下的权重最高的二级指标，即 $W_{iH}=\max(w_{i1},\ \ ,w_{im_i})$。因此，折扣率的计算方式表示为 $\dfrac{W_{ij}}{W_{iH}}\alpha$，其中，$\alpha$ 取 0.8。因此，mass 函数的计算公式为 $M(\theta_r|x_{ij})=\dfrac{W_{ij}}{W_{iH}}\alpha\beta_{ijr}$，该关键指标对于上级指标的支持程度的未知程度表示为 $M(\Theta_r|x_{ij})=1-\sum\limits_{r-1}^{5}M(\theta_r|x_{ij})$。

由此可得，二级指标的 mass 函数计算结果如表 5-3 所示。

表 5-3　二级指标的 mass 函数计算结果

mass 函数		B_1					B_2					B_3					B_4				
		θ_1	θ_2	θ_3	θ_4	Θ	θ_1	θ_2	θ_3	θ_4	Θ	θ_1	θ_2	θ_3	θ_4	Θ	θ_1	θ_2	θ_3	θ_4	Θ
X_1	X_{11}	0.480	0.240	0.080		0.200	0.400	0.240	0.160		0.200	0.320	0.240	0.240		0.200	0.240	0.240	0.320		0.200
	X_{12}		0.269	0.269	0.135	0.461		0.404	0.269		0.326	0.404	0.269			0.326	0.067	0.135	0.269	0.202	0.326
	X_{13}	0.253	0.316	0.063		0.368	0.126	0.253	0.189	0.063	0.368	0.442	0.189			0.368	0.126	0.063	0.189	0.253	0.368
X_2	X_{21}	0.176	0.117	0.117	0.176	0.589	0.352	0.235			0.413	0.294	0.235	0.059		0.413	0.294	0.235	0.059		0.413
	X_{22}	0.343	0.228			0.429	0.343	0.171	0.057		0.429	0.228	0.228	0.114		0.429	0.171	0.228	0.171		0.429
	X_{23}		0.368	0.368		0.265	0.515	0.221			0.265	0.147	0.221	0.294	0.074	0.265		0.221	0.441	0.074	0.265
	X_{24}		0.480	0.320		0.200		0.320	0.240	0.240	0.200	0.480	0.320			0.200	0.160	0.160	0.160	0.160	0.360
X_3	X_{31}			0.302	0.302	0.698	0.302	0.181	0.121		0.396	0.060	0.302	0.242		0.396	0.121	0.242	0.060	0.181	0.396
	X_{32}			0.400	0.400	0.600	0.160	0.480	0.160		0.200	0.320	0.320	0.080	0.080	0.200	0.080	0.160	0.160	0.400	0.200
	X_{33}		0.298	0.179	0.119	0.523	0.238	0.298	0.060		0.404	0.417	0.119	0.060		0.404	0.298	0.060	0.119	0.119	0.404

（2）一级指标 mass 函数计算。

根据 D-S 合成法则对一级指标的合成函数 $m(\theta_r|X_i)$ 进行计算，计算结果如表 5-4 所示。

表 5-4 　一级指标合成结果

mass 函数	B_1					B_2					B_3					B_4				
	θ_1	θ_2	θ_3	θ_4	Θ	θ_1	θ_2	θ_3	θ_4	Θ	θ_1	θ_2	θ_3	θ_4	Θ	θ_1	θ_2	θ_3	θ_4	Θ
X_1	0.362	0.418	0.122	0.022	0.077	0.233	0.209	0.393	0.088	0.077	0.619	0.266	0.063	0.000	0.052	0.181	0.187	0.438	0.123	0.071
X_2	0.058	0.605	0.280	0.013	0.044	0.401	0.431	0.068	0.055	0.045	0.483	0.392	0.077	0.010	0.038	0.166	0.362	0.348	0.057	0.067
X_3	0.000	0.100	0.386	0.338	0.176	0.000	0.282	0.530	0.118	0.070	0.391	0.379	0.122	0.031	0.077	0.184	0.197	0.142	0.393	0.084

（3）一级指标折扣计算。

按照步骤（1）中折扣计算方式对一级指标进行折扣计算，α 取 0.9。折扣计算结果如表 5-5 所示。

表 5-5 　一级指标折扣计算结果

mass 函数	B_1					B_2					B_3					B_4				
	θ_1	θ_2	θ_3	θ_4	Θ	θ_1	θ_2	θ_3	θ_4	Θ	θ_1	θ_2	θ_3	θ_4	Θ	θ_1	θ_2	θ_3	θ_4	Θ
X_1	0.319	0.369	0.108	0.019	0.185	0.206	0.185	0.347	0.078	0.185	0.547	0.235	0.056	0.000	0.163	0.160	0.165	0.387	0.109	0.180
X_2	0.037	0.389	0.180	0.008	0.385	0.258	0.277	0.044	0.035	0.386	0.311	0.252	0.050	0.006	0.382	0.107	0.233	0.224	0.037	0.400
X_3	0.000	0.090	0.347	0.304	0.258	0.000	0.254	0.477	0.106	0.163	0.352	0.341	0.110	0.028	0.169	0.166	0.177	0.128	0.354	0.176

（4）对专家意见进行合成。

按照 D-S 合成法则对专家的意见进行合成，并对合成结果进行折扣调整，α 取 0.8。最终结果如表 5-6 所示。

表 5-6 　专家意见合成及折扣调整结果

mass 函数	合成结果					折扣调整后结果				
	θ_1	θ_2	θ_3	θ_4	Θ	θ_1	θ_2	θ_3	θ_4	Θ
X_1	0.493	0.287	0.194	0.016	0.010	0.413	0.241	0.163	0.013	0.170
X_2	0.223	0.561	0.130	0.017	0.070	0.136	0.342	0.080	0.010	0.432
X_3	0.079	0.317	0.402	0.185	0.016	0.068	0.271	0.344	0.158	0.159

经过第三次合成后的最终结果如下所示：$m(\theta_1)=0.220$，$m(\theta_2)=0.434$，$m(\theta_3)=0.256$，$m(\theta_4)=0.049$，$m(\theta_5)=0$，$m(\Theta)=0.041$，$\max(\mathrm{Bel}_X(\theta_2))=0.434$，说明创新网络中的知识流动效率处于"较好"的状态。根据专家意见合成折扣调整后的结果，对知识流动效率的每个维度进行分析，发现知识流动水平处于"很好"的状态（表 5-6），可知该公司在创新网络中知识流动水平很高，说明网络中的核心企业注重其内部的知识流动，平时经常举办组会、研讨会等活动，每次交流和讨论都很活跃，效果较好，成员间自发的交流也很频繁。创新网络中的成员能够通过创新网络获得大量的知识及专利收益。知识分布均衡性处于

"较好"状态，说明企业创新网络中分布着丰富的能够使企业获益的知识信息，能够帮助企业获得需要的信息和技术专长。但是，知识更新速度处于"一般"状态。这说明知识更新不及时，对企业快速获得行业内的前沿知识内容没有提供助力，需要着重加强。

通过对中兴公司基于"5G超高清直播解决方案"构建的企业创新网络知识流动效率评价的研究，结果表明，知识流动效率对企业从创新网络中获取双元性创新所需的知识意义更大。知识流动效率越高，知识更新的速度越快，新知识产生和应用的效率就越高，就越容易满足探索性创新对新知识的需求；知识在组织内扩散速度越快，知识产生作用的范围就越广，就越有利于企业的开发性创新。提升企业创新网络中知识流动效率对解决双元性创新平衡中所需知识和资源张力难题具有实际价值和可操作性。

5.3 知识流动效率影响双元性创新的关键因素

企业在创新活动过程中，利用内外部资源要素的有效变革，借以提升企业竞争能力：一方面突破企业原有边界，实现规模扩张，即量的方面的增长，实现开发性创新；另一方面改变既有创新路径，在创新活动中依靠知识创造和技术突破推动企业深度成长，即质的方面的提高，实现探索性创新（刘景东等，2023）。但是在双元性创新活动的过程中，外部知识流入效率与企业内部知识储备融合，仍然受到诸多因素的影响。知识在流动过程中由于其自然属性和社会属性等特征，会产生或多或少的资源消耗，同时由于载体的不同也会对流动效果产生不同影响。由于开发性创新与探索性创新的技术轨道、知识基础相异，企业除了需要足够的内外部资源之外，还需要具备以下关键能力和管理要素：组织吸收能力，组织内外部知识整合能力，适应快速变化的组织文化环境的能力等，以帮助企业更好地处理外部资源与企业内部需求之间的关系，持续维持企业竞争优势。

（1）组织吸收能力。吸收能力被定义为企业对外部知识的搜索、内化并且最终实现战略目标的一种能力，是体现知识资源价值的关键要素（王玲和冯永春，2021）。吸收能力包括一个连续的过程，即识别和理解新外部知识、内化有价值的新外部知识和应用内化的新外部知识，是企业消化吸收内外部知识并将其转化为自身可以利用的资源的重要能力之一。从以往研究可以看出，吸收能力是一种基于知识的动态能力，是企业结合外部知识要素和内部知识进行创新的先决条件。吸收能力较强的组织能够识别对自身更有价值的知识，并且通过强大的信息整合和内化能力，将这些有用的信息应用在自身的日常管理和生产中，从而提高企业利用新知识进行创新的效率。吸收能力较弱的企业，对新知识的转化和利用效率会相对较低。当知识流动效率高时，企业依赖于创新网络提供的体量巨大、类型丰富、更新迅速的知识，组织吸收能力强，企业能够更有效地获取所需技术信息和大量高价值、高质量的资源，结合对原有知识库的利用，推动开发性创新活动，同时大概率激发出创新思想和创新理念，打破常规思维困境，实现探索性创新。但是如果组织吸收能力较弱，即使企业创新网络中的创新主体能够高效地将知识传递给企业，企业也无法有效吸收利用这些知识，从而造成知识流的中断，削弱知识流动效果，同时也会让企业的创新活动耗费更多的时间和资源成本。

（2）知识整合能力。知识整合能力对探索性创新、开发性创新的技术创新轨道选择、实现过程都有着重要影响。组织资源要在企业中持续、有效地发挥作用，首要的是组织现有知识整合，通过知识整合，企业能够识别出组织资源的价值趋向，凝聚嵌在不同组织流程和技术链条上的零散资源，促进知识与资源、资源与技术、技术与知识的重新组合。由量的积累引起质的变化，基于创新平台实现不同创新流在各自技术轨道上的融合后，开始寻求新的技术起点，并开启又一轮的创新过程，从而推动知识、技术与组织的再次契合。任何一项新技术的价值实现最终都体现在技术与技术支撑的产品在市场上的成功结合上，这一过程的关键有赖于企业组织整合知识资源、技术资源和市场资源的能力，这个过程并不是静止不动的，而是在动态复杂的环境中进行的。双元性创新本质上是一种动态能力，以知识为核心的组织学习是促进组织双元性创新活动的基础。知识获取、转化和应用是技术创新的前提，不同的创新流在知识创新的驱动下沿着既定的技术轨道进行，知识整合能力是激活知识存量与组织资源得以匹配并有效转化为创新能力的主要推动力量。开发性创新与探索性创新在技术创新过程中汲取的知识流向不同，也将组织资源引向不同的创新方向。由不同知识基础引致的技术创新流的分化在组织层面上主要体现在两个方面：一方面表现为组织流程规范及组织惯例的形成，组织积累知识存量的深度和广度决定了组织搜寻更好的创新途径、更大的创新空间，并在逐渐成熟的技术轨道上加快创新的步伐和扩散速度；另一方面表现为在组织发展过程中技术创新与组织系统的冲突，导致组织成员思维和组织惯例不同程度地改变，以至于冲破原有的业务边界或组织边界，新的组织系统渐以形成。技术创新流的分化表现出开发性创新和探索性创新在各自技术轨道上具有自我强化的特征，而知识整合能力为两种创新活动的不同知识需求和差异化条件保障提供了有力支撑。

（3）价值观念和行为准则。企业创新网络有效运行的价值观念和行为准则是规范和约束创新主体的一种制度性安排。当企业创新网络各行为主体的价值观念和行为准则一致程度较高时，有利于组织对资源的利用，合作双方更容易接受对方的行为模式，增强合作伙伴间知识分享的意愿，双方也更希望可以开展深层次的合作关系，从而促进了合作双方的知识流动。因此，在创新网络中强调文化价值观的匹配性，也就是说，要强调组织间在创新认知、价值观念、组织惯例、行动规则等方面的匹配性。秉持开放性文化价值观的企业，面对新事物的接受程度更高，乐于进行新探索和新创造，具有较高的风险承受能力，能够快速接受新知识和新理念，乐于尝试将异质性的知识与自身知识库相融合，从而碰撞出更具前瞻性和突破性的思维想法，并应用于探索性创新活动。较为保守的文化价值观则会导致企业更愿意接收与自身知识库切合度高的知识。当网络中知识流动效率高时，势必会带来大量的异质性知识，具有保守的文化价值观的企业会选择性接受偏向原有知识域的知识，这部分知识能够深化企业对原有知识的理解，扩大知识深度，有利于原有产品的改进和优化，从而促进企业的开发性创新活动。另外，在企业创新网络中不仅要关注个体企业文化价值观对创新的影响，同时也要承认和重视各个成员之间会存在一定的文化价值观的差异，不同组织文化价值观的差异使得不同组织处理知识的方式不同，如果在企业创新网络中无法合理地处理这些差异，往往会成为知识无法有效应用于创新活动的重要因素。当企业创新网络中的成员不能够和谐共存、相互融合，在尊重和理解的基础上求同存异时，组织间的文化价值观差异会逐渐增大，知识在组织之间流动也会出现巨大的裂口，从而使网络中成员无法形成统一目标协同发展。

为应对全球化和知识经济的挑战，越来越多的企业选择加入或构建创新网络，以合作创新的方式分享资源，降低创新成本及风险，达到合作共赢的目的。根据知识在需求方和发送方之间的传递的关系，可以发现知识在传递过程中会经过多过程的交互，在知识需求方与知识供应源之间会形成多次知识传递，在此过程中知识可能因为其本身的一些特质而产生损耗，从而降低了知识流动的效率。当企业间达成合作共识的时候，两者中知识存量相对较高的主体将向知识存量相对较低的主体进行知识的传递，而知识存量相对较低的主体对获得的知识进行吸收和整理内化。经过多次的知识传递、吸收和内化，双方的知识存量发生改变，从而形成了知识流动。

（4）知识粘滞。虽然企业创新网络中的组织能够享受网络中知识溢出带来的红利，但这种方式也存在着很多的制约因素，其中知识粘滞就是其中重要的一个因素。粘滞性属于知识本身的一种自有属性，其表现为知识常常粘滞于局部环境以及知识拥有者而难以转移（流动）到知识受体，形成节点间的知识粘滞，严重影响节点间传递的知识量。杨坤和胡斌（2015）研究了分布式创新网络中节点间知识粘滞的动态机制模型，他们认为知识粘滞发生于知识流动的整个过程中，可以分为启动粘滞（与后续具体知识流动过程无关的"固定成本"消耗）和过程粘滞（在流动过程中由于不畅或低效而造成的消耗），并从"情境—活动—认知"三个层面指出了知识粘滞是影响知识流动效率和创新网络运行效率的关键，如图 5-5 所示。

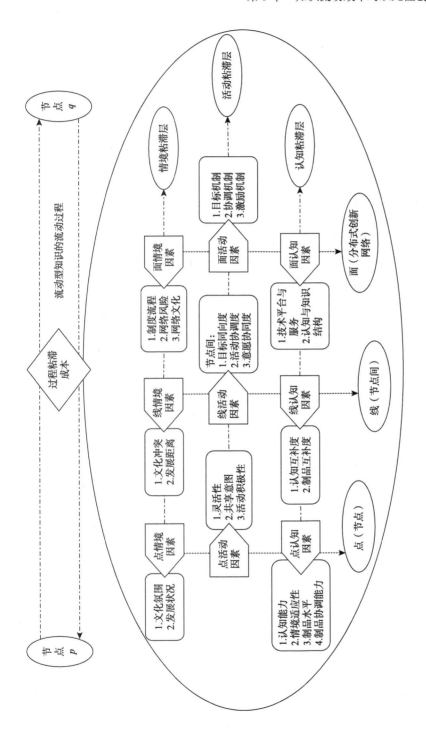

图 5-5　"情境-活动-认知"视角下知识过程粘滞成本因素系统

知识粘滞是阻碍企业内外部知识融合的关键因素。当企业获取的知识粘滞性较高时，企业创新网络中的知识在流向企业时，即使具有较高的知识流动效率，企业可以获得大量的、异质性的新知识，但是受限于应用情境，这类知识只服务于某些特定情境，故而产生情境粘滞，难以与企业自身知识相融合。开发性创新主要是指基于现有产品和服务进行渐进性的创新活动，当知识粘滞性高，无法与企业原有知识整合时，新知识的价值得不到充分发挥，开发性创新能力则难以快速提升。对于探索性创新而言，高知识流动效率带来了更多的异质性知识，有利于探索性创新，但是如果这些知识粘滞性较大，与企业现有知识储备和技术能力之间的认知距离太大，对探索性创新的促进作用也会大打折扣。因此知识粘滞程度影响了知识流动效率与双元性创新之间的关系。

（5）知识惯性。知识惯性是企业在知识管理活动中表现出的一种行为特征，指企业或个人采用例行的程序、稳定的知识来源及当前积累的经验解决问题。知识惯性的存在会使企业在解决问题时习惯性地选择原有的问题解决路径，对新的知识源和知识获取途径产生一定程度的抵触。当知识接收企业的知识惯性较大时，虽然知识流动效率的提高能够为企业带来充足的新知识，但企业不愿打破原有的思维定式，无法有效利用获得的知识解决问题、改进方法，对开发性创新有阻碍作用。探索性创新是对现有知识结构体系的一种重构，倾向于新机会的搜索，更加需要与现有知识储备存在异质性的新知识和新技术。但在高知识惯性的支配下，较高的知识流动效率虽然能够为企业带来快速更新的信息和大量异质性知识，但是企业自身的知识惯性会使其一味墨守成规，造成企业对新技术发展趋势及市场变化信息不敏感，错失探索性创新的时机。因此打破知识惯性影响，方能充分释放知识流动效率对双元性创新的促进作用。

5.4 知识流动效率对双元性创新的影响路径

如前文所述，探索性创新与开发性创新的矛盾和张力来源于资源的争夺和竞争。知识作为企业的核心资源，对缓和协调探索性创新与开发性创新的矛盾，实现探索性创新与开发性创新的平衡具有重要促进作用。然而，在企业创新网络中知识流动具有大容量、多种类、繁杂性等特征，导致企业创新网络中大量有价值的知识没有发挥出应有作用，企业从创新网络中获取知识就普遍陷入"知识怪圈"，即企业无法有效识别出所需的知识资源满足双元性创新需求，从而怀疑是否需要加入企业创新网络或者增加自身在创新网络中专有性技术的投入。我们在调研过程中也发现，即使在成功构建企业创新网络的案例中，很多企业仍未能实现加入企业创新网络时的既定目标。为破解企业普遍陷入的"知识怪圈",本节从知识流动效率的视角深入分析和阐述企业如何从创新网络中快速、高效地获取两种创新行为所需的知识。

　　企业加入创新网络,就是希望从网络中获取大量的异质性知识,只有知识从企业创新网络有效流入企业内部,企业才能收获网络带来的知识红利,从而提升企业双元性创新能力。然而两种创新方式的技术创新轨道不同,开发性创新往往是基于现有知识基础和技术轨道,在一个相当长的时期内日渐改进,从创新网络中深度挖掘和获取现有技术轨道上的知识,改善企业已成熟产品的工艺和性能,即可拓展企业的利润空间。探索性创新往往是突破现有技术创新轨道,研发新技术和新产品,需要企业在新的技术轨道上从创新网络中寻找相匹配的知识源,形成新的知识体系来满足创新的需要。因此,企业从创新网络中获取知识时,对企业创新网络中知识类型、知识深度、知识广度的要求有很大差异。现有成果多是从知识流动层面对企业创新的影响开展研究,鲜有涉及知识流动效率对双元性创新的影响。事实上,知识流动效率的提升对企业创新网络中知识存量的动态增长意义更大,更有利于企业获取更多异质性、互补性的知识,同时满足企业双元性创新的知识需求。因此,本书在对知识流动效率组成维度进行界定的基础上,构建了企业创新网络中知识流动效率对双元性创新影响的关系模型,如图 5-6 所示。

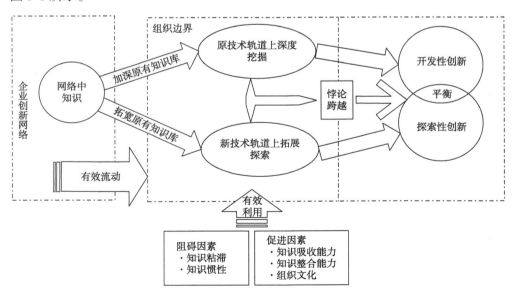

图 5-6　知识流动效率对双元性创新影响的关系模型

　　根据组织学习理论,获取和整合新知识是企业推动双元性创新的基础。由于企业创新网络中各主体之间"知识势差"的存在，知识流动效率会直接影响企业获取外部知识资源的能力。企业在进行开发性创新时，主要依赖现有知识基础和技术轨道，通过交互学习机制丰富现有知识体系，提升知识储备能力，满足主流业务市场上顾客的需求。企业在进行探索性创新时，技术创新转移到新的技术轨道上，需要以更快的速度寻找新的知识源并建立相应的知识支撑体系，对企业创新网络中知识更新速度也提出了更高的要求，为此企业需要与其他创新主体建立更加紧密的合作关系，避免知识流动过程中的阻碍因素，提升自身的知识吸收与整合能力，加快新技术或新产品研发的步伐。当探索性创新积累到一定程度时，在新的技术轨道上就会继续开发性创新，从而加快企业技术进步的速度，实现双元性创新的平衡。同时，作为企业创新网络的节点企业，就会加大对企业创新网络的专有性技术和知识的投入，与其他节点企业通过交互学习机制吸收新的知识，改善企业创新网络中知识流动水平和知识分布的均衡性，缩小"知识势差"，促进企业创新网络进入高效的运行状态。

知识流动效率对于解决企业双元性创新中的知识需求更具有价值和意义。本书中知识流动效率主要由知识流动水平、知识分布均衡性和知识更新速度三个维度构成，下面就对知识流动效率的三个维度与双元性创新的关系进行分析，以揭示知识流动效率不同构面对双元性创新的影响。

5.4.1 知识流动水平对双元性创新的影响

知识流动水平定义为知识流量的大小，是指企业创新网络中的知识元素数量。知识存量是知识储备的静态表征，通常嵌入于企业惯例、专业技术、组织雇员及其他组织资源中，是企业知识应用的基础，是创新活动的始点，特别是在动荡环境中，企业预期绩效取决于领域内的知识积累。高水平的知识流动能够为企业带来数量可观的数据、信息和其他形式的知识，这些大量的数据和信息中潜藏着企业所需的知识，企业通过对这些信息的分析，发掘对企业有价值的知识，将这些知识提取和利用，存储在企业的知识库中。知识库作为企业的重要创新载体，用以完善现有知识并吸纳从网络中获取的新的知识，再通过新知识的整合利用实现创新活动。当知识流动水平提高时，企业能够从外部获取的知识体量增加，企业能够接收到更多来自外界的新知识，对提升企业创新能力非常重要。

作为知识存量重要组成部分的企业实践经验等隐性知识有利于新技术、新机会的识别，能给企业带来更丰富和更具价值的思维方式。全面、异质性的知识存量更有利于不同性质企业间的交流，有利于知识和技术的跨界创新，从而激发企业的探索性创新。而且更全面、更具异质性的知识存量会促进企业间知识的相互交流，使得知识在企业内部相互激荡，更利于非预见性知识的产生，从而更益于企业的探索性创新。开发性创新的过程主要是利用在与现有知识体系相关的领域内开展的新知识搜索行为，使企业拥有更多的知识存量，从而有利于现有知识管理能力的精练、改进与提升。新的专业技术知识的积累使得企业在现有知识挖掘、利用上更具潜力，因此较多的知识存量会更利于开发性创新的开展。

由于资源禀赋和路径依赖等问题，探索性创新和开发性创新之间存在张力关系：探索性创新和开发性创新产生的技术路线不同，因此需要的知识存在较大差异。探索性创新需要企业获取与原有领域具有较大差异性的知识，而开发性创新则需要对原有知识领域有更深入的理解从而对产品和技术进行改进。由于两种创新方式所需的知识种类不同，当企业知识储备无法满足两种创新方式共生时，就会造成探索性创新和开发性创新之间存在一定的竞争关系，换言之，充足的知识存量则能够帮助企业更好地调和探索性创新和开发性创新的对立状态，提高企业整体创新能力。知识流动水平提高，能够直接为企业带来大量知识，扩充企业的知识存量，有效缓解探索性创新和开发性创新之间的悖论关系，从而促进双元性创新协同发展，对企业实现探索性创新和开发性创新之间的动态平衡有促进作用。

5.4.2　知识分布均衡性对双元性创新的影响

知识分布均衡性是指在知识流动中包含的知识类型的多样性。从知识的可获取程度分类，包括显性知识（文本、文件等）和隐性知识（经验等）。在企业创新网络中，知识主体掌握的知识资源存在一定的差异，不同的知识源往往可以为主体提供不同类型的知识。例如，高校通过高频率的研发活动不断生产以"know-what""know-why"为主要内容的科学技术知识，企业通常通过与外部高校、科技咨询机构建立联系获得这种知识。企业通常能够通过互动活动获得"know-how""know-who"类型的知识，企业在现有的技术能力支撑下通过与外部供应商、客户和同行等组织之间的交互学习，共享技术经验和技术知识，寻求问题的解决方案，从而产生新的想法，引导企业的创新活动。Zhang 和 Li（2016）认为，各种知识都有可能为公司创造价值，通过对大企业创新网络中不同种类的知识分析发现，拥有更多异质性的知识能够推动企业产生更具创新性的决策、规划和管理活动。

Shin 等（2001）分析专利数据发现，同质性知识有利于创新网络内部知识的相互吸收，有利于提高企业间的信任程度。同质性知识在组织内外部的流动，由于技术壁垒偏低，能够充分激发企业对现有知识的深入挖掘和提炼，加剧企业对同类市场的掠夺，从而激发开发性创新活动。知识流动较为均衡时，为企业带来异质性较小的知识，有助于企业在原有技术路线上拓展知识深度，加强原有知识的利用和理解，从而促进开发性创新水平的提升。开发性创新虽然主要专注于对现有技术和产品的再开发，但是在实践过程中企业如果只能获取同质性的知识，加大了创新过程中遇到知识瓶颈的可能性，而知识之间有一定的互通性，从企业创新网络中获取一定程度的异质性知识能够帮助企业加深对原有知识领域的理解，从而更好地进行开发性创新。Wang 等（2018）认为异质性知识会给网络主体提供多样化的视角，帮助企业探索更多新方法，开拓创新思路，挑战现有认知，对探索性创新有正向作用。知识分布均衡性较弱时，异质性知识能够充分地在企业创新网络中流动，企业能够从网络中获得不同领域的知识，经过知识耦合匹配，会引导企业对新的知识领域进行探索，扩展企业的现有知识领域，从而激发企业的探索性创新。

5.4.3 知识更新速度对双元性创新的影响

知识更新速度定义为企业能够从网络中获得知识的速率，体现了知识传递的快慢程度。当网络中知识更新速度较快时，说明企业创新网络具有良好的协调性，组织之间关系密切、相互信任，能够积极而充分地进行信息交流和合作互动，企业能够快速从其他组织获取新知识，从而有能力及时利用从网络中获得的知识加速更新自身知识库。当网络中知识更新速度较慢时，说明组织之间存在巨大的协调负担，意味着网络中的组织之间存在巨大的社会距离，相互之间缺乏信任感，不利于异质性知识的传递，影响企业知识获取的效率和质量，不利于企业进行复杂的创新活动。

基于格式塔学习理论，企业所面临的问题可以通过理解特定背景下不同要素之间的关系来解决。因此，系统学习行为有助于公司快速洞察当前情况、未来可能发生的情况，以及需要采取哪些行动才能获得最佳结果。这种洞察力可以帮助公司迅速开发新的想法和商业战略，有利于企业的探索性创新活动。随着全球创新能力不断升级，企业想要保持自身产品的市场地位，就需要不断对现有技术和产品进行改进，从而增加用户体验和用户黏性，而这就需要企业能够获得更多更新的用户资讯。同时，企业创新网络中包含了企业的上下游相关企业，这些企业了解改进产品的相关技术信息，如果能够提高企业从创新网络中获取相关信息的速度，则可以第一时间了解改进的技术和方法及用户的相关需求，从而比其他的竞争者更精准地开发出用户黏性更高的迭代产品，提高现有用户的留存率，协助企业完成开发性创新活动。

实践者希望企业能够同时实现探索性创新和开发性创新共同发展的理想状态，但是由于路径依赖，企业往往无法在两种创新模式上自由切换；而且知识存量如果不足也难以支撑企业实现双元性创新的共赢局面。但如果企业创新网络具有较快的知识更新速度，企业可以迅速获取外部相关互补性的知识，先于竞争企业对外部环境做出合理判断，从而灵活地在探索性创新和开发性创新之间进行转化，有利于企业实现双元性创新的平衡。快速更新的知识也能够将源源不断的新知识输送给企业，实现企业知识存量的动态增长，企业内部积累的专用性、结构化的知识越多，越有利于破除资源禀赋对探索性创新和开发性创新活动同时开展的限制作用，对企业实施双元性创新战略的促进作用越大。

第6章 理论模型和研究设计

6.1 研究假设的提出

6.1.1 网络嵌入性对双元性创新的影响

近年来，对企业创新网络嵌入性的研究一直是国内外的研究热点之一，相关学者探讨了不同网络规模、网络密度、节点中心度和节点间关系的创新网络对网络中企业的成长、技术创新、绩效、竞争优势的影响，并取得了一定的成果，为创新网络的管理实践提供了指导。总结以往创新网络的相关研究，对于网络特征多从网络结构嵌入性和网络关系嵌入性两个维度进行描述。本章同样选取这两个维度考察企业创新网络与双元性创新之间的关系。

1. 结构嵌入性与双元性创新

当网络规模扩大后，网络中的合作主体也随之增加，对企业来说，能够获得的外部资源也增加了。企业所获得的冗余资源越多，越有利于进行开发性创新；企业获得的非冗余资源越多，越有利于进行探索性创新。因此，对于处在更大规模的网络中的节点企业来说，资源优势能够助力企业开展双元性创新。

在紧密网络中，节点企业的联结程度越高，表明其成员之间存在的联系越密切。创新网络会促使成员企业之间建立起一种互惠、信任和共享的意识，因此在紧密网络中，节点企业更愿意与其他成员进行合作，并进行知识的交流和共享，在此过程中能够获取进行探索性创新和开发性创新所必需的隐性知识，并将这些隐性知识用于后续的技术开发，进而为组织创造更高的绩效。

当组织所处的创新网络结构松散时，节点企业间少有合作，处于网络中心的企业掌握了大部分的资源和知识，与其他节点企业共享知识的意愿不高，更倾向于企业内部的探索性创新和开发性创新活动。当组织所处的企业创新网络的网络结构紧密时，节点企业之间信任程度高，合作关系强，网络整体创新水平高，随着企业创新网络中的主体数量增加，网络中的组织能够顺畅地与其他企业进行合作交流，从更多的节点中获取新的知识与资源。李国强等（2019）通过模糊集定性比较分析方法对双元性创新的前因要素构型研究发现，网络密度是渐进式创新的重要增益因素，而网络密度与网络异质性则是企业实现突破式创新的核心条件。

已有研究表明处于网络中心位置的企业更容易获取创新活动开展所需的异质性知识和资源，进而提高企业环境适应能力和企业创新绩效（Huikkola et al.，2016）。居于网络中心位置或关键节点的企业，往往对其他节点企业有很大的影响力和掌控力，这些企业在合作创新过程中处于主动地位，可以根据双元性创新需求，选择更合适的创新伙伴开展合作（Partanen et al.，2014）。在开放性创新过程中，企业通过获取互补性知识资源，吸收和整合多样化的知识要素融入现有知识体系，对现有产品和服务进行改进，有助于提高企业财务绩效；在探索性创新过程中，企业选择与掌握专有性技术知识的企业进行深度合作，创造性地重构知识要素体系，锚定新技术和产品的持续研发，助力企业可持续发展。

在竞争加剧的背景下，探索性创新和开发性创新的平衡尤为重要。双元性创新平衡对企业的资源获取能力提出了更高的要求。紧密联系的节点和网络结构意味着企业可获取资源的渠道变得更广，进而为企业带来更为多元化的创新资源，帮助企业维持双元性创新平衡。然而，当结构嵌入性持续提高时，反而会给双元性创新平衡带来负向的影响。这是因为，当网络规模达到一定程度时，维护网络合作关系产生的成本快速增加，企业需要花费精力对所嵌入的合作关系进行监督和管理。同时，由于企业需要将获取的知识用于探索性创新和开发性创新的平衡，当过多的创新资源组合在一起时，两种创新的平衡就变得困难，从而导致企业从大量外部资源中挖掘有价值的资源的边际效益递减。综上所述，提出以下假设。

H6-1a：结构嵌入性对探索性创新具有正向影响作用。

H6-1b：结构嵌入性对开发性创新具有正向影响作用。

H6-1c：结构嵌入性与双元性创新平衡呈倒 U 形关系。

2. 关系嵌入性与双元性创新

网络关系强度代表创新网络中企业的紧密程度。网络关系越强，网络成员之间的信任程度越高，则成员之间更愿意进行知识交流和共享，那些嵌入在特定情景之下难以表达的隐性知识，能够通过组织间高频率的联系与交流进行流动，有利于进行探索性创新（刘春玉和杨蕙馨，2008）。同时，在信任的网络环境中，节点企业间获取新知识和资源的成本就越低，越有利于成员之间高质量知识交换和分享，从而有利于企业进行开发性创新活动的开展。此外，网络成员之间的信任程度越高，彼此间的合作研发程度越高，越有利于提高网络整体创新水平，以此形成良性循环，帮助企业稳定地开展双元性创新（Steinmo and Rasmussen，2018）。

长期稳定的合作能够提高合作双方信息交流的质量，能够增强信息交流的丰富程度，有利于减少机会主义行为发生，从而促进企业探索性创新与开发性创新的开展。根据社会交换理论，网络关系嵌入得越深，节点成员间的信任感就越强，越能够促进不同类型的知识与资源在节点成员之间的转移与整合。若企业能够从创新网络中获取更多的知识和资源，增加自身的知识多样性，那么开展探索性创新的源动力会增强，从而提高企业的创新绩效。另外，企业也可从其他节点企业处了解到现有产品和服务的不足之处，开展开发性创新，来完善和提升现有产品，满足和扩大现有目标客户的需求，进一步提升竞争优势。

另外，对于企业双元性创新平衡而言，当关系嵌入性水平提高时，能够增加自身知识量的积累，只有拥有足够的知识储备，才能实现资源的合理分配，从而促进双元性创新平衡的形成。然而，当关系嵌入性持续提高时，维护大量的亲密合作伙伴关系需要耗费大量的精力和成本，使得关系嵌入性带来的收益小于其成本。同时，由于企业的吸收能力有限，大量的合作伙伴可能会导致企业遭受资源过载的困境，再继续增加技术、知识等创新元素，资源分配和整合会变得困难，难以实现探索性创新和开发性创新的平衡。综上所述，提出以下假设。

H6-2a：关系嵌入性对探索性创新具有正向影响作用。

H6-2b：关系嵌入性对开发性创新具有正向影响作用。

H6-2c：关系嵌入性与双元性创新平衡呈倒 U 形关系。

6.1.2 知识流动效率对双元性创新的影响

探索性创新是指企业在新的、以前未涉及的领域利用知识取得技术突破及革新；开发性创新是指企业在其原有的领域利用知识进行技术、产品和服务的改进。企业创新网络为企业提供了庞大的知识储备库，节点企业能够通过网络成员间的知识流动获取和吸收创新开展需要的知识和资源，提升企业知识体系的完备性和全面性，增加企业知识的深度和广度，能够帮助企业识别技术更新和发展的机会，使其更加有利于开展高水平的双元性创新活动。

探索性创新的主要难点在于新知识的搜索和利用，如果组织能够从创新网络中获取大量的不同类型、特点和形式的知识，提高知识流动效率，那么企业可以减少自身开展探索性创新的成本（吴航和陈劲，2016；段庆锋和潘小换，2018）。当知识流动效率提高时，企业可以从丰富的知识总量中扫描和识别到组织边界之外的新知识，突破组织现有的创新领域，敏锐捕捉到组织边界外的新技术知识和市场机会，从而推进企业探索性创新的开展。

开发性创新是指对原有核心产品进行改进，是对原有知识和相关领域的知识进行重新整合。开发性创新活动倾向于在相对熟悉的技术领域范围内进行小幅度、渐进性的组合和迭代。企业对新知识的熟悉程度影响着企业知识组合和迭代的能力，因此企业倾向于选择与其有深度合作的合作伙伴作为知识交流的对象，因为从外部获取知识以期寻找创新机会的时候，企业更加偏好寻找与自身知识领域相匹配的知识来源（Boh，2014）。这样企业可以通过与所拥有的知识体系相结合，改善自身知识分布均衡性和知识更新速度，从而更好地进行开发性创新。

Wang 等（2018）的研究表明，嵌入知识网络是企业提升创新绩效的重要途径，知识资源管理是开展企业创新活动的基础和保障。当企业嵌入外部网络时，不仅能够更加有效地搜索和识别异质性知识，还能借助于企业知识吸收和整合能力激发创造活力，有助于实现高水平的探索性创新。企业与网络中其他创新主体之间的互动促进了知识流动和知识共享，丰富和扩展企业的知识存量，有助于实现高水平的开发性创新。因此，在创新网络中，企业采取不同的知识管理策略，强化了知识流动效率，使得创新网络中的知识得到更为充分的利用和价值增值，促进了双元性创新。同时，知识流动效率还有助于企业采取针对性的知识管理策略加快提升探索性创新或开发性创新"弱项"，促使双元性创新达到平衡状态。综上所述，提出以下假设。

H6-3a：知识流动效率对探索性创新具有正向影响作用。

H6-3b：知识流动效率对开发性创新具有正向影响作用。

H6-3c：知识流动效率对双元性创新平衡具有正向影响作用。

6.1.3　网络嵌入性对知识流动效率的影响

在如今信息共享的时代，异质性、多样性知识的结合会为企业带来更广泛的创意来源，同时与外部组织的知识交流也可以促进企业提升自身的技术创新，突破原有知识限制，从而达成产品优化和升级（尹航等，2019）。企业创新网络能够为网络中的节点企业提供知识获取、知识分享和知识创新的基础条件和氛围，产生更丰富的知识交流与交换，因此企业创新网络是提升知识流动效率的一个重要途径。

1. 结构嵌入性与知识流动效率

网络结构特征是实现知识的产生、转移、积累的重要保障，结构嵌入性解释了企业在创新网络中的位置优势。处于优势位置上的企业，它们获取资源的途径更加便捷，位置优势能够为其与其他创新主体之间的知识流动提供便利。在网络结构对企业行为的影响中，学者们通常选择对企业在网络中的位置进行研究，以探求在不同位置上的企业对资源获取便利性和多样性的差异。也就是说，如果网络中节点企业在网络中处于关键位置，那么这个企业能够从优势位置中获取充足的知识资源，以及更加便利的交流渠道，从而提高企业的知识流动效率。例如，网络中的其他企业更愿意与中心度高的企业建立关系（杨毅等，2018），这些企业对网络中的知识资源的配置拥有一定的控制能力，能够与网络中的其他组织发生更加密集和深入的合作，具有充分调动不同节点的知识资源为己所用的潜能，从而促进组织间知识有效的流动，提高企业知识流动的频率和更新速度。此外，结构嵌入性水平越高，企业越容易接触到彼此之间不相连的合作伙伴，获得异质性企业分享的信息，有利于改善知识分布均衡性、提高知识流动水平，从而提升了知识流动效率。综合以上分析，提出如下假设。

H6-4：结构嵌入性对知识流动效率具有正向影响作用。

2. 关系嵌入性与知识流动效率

企业在网络中的关系嵌入性的差异会对网络中不同类型知识的流动产生差异化的影响（王核成等，2018）。当关系嵌入性水平较高时，意味着企业与创新网络中的成员联系密切，相互之间充满信任，而信任水平会影响企业间的分享意愿。在分享意愿较高时，能够加快知识流动和知识更新的速度。同时，在这种网络关系下提升知识流动水平的主要难点在于隐性知识的分享和转移。隐性知识通常是根植于企业内部的知识，具有一定的独特性。如果企业能够从网络中的其他组织获取不易被转移的隐性知识，能够为企业带来大量的异质性知识资源，帮助企业接收原本难以获取的非冗余知识，获取价值性更高的独特性知识资源，因此更利于提高企业知识体系的更新速度。企业之间基于相互信任和心理契约，很容易达成战略合作关系，促成隐性知识共享的意愿，自然会提升创新网络中的知识流动水平和知识分布的均衡性，从而提高知识流动效率。综上所述，提出如下假设。

H6-5：关系嵌入性对知识流动效率具有正向影响作用。

6.1.4　知识流动效率的中介效应

开发性创新倾向于在相对熟悉的技术领域范围内沿着既定技术轨道进行小幅度、渐进性的产品更新和迭代。探索性创新偏向于寻找与企业的核心知识体系具有异质性的知识内容，在新的技术轨道上研发新技术和新产品。基于网络结构嵌入性的相关分析，当企业的结构嵌入性强时，企业会因为与其他组织拥有的联系而更有影响力，从而在网络中获得一定的位置权力，这种权力使其更容易获得知识和信息。同时，因为广泛地与网络中成员建立联系，企业能够获得来自不同特性的组织所带来的一系列资源与信息，异质性增强，对知识流动效率产生影响。因此，拥有高水平网络嵌入性的组织能够积极与网络中其他成员进行交流，拥有较高的知识流动效率。知识流动效率较高，说明企业可以更高效地增加创新活动的知识储备，从而使得企业能够有更多的知识进行创新活动，提高自身的创新能力，因而知识流动效率提高对双元性创新有正向影响作用。高知识流动效率能够为企业提供大量的知识，企业通过对知识的整合和利用，完成对自身产品的更新或者对其他领域的探索，从而实现企业的开发性创新和探索性创新。因此，结构嵌入能够通过提升知识流动效率促进双元性创新。结构嵌入还可以帮助企业发现探索（开发）性创新的短板和不足之处，激发企业弥补探索或开发能力不足的动力，主动搜寻和获取相关知识资源，加快知识流动，以尽快补齐创新短板，推动双元性创新的平衡。综上所述，提出如下假设。

　　H6-6a：知识流动效率在结构嵌入性与探索性创新之间具有中介作用。

　　H6-6b：知识流动效率在结构嵌入性与开发性创新之间具有中介作用。

　　H6-6c：知识流动效率在结构嵌入性与双元性创新平衡之间具有中介作用。

　　关系嵌入性较强的企业能够与其他组织发生频繁的互动，企业能够在相互的交流中逐渐了解彼此，并且增进相互的信任感，从而加强组织间的分享意愿。当知识分享意愿增强时，企业能够获得更多的异质性知识，影响知识分布的均匀性，从而增强知识流动效率。同时，在寻找创新机会时，企业更加偏好寻找与自身知识领域相匹配的知识来源。企业之间的频繁互动除了使企业能够获得组织深层次的、根植于组织内部的隐性知识，还可以从频繁的联系和接触中不断筛选、调整和总结经验，提高显性知识和隐性知识的吸收速度，提高知识流动效率。随着知识流动效率的提升，企业可获得的显性知识和隐性知识增加，提高了知识获取的多样性和知识的异质性。不论是组织的开发性创新还是探索性创新，都需要大量的知识为创新提供基础，知识流动效率的提高会使组织从网络中有效获取相关的知识资源。因此，关系嵌入能够通过提升知识流动效率促进双元性创新。在双元性创新不平衡状态下，企业会有意识地选择互补性强的创新主体开展深度合作，强化合作关系，提高知识流动效率，使双元性创新从不平衡状态演进至平衡状态。综上所述，提出如下假设。

　　H6-7a：知识流动效率在关系嵌入性与探索性创新之间具有中介作用。

　　H6-7b：知识流动效率在关系嵌入性与开发性创新之间具有中介作用。

　　H6-7c：知识流动效率在关系嵌入性与双元性创新平衡之间具有中介作用。

6.1.5　高管团队承诺的调节效应

高层梯队理论认为高管团队对企业决策、技术研究方向有着关键性的影响。

但企业的决策并不完全取决于单个最核心位置企业领导者的个人意志和偏好，更不是不同分管领域的管理者自主决策结果的简单加总。管理层会以团队形式充分发挥高管人员在各自擅长领域的经验和知识优势做出集体决策。高承诺水平的高管团队通过互相补充和交互协作凝聚共识，优化自上而下的内部控制体系，达成稳定的双元性创新平衡，使企业在技术演进上保持正确方向。

在企业创新网络中，较高的高管团队承诺水平基于高管团队较高的使命感和忠诚度，会加速组织演化，支持组织学习，拓宽信息传导渠道，能够促使企业积极嵌入创新网络并向网络中心位置跃迁。高管团队成员积极利用自身的社会资本为企业争取大量的知识资源，以满足企业双元性创新的异质性资源需求。意志力凝聚的高管团队也更容易在企业内部和外部获得更高的声望和地位，通过与其他节点企业的合作，形成对自身技术和知识的补充和完善，有利于开发性创新的进行；创新网络本身以及高管团队自身所带来的资源的广泛性使得企业更容易获得新知识，促进探索性创新的进行。此外，高管团队由于有着总体性一致的战略目标，能够放下自身短期利益而以长远利益为重，打破企业技术创新路径依赖，精准识别和利用网络中的关键资源实现双元性创新的资源切换，很好地协调开发性创新和探索性创新之间的资源分配，缓和两者在资源争夺时的张力问题，促进双元性创新实施与企业战略目标的匹配。网络结构嵌入较深时，组织建立了广泛的联系，使得高管团队更容易布局和协调探索性创新与开发性创新的关系，从而提升高管团队对双元性创新平衡的掌控能力。综上所述，提出以下假设。

H6-8a：高管团队承诺在结构嵌入性与探索性创新之间具有正向调节作用。

H6-8b：高管团队承诺在结构嵌入性与开发性创新之间具有正向调节作用。

H6-8c：高管团队承诺在结构嵌入性与双元性创新平衡之间具有正向调节作用。

企业创新网络的关系嵌入性主要反映创新主体的中心位置，关系嵌入性水平越高，创新主体越容易获取优势资源。网络的关系嵌入性不同于一般的市场联结关系，它表现出更多的信任、承诺和互惠等关系特征，这些关系特征有助于促进组织间互动和信息共享。较高的高管团队承诺水平能够将这种特征的优势发挥出来，通过与外界密切的合作交流，组织的信息和资源越来越广泛，这在很大程度上也降低了组织的搜索成本和信息成本，进而降低了交易成本对创新的挤出效应，对双元性创新有利。具有较高信誉的高管团队在网络成员之间更容易形成一种互惠的行为准则和规范，促进组织之间互补性资源和能力的协同提升，从而提升组织知识创造的效率，进而推动双元性创新。此外，在关系嵌入性与双元性创新平衡之间作用的过程中，有着较高积极性的高管团队，能够更快推进组织异质性资源的聚集，更能提升探索性创新与开发性创新之间的平衡性，在关系嵌入性较高时，较高承诺水平的高管团队更有可能与其他组织建立协同创新关系，专有性技术投入程度也更高，为探索性创新和开发性创新沿着各自技术轨道实现创新目标的可能性更大，更有利于双元性创新动态平衡的实现。综上所述，提出以下假设。

H6-9a：高管团队承诺在关系嵌入性与探索性创新之间具有正向调节作用。

H6-9b：高管团队承诺在关系嵌入性与开发性创新之间具有正向调节作用。

H6-9c：高管团队承诺在关系嵌入性与双元性创新平衡之间具有正向调节作用。

6.2　理论模型的构建

企业创新网络的有机协调运行有利于促进知识在创新网络中流动、共享、创新和应用的范围，增加创新网络中的知识存量，而这对于满足双元性创新的知识需求，提高企业双元性创新的绩效具有重要的推动作用。本节遵循"网络—知识—创新"的研究思路，构建了"结构关系嵌入—知识流动效率—双元性创新"的理论模型，如图 6-1 所示，以期能够更加全面地揭示各个变量之间的关系。

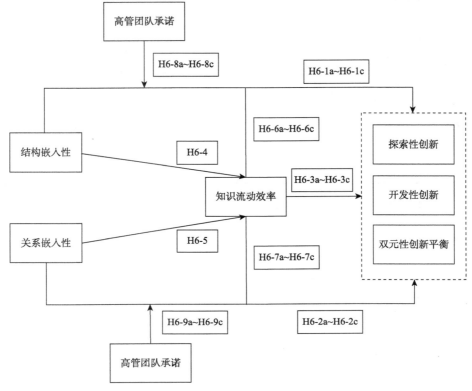

图 6-1　理论模型

6.3 变量选择与测度

6.3.1 被解释变量的选取与测度

借鉴已有研究成果，本书将双元性创新定义为企业同时追求开发性创新和探索性创新的一种创新模式。开发性创新主要是利用企业原有资源进行的与之前产品或技术相关性较大的创新活动。探索性创新主要是利用与企业原有产品或技术相关性较小的资源进行的创新活动，为企业开拓新领域或新市场提供源动力。在对企业双元性创新进行测量时，一些研究者使用专利引用情况作为测量指标，而另外一些学者开发了相关的量表对企业双元性创新水平进行测量。专利引用的方式主要考察了企业技术创新的更新和迭代，对于企业发生的其他方面的双元性创新活动解释力不够，而本书主要侧重于对企业中产品、流程、技术等多方面创新情况进行考察，因此选用已有的成熟量表来评估企业双元性创新。现有研究中比较常用的双元性创新相关量表主要有两种：一种是 He 和 Wong（2004）开发的测度量表，其中开发性创新与探索性创新各 4 个题项；另外一种是 Jansen 等（2006）开发的测度量表，其中包括开发性创新相关题项 6 个，探索性创新的相关题项 7 个。He 和 Wong（2004）所开发的量表被大量应用于我国情境，其有效性和可信性都得到了验证，更符合我国的商业环境和文化背景，因此本书采用 He 和 Wong（2004）开发的量表对双元性创新进行测量。双元性创新测量题项如表 6-1 所示。

表 6-1 双元性创新测量题项

指标	题项	量表来源
探索性创新	贵公司经常尝试对产品和服务进行探索性创新活动	He 和 Wong（2004）
	贵公司经常尝试开拓全新的细分市场或销售渠道	
	贵公司经常会寻找和挖掘新市场中的新机会	
	贵公司经常开发和引进行业内的全新技术	
开发性创新	贵公司经常会主动改进现有的产品设计和工艺流程	
	贵公司经常主动提高产品质量和服务效率以快速满足市场需求	
	贵公司经常会扩大现有产品的经济规模以提高市场占有率	
	贵公司经常利用已有的技术来增加产品和服务的功能和种类	

对于双元性创新平衡的测量，学者们提出了差式、和式、乘式等各种对探索性创新与开发性创新平衡度进行操作的定义及测量方法（He and Wong，2004；

Lubatkin et al., 2006；Cao et al., 2009）。然而，王凤彬等（2012）经过研究后认为，简单的绝对平衡观点有其局限性，应更多地强调双元性创新能力提升基础上的相对平衡，并提出了基于有机平衡观的双元性创新平衡的测量方法。该方法的计算公式为 $1-|x-y|/(x+y)$，其中，x 代表探索性创新，y 代表开发性创新，该公式可以衡量双元性创新之间的相对平衡度。对于既定的 $|x-y|$ 而言，相对于创新水平较低时计算出的平衡度值，水平较高时计算出的平衡度的值更接近于 1。

6.3.2　解释变量的选取与测度

企业创新网络是企业获得外部信息和资源的重要途径，而企业在网络中的嵌入性是指企业与网络中其他行为主体建立的关联，能够影响企业从网络中获得、整合和利用资源，从而影响企业的创新行为。学者们从不同的视角进行分析，将网络嵌入分为不同的维度。Granovetter（1985）将网络嵌入分为结构嵌入性和关系嵌入性两个维度，结构嵌入性反映了企业在网络中的位置关系，而关系嵌入性反映的是企业与网络中其他组织之间的关系强度、信赖程度等。学者们在此基础上进行了延伸，认为企业在网络中的地位也是反映企业在网络中嵌入性的一个重要因素，因此认为网络嵌入应该由三个维度组成：结构嵌入性、关系嵌入性和认知嵌入性（Steinmo and Rasmussen，2018）。

基于已有研究，本书将网络嵌入性界定为企业在网络中与网络中其他组织建立联系的广度和深度，将企业在网络中的嵌入性分为结构嵌入性和关系嵌入性（表 6-2）。

表 6-2　企业创新网络测量指标

维度	指标	题项	量表来源
结构嵌入性	网络规模	贵公司与创新网络中众多企业存在合作关系	唐青青等（2018）；潘李鹏和池仁勇（2018）
		贵公司所在的创新网络中大学和科研机构的数量很多	
		贵公司的研发经费投入得到政府、金融机构的长期支持	
	网络密度	贵公司所在创新网络中合作成员间大都存在直接联系	李国强等（2019）；宋耘和王婕（2020）
		贵公司所在创新网络中成员之间合作关系比较紧密	
	网络中心性	贵公司很重视在创新网络中的影响力和掌控力	王永贵和刘菲（2019）；李国强等（2019）
		贵公司从创新网络中获取外部资源比较容易	
		贵公司经常给网络中的其他成员提供行业知识和信息	
关系嵌入性	联系频率	贵公司比较熟悉合作伙伴的产品、技术和能力	刘学元等（2016）；Moreira 等（2018）
		贵公司经常会和合作伙伴交流不同领域的专业技能和知识	
		贵公司成员在与其他成员合作过程中显著提升了研发水平	
		企业创新网络中各主体之间建立了比较顺畅的互动交流渠道	

续表

维度	指标	题项	量表来源
关系嵌入性	关系持久性	贵公司与网络中合作伙伴保持了较为稳定的合作关系	Helmsing（2001）；张悦等（2016）
		贵公司专注于与网络中合作伙伴共同实现长期目标	
		如果重新选择，贵公司仍愿意与网络中合作伙伴进行合作	
	信任度	在合作交流中，贵公司与合作企业都能信守承诺	李永周等（2018）
		在合作交流中，贵公司与合作企业都会尽量避免做出损害对方利益的行为	
		贵公司期待与创新网络中的其他成员保持持续深入的合作	

结构嵌入性描述了企业与网络中组织之间的联系广度，主要从网络规模、网络密度和网络中心性三个维度进行分析。网络规模能够反映网络中企业的数量和结构性。部分研究通过测量企业合作对象的数量来考察网络规模（唐青青等，2018），而另外一些学者则从网络的主体异质性来考察网络规模（潘李鹏和池仁勇，2018）。本书结合以上两个方面，借鉴唐青青等（2018）、潘李鹏和池仁勇（2018）的研究，列出了网络规模度量的 3 个测量题项，见表 6-2。网络密度是结构嵌入性的另外一个关键指标，它反映了企业所在网络的紧密性，说明网络中存在更多的直接连接且网络中的企业之间联系都比较紧密。因此，在李国强等（2019）、宋耘和王婕（2020）研究的基础上进行修改，形成网络密度的 2 个测量题项，见表 6-2。网络中心性反映了企业在网络中的位置情况，是网络嵌入的一个重要测量维度。企业与网络中组织的关联程度和资源的获取情况可以反映企业网络中心性程度。对于网络中心性测量的方法多样，有些学者利用主体的入度中心性来计算企业的网络中心性（Galbusera and Giannopoulos，2018），而其他学者则偏向于用企业对网络中组织的影响力和控制能力来测量企业网络中心性（王永贵和刘菲，2019）。本书在王永贵和刘菲（2019）、李国强等（2019）研究的基础上进行了修改，得出网络中心性的 3 个测量题项，见表 6-2。

关系嵌入性描述了企业与网络中组织之间的联系深度，主要从联系频率、关系持久性和信任度进行分析。对于关系嵌入性，许多学者将研究主体之间的联系频率作为其中一项重要的指标。在对联系频率进行测量时，学者倾向于考察主体之间的互动情况。潘松挺和蔡宁（2010）在对企业创新网络中关系强度的测量研究中，采用主体之间的接触频率和持续时间作为联系频率的测量标准，而本书侧重于网络嵌入对企业创新的影响，因此主要考察互动频率对企业知识积累、技术提升等方面的影响作用，通过对刘学元等（2016）、Moreira等（2018）研究的修订，提出测量联系频率的 4 个题项，见表 6-2。与联系频率不同，关系持久性主要侧重于对关系嵌入性的稳定性程度进行测量。关系持久性对合作的影响一直受到较多学者的重视，已有研究表明，关系持久性能够扩大企业信息来源，提高合作双方信息交流的质量，有利于减少合作双方机会主义行为发生，从而长久地维系合作关系（Helmsing，2001；张悦等，2016）。根据前人研究，本书采用 3 个题项来度量关系持久性，见表 6-2。企业之间的信任度也是描述合作伙伴关系的一个重要维度，本书对信任度的测量主要借鉴李永周等（2018）的研究，设计了 3 个题项，见表 6-2。

6.3.3　中介变量的选取及测度

相关研究一般以构建数理模型的方式对知识流动效率进行测量（李文鹣等，2019；苏加福等，2020）。但是该测量方式只侧重研究了知识流动的流量，而忽略了知识流动的实际效果。现有研究中，对于知识流动效率的量表开发还比较缺乏，因此本书借鉴数理建模的测量维度，建立了以知识流动的实际流动效果为衡量指标的知识流动量表体系：①知识在企业创新网络中流动时，必然伴随着知识存量和流量的变化，只有企业精准捕捉到有价值的知识才能有效提高企业的创新能力；②由于知识散布在不同的创新主体之中，不同创新主体的知识体系必然不同，知识流动的环节越是闭塞，主体之间的知识分布就会越不均衡，相反地，知识的有效流动会打通主体之间的障碍，使得主体之间的知识分布更为均衡；③知识流动涉及多个创新主体，知识在从传播者流动到接收者的过程中，会由于智慧的碰撞和启发作用产生新的知识，因而，知识的更新速度也可以考察知识的流动效果。

综上所述，本书以知识流动水平、知识分布均衡性、知识更新速度作为基于企业创新网络的知识流动效率指标体系中的三个维度，针对每个维度提出若干个题项来表征其特性（表 6-3）。

表 6-3　知识流动效率测量指标

指标	题项	量表来源
知识流动水平	贵公司通过创新网络获得大量专利转让及专利说明信息	张宝生和张庆普（2016）；王瑞和范德成（2017）
	贵公司通过创新网络获得大量新知识和新技术文档资料	
	贵公司通过创新网络对行业的技术发展趋势有了更深入理解	
知识分布均衡性	贵公司与创新网络中其他成员之间资源互补	Zhang 和 Li（2016）；余维臻和余克艰（2018）
	贵公司经常与合作伙伴开展专业性技术交流活动	
	贵公司愿意与合作伙伴交流共享各自的技术专长	
	贵公司善于通过多种渠道从创新网络中获取所需知识	
知识更新速度	贵公司在创新网络中可以学习到很多新知识	张宝生和张庆普（2016）
	贵公司经常在与其他公司合作交流中受到启发产生新想法	
	相对于竞争对手，创新网络能够帮助贵公司更快获取知识	

对于知识流动水平的直接测量，张宝生和张庆普（2016）以知识流动水平和知识流量与存量两个维度度量知识流动效率，并从知识流动速度、流动频率和幅度设计了知识流动水平的测量题项，采用实证研究方法检验了设计指标的合理性和有效性。还有部分学者通过建模仿真的方法间接测量知识流动水平。例如，王瑞和范德成（2017）通过构建产业集群知识流动的整合研究框架，对产业集群中的知识流动水平进行模拟仿真，研究发现领先企业和跟随企业都可以从知识流动中获益，随着知识流动水平的提高，跟随企业受益更大。其研究成果聚焦于如何提升组织内部知识存量水平，并没有设计知识流动水平的测度量表，但文中关于知识流动系数的设计与仿真为测度知识流动水平提供了有益参考。综合以上，结合本书内容对题项进行适当修改后，提出了知识流动水平的 3 个测量题项，见表 6-3。知识分布均衡性主要是指网络中的知识领域的统一性，表现为网络中知识的异质性。当网络主体异质性较强时，网络中知识所属领域就更加多样化，从而知识分布均衡性较弱。同时，当网络中的参与者产出的一致性较强时，说明网络中的知识较为趋同，则网络的知识分布均衡性较强。对于知识分布均衡性的测量，Zhang 和 Li（2016）以任务绩效、满意度和发展能力为导向，从团队成员的教育背景、知识技能和专业经验来测度知识的异质性和知识分布的均衡性。余维臻和余克艰（2018）认为只有将分散在网络中的知识融入企业具体情境中才有可能形成新的知识体系，从而增加网络主体知识分布的均衡性，并从异质（同质）性知识的整合水平测度了知识分布均衡性。本书参考了 Zhang 和 Li（2016）、余维臻和余克艰（2018）的研究成果，共设计了 4 个测量题项，见表 6-3。知识更新速度的测量一般采用物理学中速度的定义，即用单位时间内所交流的知识量反映知识更新的速度，但是针对知识更新速度的测量量表却比较少。张宝生和张庆普（2016）在对知识流动效率进行测度时，选用了知识存量和知识流量来反映原知识的扩散和新知识的增量，其中知识存量的变化体现为通过知识流动带来的知识增长，知识流量的变化体现为知识扩散以及成员对知识的学习和掌握程度，知识存量和知识流量的变化反映了知识更新的速度。本书在参考张宝生和张庆普（2016）研究成果的基础上，设计了知识更新速度的 3 个测量题项，见表 6-3。

6.3.4 调节变量的选取及测度

高管团队承诺是组织承诺理论的组成部分，高管团队承诺对布局和实施企业创新战略具有重要作用。在现有研究中，组织承诺的测量量表已经比较成熟，较早开发的测度量表主要包括以下方面：其一是认同度，主要是指对组织价值观与发展战略的认同和接受程度；其二是投入度，主要是指员工愿意为组织活动付出的心血与努力；其三是忠诚度，主要是指热爱组织并愿意留在组织为实现发展目标贡献智慧和力量。但是这些方面主要反映的是成员对组织的情感依赖，对其他行为因素涉及较少。在此基础上，许多学者对量表进行了多维度的开发，其中在我国情境下应用较为广泛的是凌文辁等（2006）开发的"中国职工组织承诺量表"，分为情感承诺、规范承诺、理想承诺、机会承诺和经济承诺五个维度。

高管团队成员在双元性创新战略实施过程中发挥作用，更多的是基于高管团队成员对组织创新战略的承诺和一致性行动。高管团队成员只有将个人理想与团队意志有机融合，才能真正发挥高管团队在创新决策制定和执行过程中的核心作用。因此，本书借鉴凌文辁等（2006）开发的测度量表，采用了五维度模型中的三个体现正面积极态度的维度：情感承诺、规范承诺和理想承诺，删除了反映员工消极态度的机会承诺和经济承诺。并参考其他学者的研究成果，对情感承诺、规范承诺和理想承诺的测量题项进行了针对性修改，以准确反映高管团队承诺。情感承诺是指高管团队成员被接纳和参与高管团队活动的程度（Dong et al.，2009；王雁飞等，2018）。规范承诺是指高管团队成员对高管团队决策的态度和行为均表现为以社会规范、职业道德为准则，为完成工作尽自己应尽的责任和义务（何奎，2018）。理想承诺是指高管团队成员认为其所在的高管团队重视每一位高管成员的发展，支持成员追求理想并帮助其实现理想（孙彦玲和张丽华，2012）。高管团队承诺的三个维度可以用 9 个题项来测量。具体内容如表 6-4 所示。

表 6-4　高管团队承诺测量指标

指标	题项	量表来源
情感承诺	高管团队成员认同企业的发展目标，愿意把自己的精力奉献给所处的高管团队	Dong 等（2009）；王雁飞等（2018）
	高管团队成员对现在高管团队的感情很深，不想离开团队	
	认同自己是高管团队中的一员，并以此感到骄傲	
规范承诺	即使对我有利，仍觉得离开我所在的高管团队是不合适的	何奎（2018）
	对目前的高管团队有责任感，愿意尽自己的责任和义务	
	高管团队成员的经常性离职是不应该有的现象	
理想承诺	高管团队重视每位高管人员的发展	孙彦玲和张丽华（2012）
	高管团队提供给我一些可以实现理想的条件	
	在高管团队中，可以获得很多发挥个人专长的机会	

6.4　调查问卷设计

本书依托的"企业创新网络中知识流动效率对双元性创新的影响研究"国家

社会科学基金项目，致力于从理论上和实践上分析和探索企业创新网络如何通过创新主体之间的知识资源共享促进企业开展双元性创新活动的问题。该项目旨在将现有理论研究成果与我国技术创新管理实践相结合，探讨更加符合我国当前经济和制度环境的管理理论和方法，有助于企业在网络中更好地进行学习、创新等活动，为企业合理构建自身创新发展战略提供参考。通过前期大量的文献梳理、专家访谈等，项目组设计了针对网络嵌入性、知识流动效率和双元性创新等方面的调查问卷。调查问卷主要包括以下内容：一是问卷调查的目的及相关说明；二是企业的基本信息；三是问卷的主要内容，包括企业创新网络、知识流动效率、双元性创新（探索性创新、开发性创新）、高管团队承诺等。

6.4.1 问卷设计过程

为了测量概念模型中的变量，验证概念模型中提出的假设的正确性，学者们通常采用调查问卷的方式来获得相关数据。因此，为了确保研究质量，研究者们必须对量表质量进行严格的把关，在量表设计时需要明晰所测量变量的概念，确保测量变量所采用的题项能够明确地解释变量的含义，确保使用的量表具有良好的信度和效度。在量表设计时，为了提高量表的可信度，通常从多个维度来测量变量，每个维度也采用多个题项测量，确保使用的题项能够充分解释变量概念。为了保证修订后的量表仍然具有较好的信度和效度，本书采用了以下措施来确保量表设计的科学性和准确性。

（1）查阅文献。本书在测量变量的问卷选择上阅读了大量相关文献，在前人理论研究的基础上根据本书的特点对模型中的变量进行了界定。在量表选择上，均采用国内外使用较为频繁、较为成熟的测量量表。结合本书的研究假设和模型，在尽量保证完整性的基础上对量表题项进行筛选。

（2）走访调研。为了保证研究与现实情况的契合性，在问卷设计过程中，根据访谈提纲对16位高校学者、企业高层管理者和重大项目负责人进行了访谈。针对本书的模型、变量及其题项的筛选等问题进行座谈交流，并根据这些专家们给出的建议进行了修改。

（3）题项表述贴近我国企业实际。对于题项描述语言主要进行了以下两方面的修改。首先，尽量使用通俗易懂且不存在歧义的语言对测量题项进行描述，避免使用专业用语，以免造成被调研者对变量题项的误解。其次，因为存在英文文献量表，为了尽可能地避免"文化差异"和"语言差异"的影响，在翻译时采用双向翻译的方法。先由企业管理专业的学生将英文问卷翻译为中文，再由商务英语专业的学生将翻译的中文量表再译为英文。然后将再译的英文量表与原量表进行比较，修改语义表达存在歧义的地方。

（4）问卷题目数量控制。为了保证问卷数据收集的质量，在对问题进行排列时遵守先易后难的原则，将问卷的答题时间控制在 20 分钟以内，避免出现过长的语句，以免因问卷过长而引起被测试者答题疲倦，从而影响回收问卷的质量。

（5）修改确定量表。在初始问卷形成之后，就问卷的内容与相关学者及学术团队再次讨论，在听取全面意见之后，对问卷进行最终的完善和修改，形成正式的问卷调查表。

6.4.2 问卷的基本结构

在进行问卷设计时，为了保证问卷的有效性要注意根据问卷的目的对量表进行构思。理论依据和测量目的不同，所设计的问卷和总体结构、内容和量表题项的选择也会不同。本书的问卷设计主要是围绕企业与创新网络中其他主体之间的资源共享，企业创新网络中的知识流动，知识流动效率与双元性创新的关系而展开的，在设计问卷时要求问卷中各个量表的内容能够为检验各变量提供有效的数据。围绕本书目的和研究内容，本书的调查问卷包括以下部分的相关内容（详见附录）：第一，本次调研的背景资料，该部分的内容有助于帮助受试者了解本次调研的目的和研究的问题，从感性上对问卷产生积极认知；第二，受试者及所在企业的基础信息，以描述样本特征及剔除可能出现的无效问卷；第三，问卷主体部分的填写说明，问题分左右两部分，左边为调研项目，右边为一组数字，其含义和语义强度由表格中每行左边的调研项目、表格右上方的文字及数字的大小共同确定，回答者可根据本公司的实际符合程度打分；第四，主体问题部分，包括企业在其所处的创新网络中的嵌入性情况、企业知识流动效率、企业探索性创新和开发性创新、高管团队承诺等。正式问卷以"问题导向"思路设计，紧密围绕实证理论模型的核心要素展开，采用了简洁的结构化表现形式。

本书选用 Likert 五点量表法衡量每个题项的分值。其中，"1"表示对题项所述内容"完全不同意"，"2"表示对题项所述内容"不太同意"，"3"表示对题项所述内容持"不确定"的态度，"4"表示对题项所述内容比较"同意"，"5"表示对题项所述内容"完全同意"。

6.4.3 问卷设计的可靠性问题

为保证设计问卷的质量，在问卷设计时要考虑其合理性和科学性。吴明隆（2010）认为，问卷量表的设计要注意四个问题：理论构思与目的、格式、题项表述及问卷用词。第一，要根据研究目的对与问卷相关的量表进行筛选和修改；第二，在问卷中尽量使用简明扼要的表述，避免出现复杂的语句影响受试者对题项内容的理解，同时也应该避免具有引导性的问题；第三，在问卷中的用词要尽量做到准确、具体，避免使用含有多重含义的语句；第四，用词要贴合受试者的语言习惯，避免使用晦涩难懂的词语和过于抽象的词语。马庆国（2016）认为，调查问卷的设计要根据以下几条原则：第一，要根据研究目的进行设计；第二，要根据受试者的特征进行设计；第三，要注意问题的形式，不要设计无法得到诚实答案的问题；第四，对于无法得到诚实答案又必须了解的问题需要转换思路，转变问题的提法或者通过其他的方法获取相关的数据。

对于以上需要注意的问题，本书在量表设计的过程中都进行了处理和规避，对于问卷题项的表述和用词方面，本书在参考了国内外相关文献中提出的量表原有表述的基础上，通过互动访谈和预调研等方式，在反复征询被试者意见的基础上，基于对题项表述的明确性、客观性、易于理解性的要求，对产生歧义的表述进行了修改。在设计问卷时，为避免问卷中出现隐含某种对回答者有诱导性的假设，以及避免出现一致性动机问题（consistency motif problem），并且按照Podsakoff、Lee 等学者的建议，没有在问卷内容中说明本书的目的和逻辑，以防回答者从问卷逻辑上得到可能的因果关系的暗示。对于可能得不到诚实回答的问题，问卷中也变换了对问题的提法。

6.5 数据收集

为了检验提出的概念模型及假设，本书采用调查问卷的方式对数据进行收集。本书侧重于探讨企业创新网络中知识流动与技术创新的关系，因此主要以高新技术企业为调查对象。在进行调研时，本次调研主要采用留置调查、邮寄、E-mail、在线调查等方法发放调查问卷。本次调查的对象限定在处于创新网络中的企业，以提高反馈信息的可靠性和结果的可参考性。由于测量问卷涉及企业从创新网络中获取、吸收和应用知识的内容，要求回答者能够正确理解问题并准确反映企业的相关看法和信息。本书在调研对象的选择上也进行了斟酌，最终将受试者限定为企业高层管理人员、分管研发的管理人员或者技术部门的负责人、研发团队领导及长期从事研发工作的技术人员和工程师，他们掌握更多研发活动的信息，能够准确理解问卷内容。为了确保调查的有效性和研究结果的可靠性，本书采用了以下系统、规范的调研方法。

第一步，开发问卷调查量表。本书的问卷调查量表参考了众多国内外相关学者的研究成果，其中双元性创新借鉴了 He 和 Wong（2004）的研究成果；网络嵌入性包括结构嵌入性和关系嵌入性两个部分，结构嵌入性主要借鉴了唐青青等

（2018）、潘李鹏和池仁勇（2018）、李国强等（2019）、宋耘和王婕（2020）、王永贵和刘菲（2019）对网络规模、网络密度和网络中心性的研究内容，关系嵌入性则参考了刘学元等（2016）、Moreira 等（2018）、Helmsing（2001）、张悦等（2016）、李永周等（2018）关于联系频率、持久性和信任度三个维度的研究；知识流动效率的测量是基于张宝生和张庆普（2016）、王瑞和范德成（2017）、Zhang 和 Li（2016）、余维臻和余克艰（2018）的研究成果，分别从知识流动水平、知识分布均衡性及知识更新速度三个维度进行定义。高管团队承诺的测量主要借鉴了 Dong 等（2009）、王雁飞等（2018）、何奎（2018）、孙彦玲和张丽华（2012）的研究成果，从情感承诺、规范承诺和理想承诺三个方面进行测度。在对量表的翻译和修改中，严格遵循问卷设计要求，充分考虑学者及实践者提出的建议，尽量避免受试者产生理解歧义。在完成问卷后，为保证问卷的有效性和合理性，本书对问卷进行了预调研。

　　第二步，进行预调查。在大规模进行问卷发放之前，为了保证问卷的质量，本书决定先进行预调研活动。2020 年 7 月至 8 月，课题组先选择了西安高新区、西咸新区、西安航空产业基地等地的高新技术企业进行了预调研。在预调研的过程中，选择了企业中高层研发管理人员进行问卷发放。本次预调研均采用现场发放问卷的方式，在发放问卷之后，由课题组成员为受试者介绍本次调研的目的、研究问题及问卷中涉及的专业术语。在受试者确定对问卷没有问题之后，将问卷交由受试者作答。在填写和回收问卷的过程中，课题组成员和受试者进行了细致的交谈，主要围绕他们在填写问卷的过程中是否对有些问题不理解，是否遇到什么疑问或困难等进行作答，最后询问他们问卷的内容与本次调研主题的吻合程度以及对问卷的改进建议。通过预调研，共收回 103 份有效问卷，在后续的跟踪访谈中，课题组成员也得到积极的反馈意见。问卷的设计基本上与问卷考察目的相吻合，能够反映研究意图，并基本能被受试者理解。根据受试者提供的反馈建议，对于普遍存在一定歧义的题项进行了措辞修饰，使其更容易被理解。

　　课题组成员运用 SPSS 22.0 软件对本次回收的调查数据进行了统计分析，主要包括问卷的信度和效度检验。在信度的衡量上，主要是采用内部一致性系数，一般认为一份好的量表的 Cronbach's α 值需保证在 0.7 以上。对于问卷效度主要使用探索性因子分析（exploratory factor analysis，EFA），采用的方法是主成分分析法，为了方便观察采用最大方差法进行旋转，因子载荷截取点为 0.5。

　　由表 6-5 可知，结构嵌入性量表的 Cronbach's α 值均大于 0.7，表明量表有较好的信度。同时，所有题项的因子载荷均大于 0.5，表明量表有较好的效度。且因子成分矩阵显示主成分与问卷设计的各因子基本一致，因此暂不考虑删除题项。

表 6-5 预调研问卷结构嵌入性因子载荷和内部一致性系数

因子	测量项目	因子载荷			Cronbach's α
	编号	1	2	3	
网络规模	NS$_1$		0.709		0.761
	NS$_2$		0.827		
	NS$_3$		0.858		
网络密度	ND$_1$			0.830	0.764
	ND$_2$			0.889	
网络中心性	NC$_1$	0.850			0.774
	NC$_2$	0.791			
	NC$_3$	0.720			

从表 6-6 中可以看出，关系嵌入性量表的 Cronbach's α 值在 0.794~0.822 范围内，满足信度检验的要求。同时，各题项的因子载荷在 0.736~0.887 范围内，满足效度检验的要求，而且因子成分矩阵显示主成分与问卷设计的各因子基本一致，因此暂不考虑删除题项。

表 6-6 预调研问卷关系嵌入性因子载荷和内部一致性系数

因子	测量项目	因子载荷			Cronbach's α
	编号	1	2	3	
联系频率	CF$_1$	0.736			0.822
	CF$_2$	0.860			
	CF$_3$	0.778			
	CF$_4$	0.771			
持久性	TD$_1$		0.810		0.833
	TD$_2$		0.887		
	TD$_3$		0.780		
信任度	TS$_1$			0.806	0.794
	TS$_2$			0.837	
	TS$_3$			0.772	

由表 6-7 中可知，知识流动效率量表的 Cronbach's α 值均在 0.7 以上，表明量

表具有较好的信度。同时，针对效度检验，对于因子载荷低于 0.5 的题项予以删除。知识分布均衡性中的测量题项"贵公司经常与其他公司开展在职培训和专业技能提高活动"因子载荷为 0.410，小于 0.5，也就是说，题项 KFS_2 未达到要求，因此将此项予以删除，根据调研访谈反馈情况替换为其他题项。其他题项通过检验，暂不考虑删除。

表 6-7　预调研问卷知识流动效率因子载荷和内部一致性系数

因子	测量项目	因子载荷			Cronbach's α
	编号	1	2	3	
知识流动水平	KFL_1		0.896		0.771
	KFL_2		0.906		
	KFL_3		0.603		
知识分布均衡性	KFS_1			0.725	0.716
	KFS_2			0.410	
	KFS_3			0.800	
	KFS_4			0.797	
知识更新速度	KFB_1	0.839			0.826
	KFB_2	0.850			
	KFB_3	0.806			

从表 6-8 中可以看出，高管团队承诺量表的 Cronbach's α 值最小为 0.723，达到了信度检验的门槛值。同时各题项的因子载荷最小值为 0.510，达到了效度检验的门槛值，而且因子成分矩阵显示主成分与问卷设计的各因子基本一致，因此暂不考虑删除题项。

表 6-8　预调研问卷高管团队承诺因子载荷和内部一致性系数

因子	测量项目	因子载荷			Cronbach's α
	编号	1	2	3	
情感承诺	EC_1	0.779			0.723
	EC_2	0.698			
	EC_3	0.801			
规范承诺	SC_1			0.725	0.817
	SC_2			0.510	
	SC_3			0.800	
理想承诺	IC_1		0.729		0.883
	IC_2		0.694		
	IC_3		0.566		

从表 6-9 中可以看出，双元性创新量表的中 Cronbach's α 值为 0.736 和 0.780，均大于 0.7，因此量表具有较好的信度。同时，各题项的因子载荷均在 0.5 以上，因此量表具有较好的效度，而且因子成分矩阵显示主成分与问卷设计的各因子基本一致，因此暂不考虑删除题项。

表 6-9 预调研问卷双元性创新因子载荷和内部一致性系数

因子	测量项目	因子载荷		Cronbach's α
	编号	1	2	
探索性创新	ER_1	0.759		0.736
	ER_2	0.776		
	ER_3	0.708		
	ER_4	0.736		
开发性创新	ET_1		0.718	0.780
	ET_2		0.750	
	ET_3		0.774	
	ET_4		0.725	

第三步，正式调查。在对问卷进行最终修改和定稿后，课题组开始正式发放调研问卷。由于这次调研对样本量的要求比较大，同时由于时间、人力有限，本书主要采取了留置调查、邮寄、E-mail、在线调查等方式进行问卷调查。在事先取得沟通和联系的情况下，纸质问卷主要在西安、上海、北京、深圳和南京等城市进行发放，调查的企业对象主要集中于装备制造类企业、航空航天产品研发和生产类企业、通信科技类企业等。主要调查对象包括西安高新区和西咸新区的企业，西安航空产业基地和民用航天产业基地的企业，中国商用飞机有限责任公司及下属企业，中国石化工程建设公司及所属分公司，陕西中大机械集团及所属分公司，中兴、华为及其所属的分公司、分厂及工程研究中心等。同时，还在西北工业大学及卓越联盟部分高校的 EMBA（executive master of business administration，高级管理人员工商管理硕士）和 MBA（master of business administration，工商管理硕士）学员中发放了问卷。应研究内容所需，填写问卷的学员限定在企业的中高层管理人员，因为他们能较好地从组织层面把握整个企业的环境、内部技术创新管理及效果等情况。电子版问卷主要通过微信、E-mail 的形式向相关企业进行推送和回收。本次调研从 2021 年 4 月开始，到 2021 年 8 月结束。

通过上述方式总共发放纸质问卷 860 份，回收 316 份，其中无效问卷 34 份，最终获得有效问卷 282 份；通过微信、E-mail 等方式共收集 63 份，其中无效问卷

41 份，有效问卷 22 份；总计收集到有效问卷 304 份。为了保证回收问卷的有效性，本书确定了清晰的筛选原则，如果回收的问卷出现下列情形之一，则剔除该问卷：①出现超过 2 处答案空缺；②问卷中只出现同一选项；③答案的选择呈现出明显的规律；④"不确定"选项超过所有题项的半数。本次实证分析用到的是 304 份问卷收集的数据，达到了分析方法对样本量的要求。

第 7 章　数据分析与结果讨论

本章将利用样本数据对已提出的概念模型和假设进行统计分析和假设检验。首先，对样本数据进行描述性统计分析，以了解整体样本结构；其次，应用 SPSS 22.0 软件，通过 Cronbach's α 值对样本的信度进行检验，通过 Amos 22.0 二阶验证性因子分析对样本的效度进行检验；再次，运用模糊集定性比较分析方法进行构型分析；最后，应用 Amos 22.0 软件，通过结构方程模型对概念模型进行拟合，并对本书所提出的假设进行检验。

7.1　样本描述性统计

参与本次问卷调查的人员以企业研发部门管理人员为主，他们比较了解企业在技术创新方面的相关信息，能够为本书提供可靠的数据来源。样本描述性特征分布如表 7-1 所示。从行业性质来看，本次调查的样本中制造业企业居多，占总数的 70.07%。并且大部分企业的规模居于中等水平，处于 100~1 000 人的中等规模企业最多，处于 1 000~10 000 人的大型企业也占有较大的比例，100 人以下的小微企业最少。从调查有效反馈的企业年收入的分布情况看，1 亿~10 亿元产值的企业最多，占到有效总数的 44.74%，其次是 10 亿元及以上产值的企业，占总数的 24.01%。从企业性质来看，国有企业居多，达到总调查样本的一半以上。

表 7-1　样本描述性特征分布表

题项	统计量分类	样本数	百分比	累计百分比
企业规模	100 人以下	39	12.83%	12.83%
	100~1 000 人	104	34.21%	47.04%
	1 000~10 000 人	101	33.22%	80.26%
	10 000 人及以上	60	19.74%	100.00%

续表

题项	统计量分类	样本数	百分比	累计百分比
企业年营业收入	1 000 万元以下	28	9.21%	9.21%
	1 000 万~1 亿元	67	22.04%	31.25%
	1 亿~10 亿元	136	44.74%	75.99%
	10 亿元及以上	73	24.01%	100.00%
所在行业	制造业	213	70.07%	70.07%
	服务业	60	19.74%	89.81%
	其他	31	10.20%	100.00%
所在职位	高层管理人员	28	9.21%	9.21%
	中层管理人员	73	24.01%	33.22%
	技术部门主管	137	45.07%	78.29%
	专业技术人员	66	21.71%	100.00%
企业性质	国有企业	164	53.95%	53.95%
	民营企业	89	29.28%	83.23%
	外资企业	29	9.54%	92.77%
	其他	22	7.24%	100.00%

注：本表数据经过舍入修约，故百分比之和不为 100%

7.2　正态分布检验

　　描述性统计分析是进行复杂的统计分析的基础，它是指对收集到的数据进行整理、描述及解释的过程，包括对数据特征、样本特征及总体特征等的分析，最大值、最小值、平均值、方差及标准差等是较常用的描述性统计分析维度。另外，根据 Amos 22.0 的要求，需要用最大似然估计法进行分析，因此要求被分析变量满足正态分布或者近似正态分布，否则会在计算过程中造成卡方值的高估或者低估，从而造成检验失败。因此，为了保证结构方程模型的有效性，需要进一步对样本数据进行正态分布检验，说明变量的偏度、峰度，以避免样本数据因不满足估计程序而受影响。

　　数据的非正态分布通常可以用偏度和峰度表示。偏度反映了数据的非对称性，负值表示分布是左偏态，而正值则表示分布是右偏态。峰度反映了数据的平坦或尖峰分布情况，正值表示高瘦的形态，而负值则表示矮胖的形态。本书通过计算样本数据的偏度值和峰度值来检验样本数据的分布形态。如果样本数据的偏度和峰度较大，可能导致结构方程模型拟合结果的卡方值被高估，从而影响使用结构方程模型检验结果的效度。如果数据的偏度和峰度接近 0，则可以认为数据服从正态分布并可用于结构方程模型的检验。通常情况下，如果数据偏度的绝对值小于 2，同时峰度的绝对值小于 5，则认为数据分布基本满足正态要求。本书样本数据的描述性统计如表 7-2 所示。

表 7-2　数据的描述性统计

题项	最小值	最大值	平均数	标准差	偏度	峰度
NS_1	1	5	3.67	0.870	−0.692	0.616
NS_2	1	5	3.48	0.816	0.009	−0.318
NS_3	1	5	3.49	0.836	−0.299	−0.250
ND_1	1	5	3.59	0.811	−0.357	0.024
ND_2	1	5	3.66	0.762	−0.466	0.692
NC_1	1	5	3.62	0.844	−0.410	0.237
NC_2	1	5	3.69	0.827	−0.243	−0.089
NC_3	1	5	3.68	0.779	−0.428	0.124
CF_1	1	5	3.68	0.868	−0.543	0.101
CF_2	1	5	3.88	0.791	−0.832	1.496
CF_3	1	5	3.82	0.859	−0.736	0.828
CF_4	1	5	3.69	0.782	−0.389	0.080
TD_1	1	5	3.59	0.907	−0.677	0.420
TD_2	1	5	3.58	0.901	−0.548	0.274
TD_3	1	5	3.61	0.822	−0.341	0.331
TS_1	1	5	3.49	0.894	−0.441	−0.119
TS_2	1	5	3.66	0.770	−0.651	0.571
TS_3	1	5	3.68	0.821	−0.504	0.000
KFL_1	1	5	3.80	0.822	−0.725	0.580
KFL_2	1	5	3.34	0.887	−0.385	0.216
KFL_3	1	5	3.47	0.930	−0.531	0.061
KFS_1	1	5	3.55	0.957	−0.472	−0.069
KFS_3	1	5	3.63	0.872	−0.600	0.614

续表

题项	最小值	最大值	平均数	标准差	偏度	峰度
KFS_4	1	5	3.57	0.884	−0.504	0.222
KFB_1	1	5	3.65	0.747	−0.576	1.138
KFB_2	1	5	3.76	0.748	−0.720	1.019
KFB_3	1	5	3.90	0.776	−0.517	0.575
EC_1	1	5	3.67	0.907	−0.719	0.379
EC_2	1	5	3.94	0.773	−1.150	1.940
EC_3	1	5	3.85	0.888	−0.971	1.282
SC_1	1	5	3.72	0.791	−0.578	0.471
SC_2	1	5	3.70	0.912	−0.887	0.886
SC_3	1	5	83.65	0.769	−0.496	0.656
IC_1	1	5	3.76	0.775	−0.705	0.921
IC_2	1	5	3.88	0.769	−0.439	0.481
IC_3	1	5	3.70	0.851	−0.687	0.680
ER_1	1	5	3.53	0.904	−0.422	−0.109
ER_2	2	5	3.54	0.812	−0.267	−0.442
ER_3	1	5	3.60	0.869	−0.256	−0.012
ER_4	2	5	3.63	0.806	−0.415	−0.252
ET_1	1	5	3.30	0.867	0.053	−0.327
ET_2	1	5	3.29	0.826	−0.193	−0.190
ET_3	1	5	3.32	0.805	0.076	0.262
ET_4	1	5	3.43	0.861	−0.353	−0.186

注：NS—网络规模；ND—网络密度；NC—网络中心性；CF—联系频率；TD—持久性；TS—信任度；KFL—知识流动水平；KFS—知识分布均衡性；KFB—知识更新速度；EC—情感承诺；SC—规范承诺；IC—理想承诺；ER—探索性创新；ET—开发性创新

从表 7-2 的统计结果可以发现，除 EC_2 的偏度绝对值 1.150 < 2、CF_2 的峰度绝对值为 1.496 < 2、KFB_1 的峰度绝对值为 1.138 < 2、KFB_2 的峰度绝对值为 1.019 < 2、EC_2 的峰度绝对值 1.940 < 2、EC_3 的峰度绝对值 1.282 < 2 外，其余的偏度的绝对值均小于 1，峰度的绝对值均小于 1，因此，本书问卷获取的数据基本满足正态分布的要求，可以进行进一步的统计分析。

7.3 信度和效度检验

7.3.1 探索性因子分析

效度又称有效性，它是指调查问卷能够准确地测量出所要测量指标的程度，即题项对研究指标的衡量程度。效度越高，则测量的结果越能反映出所要测量的内容；效度越低，则测量结果与测量内容的吻合度越低。因此采用高效度的量表更能反映出需测量的变量的真实情况。常用的效度检验有内容效度分析、准则效度分析、结构效度分析。本书首先对量表进行结构效度分析。较多的研究成果已经表明，用因子分析来测量结构效度是最理想的方法。该方法主要是通过判断提取公因子分析后的维度划分是否与原量表一致来判定区分效度，采用因子载荷来判定收敛效度。因此，本书在进行效度分析时采用了因子分析法。但在分析之前，需要先考察该量表是否适合进行探索性因子分析，通常采用取样适当性指标KMO 和 Bartlett 球形检验的结果作为判定依据。当 KMO 的取值在 0.50 以上，Bartlett 球形检验的显著性 $p<0.001$ 时，我们判断数据之间具有高度相关性，适合做探索性因子分析。从表 7-3 中可以看出，KMO 为 0.885，Bartlett 球形检验显著，近似卡方值为 861.299，df 为 15，且显著性小于 0.001，表明数据满足进行探索性因子分析的条件。

表 7-3 KMO 和 Bartlett 球形检验结果

解释方差		68.798%
KMO 值		0.885
Bartlett 球形检验	近似卡方值	861.299
	df	15
	Sig.	0.000

表 7-4 为探索性因子分析结果。运用主成分分析法，根据特征根大于 1 的原则提取因子，共提取出 14 个公因子，累计方差解释比例达到 68.798%，即能够诠释68.798%的变异。各题项在所属因子上的载荷均处于较高的水平，均大于 0.5。

表 7-4　探索性因子分析结果

因子	测量项目编号	因素载荷													
		1	2	3	4	5	6	7	8	9	10	11	12	13	14
网络规模	NS$_1$						0.660								
	NS$_2$						0.800								
	NS$_3$						0.834								
网络密度	ND$_1$													0.818	
	ND$_2$													0.865	
网络中心性	NC$_1$								0.802						
	NC$_2$								0.755						
	NC$_3$								0.689						
联系频率	CF$_1$	0.722													
	CF$_2$	0.814													
	CF$_3$	0.736													
	CF$_4$	0.719													
持久性	TD$_1$			0.809											
	TD$_2$			0.839											
	TD$_3$			0.764											
信任度	TS$_1$					0.700									
	TS$_2$					0.804									
	TS$_3$					0.777									
知识流动水平	KFL$_1$												0.701		
	KFL$_2$												0.752		
	KFL$_3$												0.745		
知识分布均衡性	KFS$_1$									0.714					
	KFS$_3$									0.818					
	KFS$_4$									0.706					
知识更新速度	KFB$_1$							0.857							
	KFB$_2$							0.830							
	KFB$_3$							0.758							
情感承诺	EC$_1$											0.750			
	EC$_2$											0.820			
	EC$_3$											0.788			
规范承诺	SC$_1$													0.817	
	SC$_2$													0.756	
	SC$_3$													0.784	

续表

因子	测量项目	因素载荷													
	编号	1	2	3	4	5	6	7	8	9	10	11	12	13	14
理想承诺	IC_1										0.735				
	IC_2										0.759				
	IC_3										0.784				
探索性创新	ER_1		0.724												
	ER_2		0.662												
	ER_3		0.703												
	ER_4		0.695												
开发性创新	ET_1				0.692										
	ET_2				0.685										
	ET_3				0.681										
	ET_4				0.621										

因子 1 包含题项 NS_1~NS_3 均为描述网络中参与者的多少和规模，与理论预期"网络规模"的因子结构完全对应；因子 2 包含题项 ND_1 和 ND_2 描述了网络的紧密程度，与理论预期"网络密度"的因子结构完全对应；因子 3 包含题项 NC_1~NC_3 描述了企业在网络中的位置，与理论预期"网络中心性"的因子结构完全对应；因子 4 包含题项 CF_1~CF_4 均为描述企业与创新网络中组织相互之间的交流频率，与理论预期"联系频率"的因子结构完全对应；因子 5 包含题项 TD_1~TD_3 描述了企业与创新网络中合作伙伴的时间跨度，与理论预期"持久性"的因子结构完全对应；因子 6 包含题项 TS_1~TS_3 描述了企业与创新网络中合作伙伴之间相互信任的程度，与理论预期"信任度"的因子结构完全对应；因子 7 包含题项 KFL_1~KFL_3 均为描述企业从创新网络中获得的知识体量大小，与理论预期"知识流动水平"的因子结构完全对应；因子 8 包含题项 KFS_1、KFS_3、KFS_4 描述了企业从网络中获取的知识的丰富程度，与理论预期"知识分布均衡性"的因子结构完全对应；因子 9 包含题项 KFB_1~KFB_3 描述了企业从网络中快速获取新知识的程度，与理论预期"知识更新速度"的因子结构完全对应；因子 10 包含题项 EC_1~EC_3 均为对企业高管团队的情感承诺的相关描述，与理论预期"情感承诺"的因子结构完全对应；因子 11 包含题项 SC_1~SC_3 描述了企业高管团队的规范承诺，与理论预期"规范承诺"的因子结构完全对应；因子 12 包含题项 IC_1~IC_3 描述了企业高管团队的理想承诺的程度，与理论预期"理想承诺"的因子结构完全对应；因子 13 包含题项 ER_1~ER_4 均为对企业进行探索性创新活动的相关描述，与理论预期"探索性创新"的因子结构完全对应；因子 14 包含题项 ET_1~ET_4 均为企业进行开发性

创新活动的相关描述，与理论预期"开发性创新"的因子结构完全对应。

对于因子数目较多的模型且因子间的相关关系较强时，需要用二阶因子模型去表达一阶因子之间的关系，使得模型得以简化。在对各一阶因子进行相关系数检验后发现，部分因子之间具有较强相关关系，表明一阶因子之间存在构成二阶因子的可能性。

7.3.2　信度检验

信度又称作可靠性，它描述了测量工具的可信程度，主要反映检验结果的一致性和稳定性，也就是说，一个合理的测量工具，对同一事物反复测量，测量结果应该是一致和稳定的。能够反映被测量对象特征可靠性程度的测量工具才能称为具有良好的信度。调查问卷的评价体系是以量表的形式表现的，设计的合理性决定了测量结果的可用性和可信性。常见的信度分析方法有 Cronbach's α 系数、折半信度、重测信度和复本信度四种，目前计算 LIKERT 量表信度最常用的是 Cronbach's α 系数。通常认为，总量表的信度系数如果大于 0.8，则说明量表的信度很好；如果在 0.7~0.8，表示可以接受。分量表的信度系数如果在 0.7 以上，则说明量表的信度很好；如果在 0.6~0.7，则表示可以接受。Cronbach's α 系数如果在 0.6 以下，则调查问卷不应被采用。

本书运用 SPSS 22.0 对各变量及其各维度进行效度检验，依据 Cronbach's α 系数判定每个变量及其维度的可靠性，结果如表 7-5 所示。由表 7-5 可以看出，各指标 Cronbach's α 系数均大于 0.7，说明量表的信度很好，可以认为本书调查所用的量表的信度可以接受。

表 7-5　可靠性统计

变量名称	维度 1	维度 2	条目数	Cronbach's α	CR
网络嵌入性	结构嵌入性	网络规模	3	0.807	0.764
		网络密度	2	0.764	
		网络中心性	3	0.767	
	关系嵌入性	联系频率	4	0.821	0.759
		持久性	3	0.838	
		信任度	3	0.781	
知识流动效率		知识流动水平	3	0.861	0.766
		知识分布均衡性	3	0.849	
		知识更新速度	3	0.749	
高管团队承诺		情感承诺	3	0.724	0.798
		规范承诺	3	0.739	
		理想承诺	3	0.786	

变量名称	维度 1	维度 2	条目数	Cronbach's α	CR
双元性创新		探索性创新	4	0.776	0.802
		开发性创新	4	0.772	

7.3.3 验证性因子分析

前文通过探索性因子分析方法得出了本书的变量组成结构，但是为了检验测量因子与题项之间的关系是否符合研究设计的理论关系，还需要进行验证性因子分析，根据实际的调查研究情况，将潜在变量与潜在变量对应的题项关系固定，然后用数据来拟合验证这种关系模型是否成立，从而验证题项与潜变量之间的关系。本书主要需要检验五个变量：结构嵌入性、关系嵌入性、知识流动效率、高管团队承诺和双元性创新。由于五个变量都是由多个维度组成的，每个维度都由若干题项组成，因此采用二阶验证性分析模型对各个变量进行检验。

对于验证性因子分析，主要的检验指标是每个题项的因子载荷。一般认为，当因子载荷大于 0.5 时，认为该题项对测量此变量是有效的。另外，除了检验每个题项的因子载荷外，还需要检验二阶模型的各拟合指标是否合格。本书使用Amos 22.0 软件对模型的拟合优度进行检验，检验的主要指标包括 χ^2、残差均方根（root mean-square residual，RMR）、拟合优度指数（goodness of fit index，GFI）、调整的拟合优度指数（adjusted goodness of fit index，AGFI）、增量拟合指数（incremental fit indexes，IFI）、规范拟合指数（normed fit index，NFI）、近似误差均方根（root mean square error of approximation，RMSEA）、比较拟合指数（comparative fit index，CFI）、非正态化拟合指数（Tucker-Lewis index，TLI）等。

χ^2 是结构方程模型中最常用的拟合指标，可由拟合函数 F 直接推导出来，它是拟合函数值与样本规模减 1 的积：$\chi^2 = (n-1)F$。卡方检验正好与传统的统计检验相反，即希望得到的是不显著的卡方值（相对其自由度越小越好）。实际上，卡方检验属于"拟合劣度"（badness of fit）测量，卡方值越小说明拟合度越高（引申方差协方差矩阵与观测方差协方差矩阵差别极小）。当卡方值为零时，残差矩阵的所有元素都为零，标志着模型对数据的完美拟合。但是，卡方值与样本规模相关，故常常不能很好地判定模型的拟合优度。但根据粗略原则（rough rule of thumb）分析，若卡方值（χ^2）与自由度（df）之比小于等于 3，则可以认为模型拟合较好。

RMR 主要考察结构方程模型软件生成的再生矩阵的构成元素与初始数据之间差异的均值，也属于"拟合劣度"测量。其计算的公式为

$$RMR = \sqrt{\sum_{i=1}^{p+q} \sum_{j=1}^{j \leq i} \left(s_{ij} - \sigma_{ij}\right)^2 \Big/ \left[(p+q)(p+q+1)/2\right]}$$

其中，s_{ij} 和 σ_{ij} 分别表示样本协方差矩阵和相应的再生矩阵的构成元素。RMR 越小，说明这种差异越小，模型拟合得越好。当 RMR=0 时，模型的再生矩阵和初始矩阵完全一致，这是一种完美的拟合情况。

另外，GFI 和 AGFI 也是比较常用的结构方程模型拟合效果的检验指标。$GFI = 1 - F\left[S, \sum(\hat{\Theta})\right] \Big/ F\left[S, \sum(0)\right]$，其中，$F\left[S, \sum(\hat{\Theta})\right]$ 表示拟合函数值，$F\left[S, \sum(0)\right]$ 表示独立模型的拟合函数值，所以，GFI 可测定观测变量的方差协方差矩阵 S 在多大程度上被模型引申的方差协方差矩阵 $\sum(0)$ 所预测。可见，GFI 越接近 1 表明模型的拟合程度越高。但是由于 GFI 会随着模型中参数估计总数的增加而提高，而且受样本容量的影响，因此调整拟合优度指数形成了 AGFI，计算公式为 $AGFI = 1 - (p+q)(p+q+1)(1-GFI)/2df$。

IFI 从设定模型的拟合函数（或卡方值）与独立模型的拟合比较中取得。其中，独立模型是指假设所有变量之间没有相关关系，模型中所有的路径系数和外生变量之间协方差均固定为零（仅估计其方差）。因此，IFI 能够测量设定模型拟合程度的改进情况。例如，NFI 即通过对设定模型的卡方值与独立模型的卡方值比较来评价估计的模型，$NFI = \left(\chi_I^2 - \chi_M^2\right)/\chi_I^2$，其中，$\chi_I^2$ 表示独立模型的卡方值，χ_M^2 表示设定模型的卡方值。

近年来，RMSEA 也越来越受到重视，其表达式为 $RMSEA = \sqrt{\hat{F}_0} / df$，其中，$\hat{F}_0$ 表示总体差异函数（population discrepancy function）估计，$\hat{F}_0 = \max \left\{\hat{F} - df/(n-1), 0\right\}$，$\hat{F}$ 表示拟合函数最小值。RMSEA 指标的评价稍显复杂：RMSEA 在 0~0.05 范围内，表明假设模型拟合效果非常良好；RMSEA 在 0.05~0.08 范围内，表明假设模型拟合效果还算不错；RMSEA 在 0.08~0.10 范围内，表明假设模型拟合效果一般，尚能接受；如果 RMSEA 大于 0.10，则表明假设模型拟合效果不可接受。

评价设定的理论模型必须运用多种拟合指标来检验，而不能仅仅依赖其中一个，常用的拟合指标及其标准如表 7-6 所示。此外，模型及其拟合评价并不完全是统计问题，即使一个模型拟合了数据，并不意味其"正确"或"最优"。因此，应将结构方程模型建立在充分的理论研究的基础上，确定一个特定模型是否"合理"，这就达到了本书实证研究目标。

表 7-6　常用的拟合指标及其标准

拟合指数	绝对拟合指数				相对拟合指数		
	χ^2/df	RMR	GFI	RMSEA	CFI	TLI	NFI
标准	≤3	≤0.08	≥0.9	≤0.08	≥0.9	≥0.9	≥0.9
稳定性	否	否	否	否	是	不清楚	否
简约性	否	是	否	是	否	否	否

1. 结构嵌入性二阶验证性因子分析

图 7-1 是结构嵌入性二阶验证性因子分析模型，二阶变量为结构嵌入性，一阶潜变量包括网络规模、网络密度和网络中心性三个维度，NS_1、NS_2 和 NS_3 为一阶潜变量网络规模的观察变量，ND_1 和 ND_2 为一阶潜变量网络密度的观察变量，NC_1、NC_2 和 NC_3 为一阶潜变量网络中心性的观察变量。一阶潜变量网络规模、网络密度和网络中心性的各观察变量的载荷系数在标准化之后范围为 0.70~0.88，均大于 0.5，且在 0.01 水平上显著（$p<0.01$），且二阶潜变量结构嵌入性的三个一阶潜变量的载荷系数标准化之后为 0.67、0.78 及 0.71，均在 0.01 水平上显著（$p<0.01$），表明结构嵌入性二阶验证性因子分析模型具有良好的收敛效度。

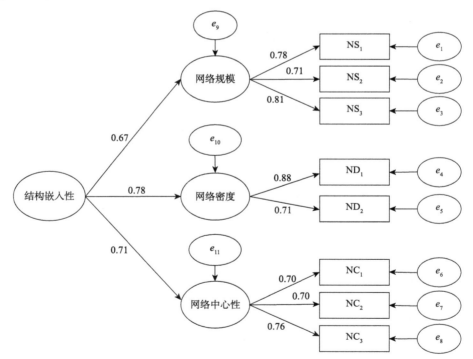

图 7-1　结构嵌入性二阶验证性因子分析模型

　　表 7-7 是结构嵌入性的测量模型拟合优度指标。结构嵌入性二阶验证性因子分析模型的拟合度指标如下：$\chi^2/\mathrm{df}=1.586$，CFI=0.987，GFI=0.978，TLI=0.979，AGFI=0.953，RMSEA=0.044，NFI=0.967，由此可见，各个拟合度指标均在合理范围内，满足 $1\leqslant\chi^2/\mathrm{df}\leqslant3$，CFI、GFI、TLI、AGFI 均大于 0.9，RMR、RMSEA 均小于 0.05，这说明本测量模型有较好的拟合度。

表 7-7　结构嵌入性的测量模型拟合优度指标

指标	指标值	解释和说明
χ^2	26.957	
df	17	$\chi^2/\mathrm{df}\leqslant3$，说明模型拟合很好
χ^2/df	1.586	
RMR	0.025	$\leqslant0.05$，说明模型拟合很好
GFI	0.978	>0.9，说明模型拟合很好
AGFI	0.953	>0.9，说明模型拟合很好
RMSEA	0.044	<0.05，说明模型拟合很好
CFI	0.987	>0.9，说明模型拟合很好
TLI	0.979	>0.9，说明模型拟合很好
NFI	0.967	>0.9，说明模型拟合很好

　　2. 关系嵌入性二阶验证性因子分析

　　图 7-2 是关系嵌入性二阶验证性因子分析模型，二阶潜变量为关系嵌入性，一阶潜变量包括联系频率、持久性和信任度三个维度，CF_1、CF_2、CF_3 和 CF_4 为一阶潜变量联系频率的观察变量，TD_1、TD_2 和 TD_3 为一阶潜变量持久性的观察变量，TS_1、TS_2 和 TS_3 为一阶潜变量信任度的观察变量。一阶潜变量联系频率、持久性和信任度的各观察变量的载荷系数在标准化之后范围为 0.67~0.84，均大于 0.5，且在 0.01 水平上显著（$p<0.01$），且二阶潜变量关系嵌入性的三个一阶潜变量的载荷系数标准化之后分别为 0.53、0.78 及 0.81，也均在 0.01 水平上显著（$p<0.01$），表明关系嵌入性二阶验证性因子分析模型具有良好的收敛效度。

　　表 7-8 是关系嵌入性的测量模型拟合优度指标。关系嵌入性二阶验证性因子分析模型的拟合度指标中 χ^2/df 在 1~3 的范围内，CFI、GFI、TLI、AGFI 均大于0.9，RMR、RMSEA 均小于 0.05，这说明本测量模型有较好的拟合度。

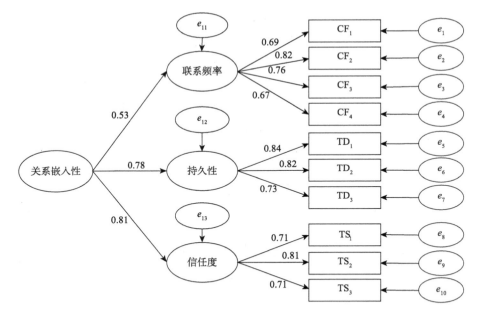

图 7-2 关系嵌入性二阶验证性因子分析模型

表 7-8 关系嵌入性的测量模型拟合优度指标

指标	指标值	解释和说明
χ^2	51.730	
df	32	$\chi^2 / \mathrm{df} \leqslant 3$，说明模型拟合很好
χ^2 / df	1.617	
RMR	0.025	≤0.05，说明模型拟合很好
GFI	0.967	>0.9，说明模型拟合很好
AGFI	0.943	>0.9，说明模型拟合很好
RMSEA	0.045	<0.05，说明模型拟合很好
CFI	0.983	>0.9，说明模型拟合很好
TLI	0.977	>0.9，说明模型拟合很好
NFI	0.958	>0.9，说明模型拟合很好

3. 知识流动效率二阶验证性因子分析

图 7-3 是知识流动效率二阶验证性因子分析模型，二阶潜变量为知识流动效率，一阶潜变量包括知识流动水平、知识分布均衡性和知识更新速度三个维度，KFL_1、KFL_2 和 KFL_3 为一阶潜变量知识流动水平的观察变量，KFS_1、KFS_2 和 KFS_3 为一阶潜变量知识分布均衡性的观察变量，TFB_1、TFB_2 和 TFB_3 为一阶潜变

量知识更新速度的观察变量。一阶潜变量知识流动水平、知识分布均衡性和知识更新速度的各观察变量的载荷系数在标准化之后范围为 0.65~0.89，均大于 0.5，且在 0.01 水平上显著（$p<0.01$），且二阶潜变量知识流动效率的三个一阶潜变量的载荷系数标准化之后为 0.76、0.64 及 0.76，均大于 0.5，且在 0.01 水平上显著（$p<0.01$），表明知识流动效率二阶验证性因子分析模型具有良好的收敛效度。

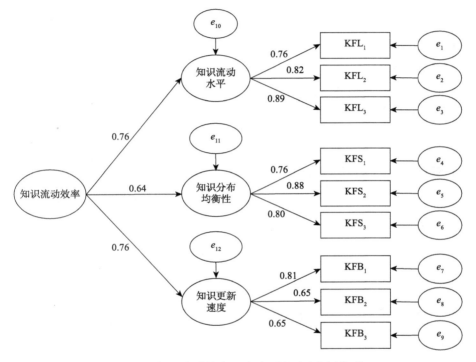

图 7-3　知识流动效率二阶验证性因子分析模型

表 7-9 是知识流动效率的测量模型拟合优度指标。χ^2/df 为 1.409，在 1~3 的范围内，CFI=0.992，GFI=0.976，TLI=0.988，AGFI=0.955，NFI=0.973，均大于 0.9，RMR=0.023，RMSEA=0.037，均小于 0.05，这说明本测量模型有较好的拟合度。

表 7-9　知识流动效率的测量模型拟合优度指标

指标	指标值	解释和说明
χ^2	33.813	$\chi^2/\mathrm{df} \leqslant 3$，说明模型拟合很好
df	24	
χ^2/df	1.409	
RMR	0.023	$\leqslant 0.05$，说明模型拟合很好
GFI	0.976	>0.9，说明模型拟合很好

续表

指标	指标值	解释和说明
AGFI	0.955	>0.9，说明模型拟合很好
RMSEA	0.037	<0.05，说明模型拟合很好
CFI	0.992	>0.9，说明模型拟合很好
TLI	0.988	>0.9，说明模型拟合很好
NFI	0.973	>0.9，说明模型拟合很好

4. 高管团队承诺二阶验证性因子分析

图 7-4 是高管团队承诺二阶验证性因子分析模型，二阶潜变量为高管团队承诺，一阶潜变量包括情感承诺、规范承诺和理想承诺三个维度，EC_1、EC_2 和 EC_3 为一阶潜变量情感承诺的观察变量，SC_1、SC_2 和 SC_3 为一阶潜变量规范承诺的观察变量，IC_1、IC_2 和 IC_3 为一阶潜变量理想承诺的观察变量。一阶潜变量情感承诺、规范承诺和理想承诺的各观察变量的载荷系数在标准化之后范围为 0.66~0.82，均大于 0.5 且在 0.01 水平上显著（$p<0.01$），二阶潜变量高管团队承诺的三个一阶潜变量的载荷系数标准化之后为 0.76、0.78 和 0.81，均大于 0.5，且在 0.01 水平上显著（$p<0.01$），由此表明高管团队承诺二阶验证性因子分析模型具有良好的收敛效度。

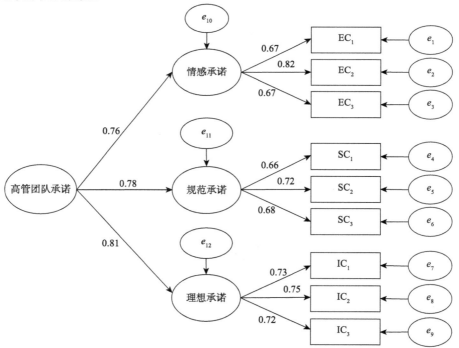

图 7-4　高管团队承诺二阶验证性因子分析模型

表 7-10 是高管团队承诺的测量模型拟合优度指标。高管团队承诺二阶验证性因子分析模型的拟合度指标中 χ^2/df 为 2.021，在 1~3 的范围内，且 CFI 为 0.958，GFI 为 0.965，TLI 为 0.937，AGFI 为 0.934，NFI 为 0.922，均大于 0.9，RMR=0.028，RMSEA=0.048，均小于 0.05，说明本测量模型有较好的拟合度。

表 7-10　高管团队承诺的测量模型拟合优度指标

指标	指标值	解释和说明
χ^2	48.493	
df	24	$\chi^2/\mathrm{df} \leqslant 3$，说明模型拟合很好
χ^2/df	2.021	
RMR	0.028	≤0.05，说明模型拟合很好
GFI	0.965	>0.9，说明模型拟合很好
AGFI	0.934	>0.9，说明模型拟合很好
RMSEA	0.048	<0.05，说明模型拟合很好
CFI	0.958	>0.9，说明模型拟合很好
TLI	0.937	>0.9，说明模型拟合很好
NFI	0.922	>0.9，说明模型拟合很好

5. 双元性创新二阶验证性因子分析

图 7-5 是双元性创新二阶验证性因子分析模型，要测量的两个潜变量分别为探索性创新和开发性创新，ER_1、ER_2、ER_3 和 ER_4 为潜变量探索性创新的观察变量，ET_1、ET_2、ET_3 和 ET_4 为潜变量开发性创新的观察变量。潜变量探索性创新的各观察变量的标准化载荷系数为 0.65、0.70、0.68、0.71，均大于 0.5 且显著性在 0.01 以下（$p<0.01$）；潜变量开发性创新的各观察变量的标准化载荷系数为 0.59、0.69、0.73、0.71，均大于 0.5 且显著性在 0.01 以下（$p<0.01$），表明双元性创新二阶验证性因子分析模型具有良好的收敛效度。

表 7-11 是双元性创新的测量模型拟合优度指标。双元性创新二阶验证性因子分析模型的拟合度指标如下：χ^2/df =1.530，CFI=0.986，GFI=0.978，TLI=0.979，AGFI=0.957，NFI=0.961，RMSEA=0.042，RMR=0.021，由此可见，各个拟合度指标均在合理范围内，满足 $1 \leqslant \chi^2/\mathrm{df} \leqslant 3$，CFI、GFI、TLI、AGFI、NFI 均大于 0.9，RMR、RMSEA 均小于 0.05，这说明本测量模型有较好的拟合度。

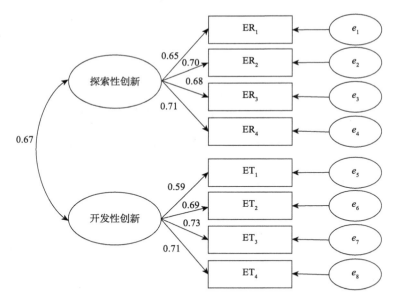

图 7-5   双元性创新二阶验证性因子分析模型

表 7-11   双元性创新的测量模型拟合优度指标

指标	指标值	解释和说明
χ^2	29.062	
df	19	$\chi^2 / df \leqslant 3$，说明模型拟合很好
χ^2 / df	1.530	
RMR	0.021	$\leqslant 0.05$，说明模型拟合很好
GFI	0.978	>0.9，说明模型拟合很好
AGFI	0.957	>0.9，说明模型拟合很好
RMSEA	0.042	<0.05，说明模型拟合很好
CFI	0.986	>0.9，说明模型拟合很好
TLI	0.979	>0.9，说明模型拟合很好
NFI	0.961	>0.9，说明模型拟合很好

综上可以看出，本书所有的度量模型显然都满足结构方程模型拟合效果评价标准的要求，具有良好的拟合结果和效度水平。

7.3.4   区分效度、收敛效度及相关性

相关分析是研究各变量之间的相关关系的一种统计方法。本书通过 SPSS 20.0

的相关分析功能对获得的数据进行相关分析，结果如表 7-12 所示，各变量间的相关性显著，但相关系数并不大。各变量的平均误差抽取量（AVE）的平方根均大于与其他变量的相关系数，证明变量之间的区分效度良好。双元性创新平衡属于形成性指标，不需要计算其收敛效度和区分效度。变量之间具有良好的相关性，可以进行进一步的模型检验。再结合前文中表 7-5 所示内容，各变量的 CR 值均大于 0.7，AVE 值均大于 0.5。因此具有良好的收敛效度。

表 7-12　区分效度及相关性

变量	结构嵌入性	关系嵌入性	知识流动效率	高管团队承诺	探索性创新	开发性创新	双元性创新平衡
结构嵌入性	0.721						
关系嵌入性	0.281***	0.721					
知识流动效率	0.300**	0.401**	0.724				
高管团队承诺	0.318***	0.675*	0.617*	0.750			
探索性创新	0.059**	0.286**	0.508**	0.333***	0.685		
开发性创新	0.211**	0.581**	0.510**	0.374***	0.432**	0.682	
双元性创新平衡	0.190**	0.168**	0.267**	0.032*	0.073	0.437**	

*表示 $p<0.05$，**表示 $p<0.01$，***表示 $p<0.001$

注：样本数 N=304，统计结果为 Pearson 相关系数；下三角给出相关系数矩阵；对角线为潜变量的 AVE 值平方根

本书以知识流动水平、知识分布均衡性、知识更新速度为自变量，以探索性创新、开发性创新、双元性创新平衡为因变量，检验了知识流动效率各维度与双元性创新之间的相关关系，检验结果如表 7-13 所示。

表 7-13　知识流动效率各维度与双元性创新之间的回归系数

路径说明	标准差	T 值	显著性水平	标准回归系数
探索性创新←知识流动水平	0.051	2.593	**	0.13
开发性创新←知识流动水平	0.059	3.969	***	0.23
双元性创新平衡←知识流动水平	0.007	1.377	0.069	0.01
探索性创新←知识分布均衡性	0.045	4.415	***	0.20
开发性创新←知识分布均衡性	0.052	4.636	***	0.24
双元性创新平衡←知识分布均衡性	0.006	3.220	**	0.06
探索性创新←知识更新速度	0.052	3.310	***	0.17
开发性创新←知识更新速度	0.060	1.317	0.088	0.08
双元性创新平衡←知识更新速度	0.007	0.281	0.079	0.02

表示 $p<0.01$，*表示 $p<0.001$

7.3.5 多重共线性分析

多重共线性指的是解释变量在回归模型中具有精确或高度相关的关系，并且导致模型失去真实性。为避免多重共线性问题，我们需要测试每个模型中前因变量的容差和方差膨胀因子（variance inflation factor，VIF），当容差大于 0 且 VIF 小于 10 时，前因变量没有明显的多重共线性。本书的多重共线性检验结果如表 7-14 所示，变量的 VIF 均小于 10，且容差均大于 0，表明变量之间不存在多重共线性问题。

表 7-14 多重共线性检验结果

变量	容差	VIF
结构嵌入性	0.886	1.129
关系嵌入性	0.519	1.930
知识流动效率	0.387	2.585
高管团队承诺	0.338	2.955

7.4 模糊集定性比较分析

7.4.1 适用性分析

传统的定量分析技术基于自变量相互独立、单向线性关系和因果对称性的前提假设来解释自变量对因变量的"净效应"（杜运周和贾良定，2017），而个别前因与结果简单对称的线性关系并不能解释系统要素间的相互依赖与共同作用。因此，美国社会学学者查尔斯·拉金开创了定性比较分析方法。该方法以集合理论和布尔代数运算为基础，并聚合定量与定性分析方法优势从系统视角为某一现象或结果的成因、前因要素的组合效应研究提供理论解释和方法支撑，目前已被运用于包含社会学、经济学及管理学等在内的多个领域。该方法具有三大基本特征：第一，研究问题抽象化，将研究问题抽象为各个因素之间的不同组合，通过求解因素的隶属关系解决实际问题；第二，承认存在多重并发原因导致社会现象的发生，强调集合隶属关系是非对称性关系，有多条路径可供选择去实现同样的结果，目的就是找出实现相同结果的所有路径；第三，升华了定性研究的优点，重点关注因素变化的实质，即改变的是本质而非数量。

从构型研究的具体方法选择来看，清晰集定性比较分析方法及模糊集定性比较分析方法是较为常用的两种。本书将模糊集定性比较分析方法作为研究方法，主要有以下原因：第一，企业创新网络中双元性创新的实现往往是多重因素相互交织产生的协同效应，需要借助组态分析厘清企业创新背后的因果逻辑并识别出因果路径。第二，清晰集定性比较分析方法运算中，根据事实情况和理论依据，前因条件和结果被编码为"0"（完全不隶属）或"1"（完全隶属），所有变量都被进行彻底的二分处理，而模糊集允许研究者使用 0 和 1 之间的任何值校准集合中的部分隶属程度，能进一步处理有关程度变化或部分隶属问题。第三，模糊集定性比较分析方法能从整体视角对本书所选变量的合理性和逻辑性进行检验，为下文假设检验提供数据支持。

为弥补单一方法对复杂现象多重并发因果关系解释的局限，本书首先应用模糊集定性比较分析方法对纳入分析的所有前因变量进行必要性和充分性条件检测，并采用真值表分析确定条件组合，探索实现双元性创新的前因构型之间的组态效应，检验本书所选变量的逻辑合理性，为后续分析提供理论基础。本书的模糊集定性分析概念模型见图 7-6。

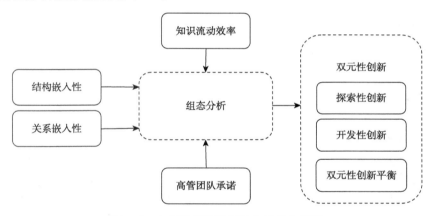

图 7-6　本书的模糊集定性分析概念模型

7.4.2　数据校准与分析

数据校准是应用模糊集定性比较分析方法的前提。通常来说，数据校准有两种方法，即二元校准和模糊校准，其中模糊校准对复杂系统的解释能力更好，因此本书采用模糊校准。使用模糊校准需要预设三个锚点：完全不隶属（minimum threshold）、半隶属（crossoverpoint）和完全隶属（maximum threshold）。由于样本存在有限性或应答偏差等问题，经常出现样本与量表刻度分布不一致的情况，需要研究者处理好样本与量表刻度的关系。为了使样本分布更好地与量表刻度分布保持一致，在设置锚点时要结合实际情况。参考 Frambach 等（2016）和

Greckhamer 等（2018）的研究，将样本的描述性统计的上四分位数、下四分位数与两者均值分别设置为完全隶属点、完全不隶属点和半隶属点。根据三个阈值的设定，对结构嵌入性、关系嵌入性、知识流动效率、高管团队承诺、探索性创新、开发性创新和双元性创新平衡进行了数据校准，即将原始量表数据转化为隶属于0-1的连续集合，校准值见表7-15。

表 7-15 数据校准值

变量类型	变量名称	完全不隶属	半隶属	完全隶属
前因变量	结构嵌入性	3.44	3.75	4.06
	关系嵌入性	3.44	3.74	4.03
	知识流动效率	3.51	3.62	3.73
	高管团队承诺	3.69	3.85	4.00
结果变量	探索性创新	2.75	3.25	3.75
	开发性创新	3.25	3.63	4.00
	双元性创新平衡	3.34	3.66	3.98

7.4.3 单个条件的必要性分析

在数据校准的基础上，需要基于子集原理识别出高新技术企业实现突破性技术创新的必要条件，因为若必要条件被包含在真值表分析中，容易被纳入"逻辑余项"被简约解消除。一致率（consistency）和覆盖率（coverage）是衡量单个变量间必要性是否存在的常用指标。一致率衡量了每个方案及方案隶属于结果集合的充分性程度，而覆盖率则衡量了每个方案和整个方案在多大程度上解释了结果。这些测量主要通过检验方案组合相对应的原始模糊数据集来计算，计算方法如下所示：

$$\text{consistency}(x \leqslant y) = \sum \min(x_i, y_i) / \sum x_i \tag{7-1}$$

$$\text{coverage}(x \leqslant y) = \sum \min(x_i, y_i) / \sum y_i \tag{7-2}$$

其中，x_i 表示个体 i 在集合 X 中的隶属程度，而 y_i 表示个体 i 在集合 Y 中的隶属程度。一致率与覆盖率的取值范围均为0~1，一致率为1时代表 X 完全隶属于 Y。在阈值设置方面，由于现实情境中的完美子集关系几乎不存在（一致率为1），因此，本章参考里豪克斯和拉金（2017）的研究将必要性的一致率门槛设置为0.9，即当一致率高于0.9时，则可认为该前因变量满足必要条件的标准。必要性检验结果见表7-16、表7-17和表7-18。

表 7-16 探索性创新的单个条件必要性分析

前因变量	探索性创新		~探索性创新	
	一致率	覆盖率	一致率	覆盖率
结构嵌入性	0.57	0.57	0.54	0.55
~结构嵌入性	0.55	0.54	0.58	0.58
关系嵌入性	0.61	0.64	0.61	0.66
~关系嵌入性	0.68	0.63	0.67	0.64
知识流动效率	0.69	0.56	0.59	0.49
~知识流动效率	0.37	0.47	0.46	0.60
高管团队承诺	0.69	0.54	0.67	0.54
~高管团队承诺	0.40	0.55	0.42	0.58

注："~"表示逻辑非

表 7-17 开发性创新的单个条件必要性分析

前因变量	开发性创新		~开发性创新	
	一致率	覆盖率	一致率	覆盖率
结构嵌入性	0.55	0.57	0.64	0.52
~结构嵌入性	0.54	0.55	0.57	0.54
关系嵌入性	0.57	0.63	0.60	0.62
~关系嵌入性	0.65	0.63	0.65	0.68
知识流动效率	0.66	0.56	0.61	0.67
~知识流动效率	0.39	0.50	0.44	0.57
高管团队承诺	0.69	0.56	0.64	0.50
~高管团队承诺	0.37	0.52	0.43	0.57

注："~"表示逻辑非

表 7-18 双元性创新平衡的单个条件必要性分析

前因变量	双元性创新平衡		~双元性创新平衡	
	一致率	覆盖率	一致率	覆盖率
结构嵌入性	0.88	0.76	0.66	0.69
~结构嵌入性	0.65	0.53	0.37	0.51
关系嵌入性	0.77	0.48	0.64	0.73
~关系嵌入性	0.45	0.63	0.50	0.47
知识流动效率	0.45	0.77	0.72	0.80
~知识流动效率	0.47	0.58	0.41	0.59
高管团队承诺	0.86	0.57	0.56	0.53
~高管团队承诺	0.52	0.43	0.39	0.34

注："~"表示逻辑非

表 7-16 表明，结构嵌入性、关系嵌入性、知识流动效率和高管团队承诺的出现或缺失对探索性创新的一致率和覆盖率均未达到 0.9 的门槛值，即各单项前因变量均未达到绝对必要条件的标准，因此有必要对这些前因变量进行构型分析，以找出影响探索性创新的多种条件组合。

从表 7-17 中可以看出，结构嵌入性、关系嵌入性、知识流动效率和高管团队承诺的出现或缺失对开发性创新的一致率最高为 0.69，覆盖率最高为 0.68，均低于 0.9 的门槛值，表明不存在影响企业开发性创新的必要条件，因此本书将对这些前因变量进行构型分析，进一步探究影响开发性创新的多种条件组合。

由表 7-18 可知，结构嵌入性、关系嵌入性、知识流动效率和高管团队承诺的出现或缺失对双元性创新平衡的一致率范围为 0.37~0.88，覆盖率范围为 0.34~0.80，均未达到 0.9 的门槛值，表明不存在影响企业双元性创新平衡的必要条件，因此有必要对这些前因变量进行构型分析，以找出实现双元性创新平衡的多条路径。

7.4.4 探索性创新的前因要素构型分析

在单项前因变量必要性结果不具备非常强解释力的基础上，采用查尔斯 C. 拉金（Charles C. Ragin）等学者开发的 fsQCA 3.0 软件进一步对所有前因变量的组合效应和双元性创新之间的复杂关系进行构型分析，主要步骤包括：首先，分别以高双元性创新和非高双元性创新为结果变量，构建真值表；其次，设置一致率门槛值和案例频数，剔除真值表中一致率和频数较低的构型。参考里豪克斯和拉金（2017）的研究将一致率门槛阈值和案例频数分别设置为 0.8 和 1，同时剔除一致率小于 0.70 的真值表行以规避同时子集关系。在此基础上得到复杂解、中间解和简约解，由于复杂解不包括逻辑余项，未经过反事实分析，因此参考里豪克斯和拉金（2017）、张明和杜运周（2019）的研究，采用中间解和简约解来进行路径解读。探索性创新前因变量构型如表 7-19 所示。

表 7-19 探索性创新前因变量构型

条件	探索性创新			~探索性创新	
	构型 1	构型 2	构型 3	构型 4	构型 5
结构嵌入性	●	●	●	⊗	⊗
关系嵌入性		●	●		⊗
知识流动效率	●		●		⊗
高管团队承诺		●	●		
一致率	0.83	0.88	0.89	0.89	0.91

条件	探索性创新			~探索性创新	
	构型 1	构型 2	构型 3	构型 4	构型 5
原始覆盖率	0.67	0.72	0.75	0.84	0.81
唯一覆盖率	0.10	0.11	0.14	0.14	0.10
总体一致率	0.85			0.87	
总体覆盖率	0.72			0.71	

注："~"表示逻辑非；"●"表示前因变量出现，为核心条件；"●"表示前因变量出现，为辅助条件；"⊗"表示前因变量不出现；空白表示前因变量可有可无

由表 7-19 可知，高探索性创新的前因条件组态总体一致率为 0.85，大于 0.8 的阈值，且总体覆盖率达到 0.72，能够很好地解释实现高探索性创新的原因。实现高探索性创新的条件组态有三种（构型 1、构型 2、构型 3）。构型 1 表示当高结构嵌入性和高知识流动效率共存，且高结构嵌入性为核心条件时，能够促进企业探索性创新。高结构嵌入性表明企业在创新网络中具有位置优势，能够较好地获取差异化资源，从而提高企业的知识流动效率，帮助企业利用充足的知识进行探索性创新。由构型 2 可以看出，企业在具有高结构嵌入性、高关系嵌入性和高高管团队承诺三项资源禀赋的情况下，能够实现探索性创新。企业创新网络为企业提供了知识获取、分享、交换和创新的基础条件和氛围，高水平承诺的高管团队成员拥有更强的创新内部动机，拥有较强内部动机的企业更容易在创新活动中掌握先机，实现探索性创新。构型 3 指出了企业实现探索性创新的另一条可行路径，即企业同时拥有高结构嵌入性、高关系嵌入性、高知识流动效率和高高管团队承诺，并且以高结构嵌入性为核心条件。在创新合作网络中，拥有高结构嵌入性和高关系嵌入性的企业占据了创新网络的主导位置，拥有较高的知识权利，是其余企业建立创新合作的首选目标，这也给企业提供了大量潜在知识碰撞机会，提高了知识流动效率。同时高高管团队承诺能够激励高管持续性地进行创新投入，进行探索性创新活动，合理利用知识资源研发新产品和服务，占领新兴市场。构型 3 的解释力度（覆盖率）最高，说明了前因构型的合理性。

从表 7-19 可以看出，导致企业非高探索性创新的条件组态总体一致率为 0.87，大于 0.8 的阈值，且总体覆盖率为 0.71，具有较好的解释力。产生非高探索性创新的条件组态有两种（构型 4 和构型 5）。构型 4 表明当结构嵌入性缺失时，会导致非高探索性创新。由构型 5 可以看出，当企业的结构嵌入性、关系嵌入性和知识流动效率同时缺失时，会阻碍探索性创新的实施。构型 4 和构型 5 都强调了企业创新网络的重要性。创新网络是企业创新活动中知识资源的重要来源，当创新网络中结构嵌入性和关系嵌入性缺失时，会抑制企业的探索性创新。

7.4.5　开发性创新的前因要素构型分析

开发性创新前因变量构型如表 7-20 所示。高开发性创新的前因条件组态总体一致率为 0.88，大于 0.8 的阈值，且总体覆盖率达到 0.65，能够很好地解释实现高开发性创新。实现高开发性创新的条件组态有三种（构型 6、构型 7、构型 8）。构型 6 表明高结构嵌入性和高关系嵌入性共存能够促进企业的开发性创新。高结构嵌入性能够增加企业获取知识资源的机会，高关系嵌入性能够稳定合作关系、提高知识资源的质量，促进企业进行开发性创新，实现对现有产品和服务的改进。构型 7 表明，当企业的高结构嵌入性、高关系嵌入性和高知识流动效率共存，且高结构嵌入性为核心条件时，企业能够很好地开展开发性创新。高水平的创新网络能够有效减少创新企业间的隔阂，提高企业间的开放程度和知识资源的共享程度。在高水平的创新网络中，不同企业具有不同的知识储备，能够有效促进知识传播，提高知识流动效率，通过知识碰撞和融合改进现有产品和服务，为企业开发性创新提供良好的基础。由构型 8 可以看出，当企业同时拥有高结构嵌入性、高关系嵌入性和高高管团队承诺三种资源禀赋时，可以顺利开展开发性创新。企业创新网络和高管团队承诺相辅相成，内外因素共同促进企业的开发性创新。

表 7-20　开发性创新前因变量构型

条件	开发性创新			~开发性创新	
	构型 6	构型 7	构型 8	构型 9	构型 10
结构嵌入性	●	●	●	⊗	⊗
关系嵌入性	●	●	●	⊗	⊗
知识流动效率		●			⊗
高管团队承诺			●		
一致率	0.93	0.89	0.93	0.80	0.92
原始覆盖率	0.68	0.78	0.72	0.82	0.74
唯一覆盖率	0.78	0.13	0.56	0.13	0.25
总体一致率	0.88			0.87	
总体覆盖率	0.65			0.67	

注："~"表示逻辑非；"●"表示前因变量出现，为核心条件；"●"表示前因变量出现，为辅助条件；"⊗"表示前因变量不出现；空白表示前因变量可有可无

由表 7-20 可以看出，导致非高开发性创新的条件组态总体一致率为 0.87，大于 0.8 的阈值，且总体覆盖率为 0.67，具有较好的解释力。产生非高探索性创新

的条件组态有两种（构型 9 和构型 10）。构型 9 表明当企业的结构嵌入性和关系嵌入性同时缺失时，会导致非高开发性创新。由构型 10 可知，企业同时缺失结构嵌入性、关系嵌入性和知识流动效率时，会阻碍企业的开发性创新。

7.4.6　双元性创新平衡的前因要素构型分析

双元性创新平衡前因变量构型如表 7-21 所示。高双元性创新平衡的前因条件组态总体一致率为 0.84，大于 0.8 的阈值，且总体覆盖率达到 0.68，能够很好地解释企业实现高双元性创新平衡。实现高双元性创新平衡的条件组态有两种（构型 11 和构型 12）。构型 11 表明，当高结构嵌入性、高关系嵌入性和高知识流动效率同时存在，且高知识流动效率为核心条件时，企业能够很好地实现探索性创新和开发性创新的平衡。结构嵌入性体现了企业与创新网络中企业的联系广度，关系嵌入性体现了企业与创新网络中企业的联系深度，创新网络中的不同主体进行合作交流的过程就是知识流动的过程，企业内部的知识流动效率越高，对合理分配资源、实现双元性创新平衡越有利。由构型 12 可知，高关系嵌入性、高知识流动效率和高高管团队承诺的前因条件组合能够帮助企业实现双元性创新平衡。高水平的高管团队承诺能够显著提高企业的声誉，扩大企业创新网络关系嵌入性的作用价值，提高企业间的开放程度和知识资源的共享程度，有效促进知识传播，提高知识流动效率，通过知识碰撞和融合改进现有产品和服务，为实现双元性创新平衡提供良好的基础。

表 7-21　双元性创新平衡前因变量构型

条件	双元性创新平衡		～双元性创新平衡	
	构型 11	构型 12	构型 13	构型 14
结构嵌入性	●		⊗	⊗
关系嵌入性	●	●	⊗	
知识流动效率	●	●		⊗
高管团队承诺		●		
一致率	0.93	0.89	0.80	0.92
原始覆盖率	0.68	0.78	0.82	0.74
唯一覆盖率	0.78	0.13	0.13	0.25
总体一致率	0.84		0.86	
总体覆盖率	0.68		0.71	

注："～"表示逻辑非；"●"表示前因变量出现，为核心条件；"●"表示前因变量出现，为辅助条件；"⊗"表示前因变量不出现；空白表示前因变量可有可无

由表 7-21 可知，导致非高双元性创新平衡的条件组态总体一致率为 0.86，大

于 0.8 的阈值，且总体覆盖率为 0.71，具有较好的解释效果。产生非高双元性创新平衡的条件组态有两种（构型 13 和构型 14）。构型 13 表明当结构嵌入性和关系嵌入性同时缺失时，会导致非高双元性创新平衡。从构型 14 可以看出，当企业同时缺少结构嵌入性和知识流动效率时，会阻碍双元性创新的平衡。

本节首先应用模糊集定性比较分析方法来探索双元性创新前因构型之间的组态效应。具体包括：第一，对变量进行数据校准，将原始量表数据转化为隶属于 0-1 的连续集合。第二，在数据校准的基础上，基于子集原理对各变量单项前因条件进行必要性检验，以评估单一变量对结果发生的解释力。必要性检验结果显示，各单项前因变量均未达到绝对必要条件的标准，因此有必要对这些条件变量进行构型分析，以找出影响双元性创新的多种条件组合。第三，对前因变量进行构型分析，探索实现双元性创新的前因构型之间的组态效应。由构型分析结果可知，本书所选变量均为双元性创新的重要影响因素，这些前因变量之间的组态效应确实能够为结果变量提供较好的解释。本章研究发现的多条路径也验证了组态视角"殊途同归"的特性。模糊集定性比较分析方法检验了本书所选变量的逻辑合理性，为后续分析提供基础。

7.5 模型拟合与假设检验

模糊集定性比较分析从组态视角厘清了企业双元性创新的因果路径，并识别出了前因变量之间的协同效应。由模糊集定性比较分析方法的分析结果可以看到，本书选取的结构嵌入性、关系嵌入性、知识流动效率和高管团队承诺均会对企业突破性技术创新发挥作用，有着较好的逻辑解释合理性。但是，不同变量的作用大小和作用差异性取决于不同因素的共同作用。为更深入地探究各变量在实现企业双元性创新的过程中所扮演的角色和发挥的实际作用，本节在模糊集定性比较分析结果的基础上，运用结构方程模型和层次回归分析法做进一步实证研究，考虑潜变量之间的关系，并估计整个模型与数据的吻合程度，论证本书的研究假设。

根据本书的模型结构，将模型检验分为四部分。首先检验结构嵌入性、关系嵌入性对双元性创新的影响作用；其次检验结构嵌入性、关系嵌入性对知识流动效率的影响作用；再次检验知识流动效率在结构嵌入性、关系嵌入性与双元性创新之间的中介作用；最后检验高管团队承诺在结构嵌入性、关系嵌入性与双元性创新之间的调节作用。在 Amos 22.0 中构建模型，并进行计算和优化拟合，得到该模型的各项拟合参数，最终得到的拟合结果和结构模型各变量之间的路径系数如图 7-7 所示。

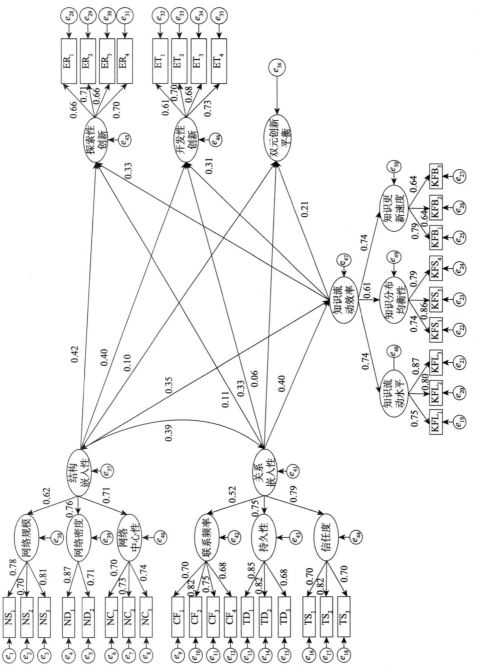

图 7-7　拟合模型的路径系数

网络嵌入性与双元性创新结构方程模型的拟合检验结果见表 7-22。由表 7-22 可知，在初始结构方程模型的各项拟合度指标中，绝对拟合检验指标中的 χ^2/df 为 1.285，小于临界值 3.00；IFI 为 0.965，大于临界值 0.90；CFI 为 0.964，大于临界值 0.90；PCFI 为 0.860，大于临界值 0.50，属于可接受范围内；PNFI 为 0.765，大于临界值 0.50。由此可见，模型的拟合指标大部分均在表现良好的范围之内，部分指标在可以接受的范围内，因此模型拟合的效果良好。

表 7-22　网络嵌入性与双元性创新结构方程模型的拟合检验结果

评价指标类别	整体拟合度评价指标	临界值	测量值
绝对拟合检验	χ^2/df	<3.00	1.285
	RMSEA	<0.08	0.031
	GFI	>0.80	0.964
相对拟合检验	IFI	>0.90	0.965
	CFI	>0.90	0.964
简约拟合检验	PCFI	>0.50	0.860
	PNFI	>0.50	0.765

注：PCFI：parsimony comparative fit index，简约比较拟合指数；PNFI：parsimony normed fit index，简约规范拟合指数

本书采用层次回归分析法来判断结构嵌入性、关系嵌入性、知识流动效率、高管团队承诺与双元性创新之间的影响关系，回归分析结果见表 7-23 和表 7-24。

表 7-23　主效应和中介效应检验

变量	知识流动效率	探索性创新			开发性创新			双元性创新平衡		
	模型 1	模型 2	模型 3	模型 4	模型 5	模型 6	模型 7	模型 8	模型 9	模型 10
结构嵌入性	0.283**	0.385*		0.307**	0.306*		0.286*	0.386**		0.381*
结构嵌入性²	−0.088	−0.064		−0.070	−0.068		−0.092	−0.122*		−0.104**
关系嵌入性	0.135**	0.209*		0.102**	0.353**		0.284**	0.312**		0.219*
关系嵌入性²	−0.105	−0.182		−0.115	−0.282		−0.194	−0.208**		−0.179*
知识流动效率			0.226***	0.204**		0.198**	0.211**		0.312***	0.300**
R^2	0.349	0.349	0.356	0.396	0.415	0.413	0.420	0.384	0.396	0.413
ΔR^2	0.338	0.338	0.344	0.378	0.403	0.405	0.406	0.368	0.378	0.405
F 值	40.307***	40.307***	48.556***	43.675***	35.019***	32.641***	35.671***	23.402***	25.314***	27.641***

***表示 $p<0.001$；**表示 $p<0.01$；*表示 $p<0.05$

注：表中为非标准化系数

表 7-24　调节效应检验

变量	探索性创新		开发性创新		双元性创新平衡	
	模型 11	模型 12	模型 13	模型 14	模型 15	模型 16
结构嵌入性	0.299**	0.304*	0.269**	0.300**	0.377**	0.319**
结构嵌入性 ^{2}	−0.067	−0.059	−0.071	−0.069	−0.143**	−0.105*
关系嵌入性	0.276***	0.225**	0.295***	0.266**	0.333*	0.399**
关系嵌入性 ^{2}	−0.170	−0.198	−0.168	−0.095	−0.168*	−0.117*
高管团队承诺	0.226*	0.210**	0.204*	0.214**	0.211**	0.226**
高管团队承诺×结构嵌入性	0.128		0.125		0.198**	
高管团队承诺×结构嵌入性 ^{2}					0.201	
高管团队承诺×关系嵌入性		0.116*		0.128**		0.309**
高管团队承诺×关系嵌入性 ^{2}						0.125*
R^2	0.377	0.384	0.381	0.394	0.339	0.367
ΔR^2	0.359	0.368	0.367	0.379	0.305	0.350
F 值	34.576***	33.682***	36.334***	37.012***	39.013***	37.668***

***表示 $p<0.001$；**表示 $p<0.01$；*表示 $p<0.05$

注：乘积项在乘积之前进行了标准化处理；表中为非标准化系数

　　模型 1 以知识流动效率为因变量，加入自变量结构嵌入性和关系嵌入性，结果显示，结构嵌入性的一次项对知识流动效率正向影响显著（$\beta=0.283$，$p<0.01$），结构嵌入性的平方项对知识流动效率的负向影响不显著，因此，结构嵌入性对知识流动效率具有正向影响作用，H6-4 通过检验。关系嵌入性的一次项对知识流动效率正向影响显著（$\beta=0.135$，$p<0.01$），关系嵌入性的平方项对知识流动效率的负向影响不显著，因此，关系嵌入性对知识流动效率具有正向影响作用，H6-5 通过检验。

　　模型 2~模型 4 以探索性创新为因变量。模型 2 中结构嵌入性的一次项对探索性创新的回归系数为 0.385，且在 0.05 的水平下显著，但结构嵌入性的平方项不显著，因此结构嵌入性对探索性创新具有正向影响，H6-1a 通过检验；关系嵌入性的一次项对探索性创新的回归系数为 0.209，且在 0.05 的水平下显著，但关系嵌入性的平方项不显著，因此关系嵌入性对探索性创新具有正向影响，H6-2a 通过检验。模型 3 中知识流动效率对探索性创新的回归系数为 0.226，且在 0.001 的水平下显著，H6-3a 通过检验。模型 4 在模型 2 的基础上加入中介变量知识流动效率，结构嵌入性的一次项对探索性创新仍为正向影响（$\beta=0.307$，$p<0.01$），结构

嵌入性的平方项不显著；关系嵌入性的一次项对探索性创新仍为正向影响（$\beta=0.102$，$p<0.01$），关系嵌入性的平方项不显著。且对比模型 2 和模型 4 中结构嵌入性一次项系数（$0.385\rightarrow0.307$）和关系嵌入性的一次项系数（$0.209\rightarrow0.102$）可知，回归系数均减小，结果表明，知识流动效率在结构嵌入性、关系嵌入性与探索性创新之间发挥中介作用，H6-6a 和 H6-7a 得到数据支持。

模型 5~模型 7 以开发性创新为因变量。模型 5 中结构嵌入性的一次项对开发性创新的正向影响显著（$\beta=0.306$，$p<0.05$），结构嵌入性的平方项不显著，因此结构嵌入性对开发性创新具有正向影响，H6-1b 通过检验；关系嵌入性的一次项对开发性创新的正向影响显著（$\beta=0.353$，$p<0.01$），关系嵌入性的平方项不显著，因此关系嵌入性对开发性创新具有正向影响，H6-2b 通过检验。模型 6 中知识流动效率对开发性创新的回归系数为 0.198，且在 0.01 的水平下显著，H6-3b 通过检验。模型 7 在模型 5 的基础上加入中介变量知识流动效率，结构嵌入性的一次项对开发性创新仍然具有正向作用（$\beta=0.286$，$p<0.05$），且结构嵌入性的平方项不显著；关系嵌入性的一次项对开发性创新仍然具有正向作用（$\beta=0.284$，$p<0.01$），且关系嵌入性的平方项不显著。对比模型 5 和模型 7，结构嵌入性的一次项系数由 0.306 变为 0.286，关系嵌入性的一次项系数由 0.353 变为 0.284，回归系数均减小，因此知识流动效率在结构嵌入性、关系嵌入性与开发性创新之间发挥中介作用，H6-6b 和 H6-7b 得到数据支持。

模型 8~模型 10 以双元性创新平衡为因变量。模型 8 中结构嵌入性的一次项对双元性创新平衡的正向影响显著（$\beta=0.386$，$p<0.01$），结构嵌入性的平方项对双元性创新平衡的负向影响显著（$\beta=-0.122$，$p<0.05$），因此结构嵌入性与双元性创新平衡呈倒 U 形关系，H6-1c 通过检验；关系嵌入性的一次项对双元性创新平衡的正向影响显著（$\beta=0.312$，$p<0.01$），关系嵌入性的平方项对双元性创新平衡的负向影响显著（$\beta=-0.208$，$p<0.01$），因此关系嵌入性与双元性创新平衡呈倒 U 形关系，H6-2c 通过检验。模型 9 中知识流动效率对双元性创新平衡的正向影响显著（$\beta=0.312$，$p<0.001$），H6-3c 通过检验。模型 10 在模型 8 的基础上加入中介变量知识流动效率，结构嵌入性的一次项对双元性创新平衡的正向影响仍然显著（$\beta=0.381$，$p<0.05$），结构嵌入性的平方项对双元性创新平衡的负向影响仍然显著（$\beta=-0.104$，$p<0.01$）；关系嵌入性的一次项对双元性创新平衡的正向影响仍然显著（$\beta=0.219$，$p<0.05$），关系嵌入性的平方项对双元性创新平衡的负向影响仍然显著（$\beta=-0.179$，$p<0.05$）。结果表明，知识流动效率在结构嵌入性、关系嵌入性和双元性创新平衡之间发挥中介作用，H6-6c 和 H6-7c 通过检验。

模型 11~模型 16 主要检验了高管团队承诺的调节作用。模型 11 中结构嵌入性对探索性创新的回归系数为 0.299，且在 0.01 的水平下显著，高管团队承诺与结构嵌入性一次交互项不显著，即高管团队承诺对结构嵌入性与探索性创新关系的调节作用未得到数据支持，H6-8a 不成立。模型 12 中关系嵌入性对探索性创新的回归系数为 0.225，且在 0.01 的水平下显著，高管团队承诺与关系嵌入性一次交互项的回归系数为 0.116，且在 0.05 的水平下显著，即高管团队承诺对关系嵌入性与探索性创新关系起到正向调节作用，H6-9a 通过检验。模型 13 中结构嵌入性对开发性创新的回归系数为 0.269，且在 0.01 的水平下显著，高管团队承诺与结构嵌入性一次交互项不显著，即高管团队承诺对结构嵌入性与开发性创新关系的调节作用未得到数据支持，H6-8b 不成立。模型 14 中关系嵌入性对开发性创新的正向影响依然显著（β=0.266，$p<0.05$），高管团队承诺与关系嵌入性一次交互项显著（β=0.128，$p<0.01$），即高管团队承诺对关系嵌入性与开发性创新关系起到正向调节作用，H6-9b 通过检验。

　　对于二次曲线调节作用的检验，主要存在以下 4 种情况：①自变量一次项、自变量平方项与调节变量的交互项系数均显著，曲线的形状和斜率同时被改变；②只有自变量与调节变量交互项的系数显著，而自变量平方项与调节变量交互项的系数不显著，则认为曲线形状没有被改变，斜率被改变；③只有自变量平方项与调节变量的交互项系数显著，而自变量与调节变量交互项的系数不显著，则认为曲线斜率没有被改变，形状被改变；④自变量一次项、自变量平方项与调节变量的交互项系数均不显著，则曲线的形状和斜率都没有被改变。模型 15 中结构嵌入性对双元性创新平衡的正向作用依然显著（β=0.377，$p<0.01$），高管团队承诺和结构嵌入性的一次项的交互项对双元性创新平衡的影响显著（β=0.198，$p<0.01$），高管团队承诺和结构嵌入性的平方项的交互项对双元性创新平衡的影响不显著，因此符合上述第②种情况，倒 U 形曲线的形状未改变，斜率改变，H6-8c 部分成立。模型 16 中关系嵌入性对双元性创新平衡的正向作用依然显著（β=0.399，$p<0.01$），高管团队承诺和关系嵌入性的一次项的交互项对双元性创新平衡的影响显著（β=0.309，$p<0.01$），高管团队承诺和关系嵌入性的平方项的交互项对双元性创新平衡的影响显著（β=0.125，$p<0.05$），因此符合上述第①种情况，倒 U 形曲线的形状和斜率均改变，H6-9c 成立。

　　为了更清晰地阐述调节变量的影响模式，本书进行了简单的斜率图分析，图 7-8 显示了高管团队承诺对结构嵌入性与双元性创新平衡的调节作用。由图 7-8 可知，高管团队承诺增强了结构嵌入性对双元性创新平衡的正向影响，但是并未缓和过度结构嵌入性对双元性创新平衡的不利影响，倒 U 形曲线的斜率得到改变，但是形状并没有明显改变，因此 H6-8c 只得到部分验证。

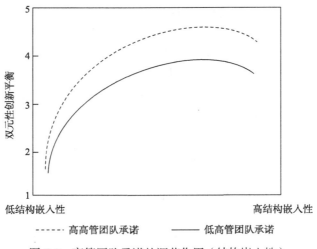

图 7-8 高管团队承诺的调节作用（结构嵌入性）

图 7-9 更为直观地展示了高管团队承诺对关系嵌入性和双元性创新平衡的调节作用。由图 7-9 可知，高管团队承诺强化了关系嵌入性对双元性创新平衡的正向作用，同时也能够缓和过度关系嵌入性给双元性创新平衡带来的负面影响，曲线的形状和斜率均被改变，H6-9c 成立。

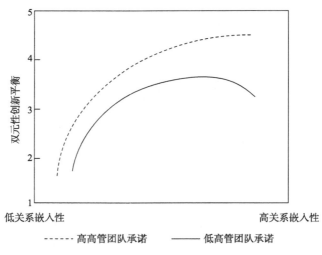

图 7-9 高管团队承诺的调节作用（关系嵌入性）

本书进一步采用 Bootstrapping 方法对直接效应和中介效应的结论进行检验，检验结果如表 7-25 所示。由表 7-25 可知，结构嵌入性对探索性创新的直接效应的 95%置信区间为[0.320，0.520]，间接效应的 95%置信区间为[0.062，0.179]；结构嵌入性对开发性创新的直接效应的 95%置信区间为[0.320，0.511]，间接效应的

95%置信区间为[0.066，0.162]；结构嵌入性对双元性创新平衡的直接效应的 95% 置信区间为[0.011，0.033]，间接效应的 95%置信区间为[0.039，0.114]。置信区间均不包含 0，且都达到了显著性水平，由此可知，知识流动效率在结构嵌入性与探索性创新、开发性创新与双元性创新平衡之间发挥着中介作用。

表 7-25　**Bootstrapping** 中介作用检验结果

路径	效应	点值估计	系数相乘的积		Bootstrapping					
					偏差校正 95%置信区间			95%置信区间		
			SE	Z	下限	上限	P	下限	上限	P
探索性创新←结构嵌入性	总效应	0.531	0.051	10.412	0.429	0.629	0.001	0.432	0.634	0.001
	直接效应	0.416	0.051	8.157	0.322	0.522	0.001	0.320	0.520	0.001
	间接效应	0.114	0.030	3.800	0.063	0.180	0.001	0.062	0.179	0.001
开发性创新←结构嵌入性	总效应	0.507	0.067	7.567	0.367	0.635	0.001	0.367	0.635	0.001
	直接效应	0.398	0.065	6.123	0.266	0.528	0.001	0.320	0.511	0.001
	间接效应	0.109	0.024	4.542	0.070	0.165	0.001	0.066	0.162	0.001
双元性创新平衡←结构嵌入性	总效应	0.111	0.032	3.513	0.069	0.151	0.002	0.061	0.147	0.002
	直接效应	0.015	0.009	1.667	0.015	0.033	0.067	0.011	0.033	0.043
	间接效应	0.076	0.026	2.923	0.040	0.115	0.008	0.039	0.114	0.014
探索性创新←关系嵌入性	总效应	0.243	0.072	3.375	0.094	0.373	0.003	0.098	0.375	0.003
	直接效应	0.113	0.073	1.548	0.033	0.253	0.133	0.032	0.253	0.030
	间接效应	0.130	0.031	4.194	0.075	0.200	0.001	0.073	0.197	0.001
开发性创新←关系嵌入性	总效应	0.458	0.058	7.897	0.351	0.584	0.001	0.347	0.579	0.001
	直接效应	0.334	0.060	5.567	0.223	0.460	0.001	0.221	0.457	0.001
	间接效应	0.123	0.032	3.844	0.071	0.198	0.001	0.067	0.191	0.001
双元性创新平衡←关系嵌入性	总效应	0.093	0.033	2.818	0.010	0.191	0.033	0.005	0.191	0.037
	直接效应	0.010	0.010	1.000	0.016	0.029	0.366	0.014	0.030	0.034
	间接效应	0.083	0.033	2.501	0.030	0.200	0.006	0.020	0.180	0.014

　　关系嵌入性对探索性创新的直接效应的 95%置信区间为[0.032，0.253]，间接效应的 95%置信区间为[0.073，0.197]；关系嵌入性对开发性创新的直接效应的

95%置信区间为[0.221，0.457]，间接效应的 95%置信区间为[0.067，0.191]；关系嵌入性对双元性创新平衡的直接效应的 95%置信区间为[0.014，0.030]，间接效应的 95%置信区间为[0.020，0.180]。置信区间均不包含 0，且都达到了显著性水平，由此可得，知识流动效率在关系嵌入性与探索性创新、开发性创新与双元性创新平衡之间发挥着中介作用。

7.6　结果分析与讨论

　　本书所提出的概念模型和研究假设经过统计数据的检验之后，得到的结论基本上和研究假设相符合。在前面的数据分析结果中，表 7-1 和表 7-2 反映的是样本整体和数据的描述性统计工作，描述了问卷调查统计分布和各个变量的基本特征，让我们能够对变量有一个全面的认识。进而对采集的数据进行了信度和效度分析，结合度量模型的分析结果，验证本书所提出的变量的有效性和一致性，为结构模型的评估奠定了基础。因为只有验证了变量的有效性和一致性，才能说明本书所提出的概念模型中的变量能够被有效测量，能够被提出的变量所解释，这样才能用这些变量进行后面的结构模型分析及假设检验。通过 Amos 和 SPSS 软件对数据进行处理，结果表明本书提出的模型本身的拟合性较好，研究假设具有合理性。假设检验结果汇总如表 7-26 所示，本书提出的 23 个假设中，除 H6-8a 和 H6-8b 不成立，H6-8c 部分成立（倒 U 形曲线的形状未改变，斜率改变）外，其他假设均得到数据支持。为了更清楚地了解本书所提出的概念模型和假设，结合实际调研情况，下面进一步对数据分析结果展开讨论。

表 7-26　假设检验结果汇总

假设	假设内容	结果
H6-1a	结构嵌入性对探索性创新具有正向影响作用	成立
H6-1b	结构嵌入性对开发性创新具有正向影响作用	成立
H6-1c	结构嵌入性与双元性创新平衡呈倒 U 形关系	成立
H6-2a	关系嵌入性对探索性创新具有正向影响作用	成立
H6-2b	关系嵌入性对开发性创新具有正向影响作用	成立
H6-2c	关系嵌入性与双元性创新平衡呈倒 U 形关系	成立
H6-3a	知识流动效率对探索性创新具有正向影响作用	成立
H6-3b	知识流动效率对开发性创新具有正向影响作用	成立
H6-3c	知识流动效率对双元性创新平衡具有正向影响作用	成立
H6-4	结构嵌入性对知识流动效率具有正向影响作用	成立
H6-5	关系嵌入性对知识流动效率具有正向影响作用	成立
H6-6a	知识流动效率在结构嵌入性与探索性创新之间具有中介作用	成立

假设	假设内容	结果
H6-6b	知识流动效率在结构嵌入性与开发性创新之间具有中介作用	成立
H6-6c	知识流动效率在结构嵌入性与双元性创新平衡之间具有中介作用	成立
H6-7a	知识流动效率在关系嵌入性与探索性创新之间具有中介作用	成立
H6-7b	知识流动效率在关系嵌入性与开发性创新之间具有中介作用	成立
H6-7c	知识流动效率在关系嵌入性与双元性创新平衡之间具有中介作用	成立
H6-8a	高管团队承诺在结构嵌入性与探索性创新之间具有正向调节作用	不成立
H6-8b	高管团队承诺在结构嵌入性与开发性创新之间具有正向调节作用	不成立
H6-8c	高管团队承诺在结构嵌入性与双元性创新平衡之间具有正向调节作用	部分成立
H6-9a	高管团队承诺在关系嵌入性与探索性创新之间具有正向调节作用	成立
H6-9b	高管团队承诺在关系嵌入性与开发性创新之间具有正向调节作用	成立
H6-9c	高管团队承诺在关系嵌入性与双元性创新平衡之间具有正向调节作用	成立

7.6.1　网络嵌入性对双元性创新的影响

本书从结构嵌入性、关系嵌入性两个方面来对企业创新网络嵌入性进行探究。结构嵌入性主要由网络规模、网络密度和网络中心度三个维度构成。对于结构嵌入性的构成维度而言，因子载荷较高的是网络密度，为 0.78，其次是中心度，为 0.71，最后是网络规模，为 0.67。也就是说，企业在网络中的密度和中心度最能够反映企业在网络中的结构嵌入性。网络密度越大，表明企业关联的组织越多，与其他组织的衔接越强，企业可以从不同的组织中获取资源。如果企业在网络中有较强的中心性，则会通过其地位优势对网络拥有更多的控制权，从而使自身在网络中嵌入得更深。对于关系嵌入性，其主要由联系频率、持久性和信任度三个维度构成。对关系嵌入性的构成维度而言，信任度的因子载荷最高，为0.81，其次是持久性和联系频率，分别为 0.78 和 0.53。企业在网络中与合作伙伴相互信任，有利于加强企业在网络中的关系嵌入性。通过多次合作，企业间建立深厚的信任关系，从而更深入地进行资源共享，尤其是对知识资源来说，高信任度能够促进企业获得隐性知识，从而促进自身的创新活动。

从表 7-23 可以看出结构嵌入性、关系嵌入性对探索性创新和开发性创新均有显著的正向影响作用。结构嵌入性对探索性创新的回归系数为 0.385，关系嵌入性对探索性创新的回归系数是 0.209，结构嵌入性的回归系数大于关系嵌入性的回归系数值，说明加强网络结构嵌入对企业开展探索性创新活动更加有利。这是因为探索性创新更需要与企业原有知识相异的新知识来扩充自身的知识库，虽然关系嵌入可以通过与强链接企业进行知识交换获取新知识，但由于强链接企业之间的领域相似性较强，较难获取更多的异质性知识，而结构嵌入性强的企业能够从更多的弱链接企业中获取异质性强的知识，因此结构嵌入性更有利于企业的探索性创新。结构嵌入性对开发性创新的回归系数为 0.306，关系嵌入性对开发性创新的回归系数为 0.353，虽然关系嵌入性的回归系数值更高，但是高出的范围不大，影响效果基本差异较小。这说明结构嵌入性和关系嵌入性对企业的开发性创新均有较好的促进作用。这可能是因为结构或关系的嵌入均能为企业带来知识，从而促进企业在原有产品、工艺、流程上进行创新。

结构嵌入性、关系嵌入性与双元性创新平衡呈倒 U 形关系。在一定范围内，结构嵌入性对于企业处理好探索性创新和开发性创新的关系，同时开展两种创新活动获取更多外部资源具有促进作用。但是当结构嵌入性和关系嵌入性水平持续提高时，可能会产生资源过载，不利于企业进行双元性创新。本书的研究结果表明企业同时开展探索性创新和开发性创新活动受合作关系的影响作用是不同的，主要原因可能是创新主体之间的合作关系虽然能帮助企业从网络中获取所需的资源，但是合作关系需要科学合理的治理机制来维护，而且合作关系的不稳定性容易造成机会主义的存在，导致企业从创新网络中同时获取探索性创新和开发性创新所需的资源具有很大的不确定性，甚至对联合开展两种创新活动带来不利影响，企业需要合理地评估自身的创新网络嵌入性，根据实际情况开展双元性创新。

7.6.2　知识流动效率对双元性创新的影响

本书主要从知识流动水平、知识分布均衡性和知识更新速度三个维度对知识流动效率进行度量。由图 7-7 中最终拟合模型的路径系数可知，知识流动效率的三个维度中，知识流动水平和知识更新速度的因子载荷为 0.74，知识分布均衡性的因子载荷为 0.61。也就是说，三个维度中最能反映企业知识流动效率的是知识流动水平和知识更新速度。当知识流动水平较高时，企业能更迅速调整自身知识结构体系，使得自身的知识结构与创新活动相适配。当网络中知识的更新速度较快时，知识的碰撞和启发会产生新的知识，因而对双元性创新产生更突出的作用。

从表 7-23 可以看出，知识流动效率对探索性创新、开发性创新和双元性创新平衡影响的显著性水平满足要求，知识流动效率对双元性创新及其平衡均具有显著的正向影响作用。从知识流动效率对双元性创新的影响回归系数来看，数值差距较小，说明企业创新网络中知识流动与共享对企业的双元性创新具有重要的促进作用。在企业创新网络组建过程中，遴选知识资源的互补性较强的创新主体加入创新网络，对企业获取外部知识以促进双元性创新具有重要作用。由于知识流动水平受知识拥有者的分享意愿、知识接收者的吸收能力及其他因素的多重影响，要使知识流动能更好地满足探索性创新和开发性创新的知识需求，企业需要考虑在企业的发展战略、发展目标及创新资源配置的影响下，如何平衡和协调推进双元性创新。大范围的知识流动能够为企业创新活动提供大量的灵感来源，因此网络中的异质性知识对企业创新活动十分重要，知识流动效率反映了企业对新颖性知识和异质性知识资源的吸收能力，而探索性创新和开发性创新对新颖性和异质性知识的需求不同，因此，知识流动效率对两种创新方式的影响程度存在一定差异。

7.6.3　网络嵌入性对知识流动效率的影响

企业创新网络对知识流动效率均具有显著的正向影响作用，说明企业创新网络的结构嵌入性、关系嵌入性对知识流动效率具有重要的促进作用。结构嵌入性解释了企业在创新网络中的位置优势。结构嵌入使节点企业更容易接触到彼此之间不相连的合作伙伴，企业获得异质性知识的渠道增加，获取网络中的知识资源也更为便捷，有利于解决知识流动过程中的知识分布不均衡的问题，并提高知识流动的水平，加速企业知识更新，增加企业知识存量，形成更为完善的知识结构体系。这也是当前企业倾向于组建和加入企业创新网络的重要原因之一，如华为、中兴等大型高科技集团通过构建企业创新网络，吸纳一批专精特新的中小型科技企业加入研发项目，通过高效率的知识流动与共享，大大提高了研发效率。同时企业创新网络中的中小型科技企业通过加入创新网络快速更新自己的技术知识存量，不断构建起兼具高度专业化和差异化的知识结构和体系，从而实现多方共赢。关系嵌入性反映了创新主体之间信任程度、联系频率、行为协调等。企业与网络中其他创新主体之间相互信任、情感亲密、互动频率较高，从而提高创新主体之间知识的流动速度和效率，这使得知识在企业间转移、共享、创新和应用变得更加容易，企业能够源源不断地从外部网络中获得新知识和创新机会，对市场竞争和需求变化也保持着很强的敏锐性，企业依赖其高效的学习能力和知识创造体系，保证了知识价值在企业创新网络中高效率地实现。

7.6.4　知识流动效率的中介作用

综合表 7-23、表 7-25 和图 7-7 的分析结果可以看出，自变量对中介变量的影响均有显著的正向作用，可以进行之后的中介作用检验。通过 Bootstrapping 进行中介检验可知，知识流动效率是企业创新网络与企业双元性创新之间的重要中介变量。

知识流动效率在结构嵌入性与探索性创新、开发性创新、双元性创新平衡之间起部分中介作用，即结构嵌入性对探索性创新、开发性创新、双元性创新平衡既有直接作用还能通过知识流动效率起间接作用，说明创新网络嵌入对企业从创新网络中获取外部资源，单独或联合进行探索性创新和开发性创新都具有较大影响。如果企业要处理好探索性创新和开发性创新之间的平衡关系，仅仅嵌入企业创新网络中是不够的，还需要通过不断提升知识流动效率，获取更多的异质性知识资源，才能平衡好探索性创新和开发性创新的关系。探索性创新和开发性创新对外部异质性知识资源的需求强烈，同样平衡好探索性创新和开发性创新的关系也需要更多地获取外部知识，以满足探索性创新和开发性创新对知识的需求。

构建企业创新网络的初衷就在于通过资源共享和优势互补实现企业技术创新目标。其中，知识是核心要素和最关键资源，知识在创新网络中高效率地流动、共享和应用对实现技术创新目标起着至关重要的作用。企业创新网络通过汇聚不同创新主体的异质性知识，增加网络中的知识存量，提升知识流动效率，可以为创新主体寻找与自身知识领域相匹配的知识源提供更多机会和条件，从而促进企业的探索性创新及开发性创新。

7.6.5 高管团队承诺的调节效应

由表 7-24、图 7-8、图 7-9 的检验结果可知，高管团队承诺是企业创新网络与企业双元性创新之间的重要调节变量。高管团队承诺在关系嵌入性与探索性创新、开发性创新、双元性创新平衡之间起正向调节作用，即高管团队承诺的水平越高，关系嵌入性对探索性创新、开发性创新、双元性创新平衡的影响作用越强。高管团队承诺水平越高，团队工作效率越高，认同感和自信心越强，这也在行业内提升了企业的声誉，强化了企业与创新网络中其他组织的联系程度，从而提高企业获取资源的效率，促进资源交流和共享，强化创新网络对双元性创新的正向促进作用。然而，高管团队承诺在结构嵌入性和探索性创新、开发性创新关系间的调节作用不成立，高管团队承诺在结构嵌入性和双元性创新平衡关系间的调节作用部分成立（倒 U 形曲线的形状未改变，斜率改变）。本书认为原因可能在于，高管团队承诺对企业的投入和声誉有着较大的影响，对创新网络中的企业之间开展合作起着重要作用，而结构嵌入性描述了企业与网络中组织之间的联系广度，因此高管团队承诺的调节作用并未体现。这也启示企业在开展双元性创新活动的过程中，要根据企业创新网络嵌入性的实际情况，合理分配创新资源以高效利用创新网络的功能，促进企业的创新活动。

高管团队承诺影响着企业的凝聚力，高水平的高管团队承诺能够提高组织认同感和组织活动参与感，而构建创新网络的目的在于通过资源交流和共享来促进企业创新。因此在创新网络影响双元性创新的过程中，高管团队承诺能够很好地提高资源共享效率和责任感知，使得创新网络更好地发挥正向作用。

第8章 企业创新网络与双元性创新的关系：多案例比较研究

8.1 案例研究设计

8.1.1 案例研究方法概述

案例研究方法与研究问题属性存在本质上的关联性，能够对研究问题的现实情境进行更为丰富的描述和理解。随着扎根理论、定性比较分析方法等的相互渗透，案例研究方法对现实问题的理论解释力更强，对变量之间逻辑关系的组态效应或因果性的考察更为严谨。多案例比较分析相较于单案例研究而言，其优势在于既可以实现单案例纵向研究需求，又可以实现多个案例对比发现共性和差异性，可以获得更为严谨的结论。

本书采用多案例比较研究的方法。理由如下：首先，案例研究适用于探究对象间的影响关系及具体的实现路径，本书研究的关键问题是探究双元性创新的影响因素和实现路径，符合案例研究方法所解决的主要问题。其次，本书的研究对象——双元性创新的实现过程时间跨度较长，受到创新网络等因素的影响较为复杂。纵向案例分析适合研究事物发展随着时间推移而不断演进的问题，可以清晰地呈现企业实现双元性创新平衡的全过程，提高研究的内部效度。最后，多案例研究方法具有理论可拓、可复制性及排除其他可能解释等特点，利用该方法能够有效地总结企业双元性创新的演进路径。

8.1.2 案例对象选择与说明

本书选取华为和中兴两家企业作为案例分析的对象，选择这两家公司主要是参考以下几条案例分析的基本原则：首先是聚焦原则，两家企业均成立于20世纪80年代，同属于信息与通信技术行业；其次是典型性原则，华为与中兴均为中国通信技术行业的领军企业，两家企业都坚持关键核心技术创新战略，追求在全球信息与通信技术行业的领先地位，不仅研发能力出众、专利众多，还拥有其他企业无法比拟的网络设备制造能力；最后是数据充足原则，华为与中兴均有完整详尽的公开企业信息，足以基本涵盖用户研究的需求。案例企业基本信息见表8-1。

表 8-1 案例企业基本信息

案例企业	华为	中兴
成立时间	1987 年	1985 年
所有制	民营企业	国有企业
是否上市	否	是
营业收入（2022 年）	6 423.38 亿元	1 229.54 亿元
研发费用（2022 年）	1 615 亿元	216 亿元
研发人数（2022 年）	11.4 万人	3.63 万人
累计授权专利（2022 年）	12 万件	8.5 万件
总部	深圳	深圳
主营业务	软件和信息技术服务业	
主要市场	国内外主要市场	

8.1.3 数据搜集

本书研究采用多种来源收集数据，具体来源如表 8-2 所示，以满足"三角验证"原理对二手数据的要求，使研究建立在一个较高的信度与效度之上。本书在相关数据收集过程中遵循了 Yin（2009）的建议：一是从多证据来源收集；二是建立案例资料库。本书遵循以上原则进行相关数据的收集。本书的研究资料主要为二手数据，原因简述如下：首先，可以消除研究者的主观性对数据搜索和最终结论产生偏向性影响的风险；其次，多样化信息提供者的二手企业数据均符合"三角验证"的基本要求；最后，华为与中兴存在的各类二手数据信息真实性高且数量丰富，足以完整覆盖本书研究分析所需要的各个方面。

表 8-2 案例数据来源及主要信息

资料来源	主要信息
企业官网	集团整体运行情况与下属分公司之间的关系，分公司主要负责业务领域、企业发展历程等基本信息
新闻报道	新华网、央视网等主流媒体的新闻报道
公司年报	企业经营状况的详细信息
学术文献	企业评价，参考性研究资料

8.2　案例企业的基本情况

1. 华为

华为诞生于 1987 年的深圳，主营业务为信息通信设备，并行发展通信技术相关产业。30 多年来，经过数代华为人的辛勤耕耘，华为现已在世界范围内发展为通信技术的佼佼者。如今华为的经营范围覆盖超过 170 个国家和地区，研发设施、分公司等遍布全球。雇员规模超过了 20 万人，研发相关的技术人才在总数中的占比超过 50%。交换机产品的代理业务是华为初创时期的主要收入来源，也成为华为进入通信行业的敲门砖。然而华为并不满足于做一个末端代理商，华为依靠模仿相关产品转型为制造商。面对当年前景广阔但并未开发完全的国内市场，华为的竞争战略是以低端低价的产品，迅速打开农村市场，带来了庞大的市场收入。资金快速积累极大地助力了华为的成长，其技术能力也得到了提升，允许华为依据细分市场的特点对相关产品进行适应性改造。依托不断提高的产品质量，华为逐渐在与领先企业对城市市场的竞争中有了一席之地。为后续华为成功进入并持续扩张世界市场份额，取得行业领先技术创新成果奠定基础。华为的成功很大程度上来自于内外部协同技术创新。对于外部技术创新盟友，华为构建研发生态圈和技术交流平台，促进产学研合作，有效汇聚世界范围内的研发资源，形成规模效应。对于内部技术创新部门，华为设置合理的晋升与激励措施，保证高强度的研发支出，形成强大的内源性创新动力。经历了 30 余年的发展，华为逐步从一家代理香港程控交换机的科技公司成长为国际通信巨头[①]。

2. 中兴

中兴是目前拥有中国最大的股本规模的综合数字化通信业务及新技术产业类上市公司，是我国目前拥有世界领先规模资产的全方位数字技术解决方案提供商。中兴采用需求主导型驱动方式开展技术创新。在企业内外形成多个研发主体，明确结构化、标准化的研发流程；通过持续的研发投资，中兴成为国内信息技术领域的领军企业，并荣获众多相关奖项，如中国核心高科技企业、创新示范企业等，中兴还是国家 "863" 项目应用转化基地。中兴的产品及服务的覆盖面广，在网络方面有 2G 到 5G 的无线基站、固定网络安装服务、高技术多功能路由器等；在智能设备方面有手机、芯片及其他智能终端等；在数据服务方面有云服务器计算及存储业务、数据中心、ICT（information and communication technology，信息和通信技术）业务

[①] 根据迪克雷（2020）、公司官网、研究文献等资料综合整理而成。

等，在智慧城市建设、交通信号传输等方面亦有相关产品。目前，加速开展国际化步伐的中兴还在不断扩大业务规模，公司业务已覆盖 160 多个国家和地区，服务全球 1/4 以上人口，致力于实现"让沟通与信任无处不在"的美好未来①。

8.3 案例内分析

8.3.1 双元性创新及平衡

1. 华为的纵向分析

华为的双元性创新探索依托"狼性"的创新文化，坚持自主创新，不断在核心技术、专利积累、创新能力等方面形成独特的双元性创新管理模式，逐步将自身打造成中国信息通信行业最具实力的民营企业之一。因应研究需要，本书将华为开展双元性创新实践划分为以下四个阶段。

第一阶段为技术引进与开发阶段（1987~1999 年）。华为在其发展的第一阶段以开发性创新为主。迪克雷（2020）通过研究认为，在该阶段，华为主张"站在巨人的肩膀上，吸取别人的优点，从而达到创新的目的"，即产品开发战略上采取跟随战略，早期的国内通信设备市场由于国外领先企业的存在，给华为带来了不小的生存压力。为了能在市场中站稳脚跟，华为选择模仿市场中热销商品开展生产活动，避免自身与领先企业之间的差距被进一步拉大。华为最初是仿照 BH01 生产交换机，但受限于其自身相对匮乏的研发能力，产品设计仍是以国外产品的结构为主，加以程控代码的国产化。在这一阶段，华为的组织结构为直线职能制，这在一定程度上保证了集中统一的领导，又有职能部门进行辅助，可以为产品的开发性创新集中调配资源。

第二阶段为技术升级与探索阶段（1999~2009 年）。华为处于外部技术和市场比较稳定的环境中，仍主要开展开发性创新以渐进优化产品不断扩张市场，辅以少量地开展探索性创新活动以逐步提升创新能力，明确了开发性创新的方向。在 1999 年，华为引入 IPD（integrated product development，集成产品开发）研发管理体系，这一时期，华为的规模逐渐扩大，建设了多个地区分公司。为了更好地发挥分公司对当地市场需求的信息收集作用，华为形成了总部的事业部与分公司并行的结构，给予分公司一定的自主权，这两种措施有效地将客户需求引入研发流程，提高了开发性创新能力。在 2003 年，华为基于欧洲市场的需求特征，对现有的

---

① 根据公司官网、新闻报道等渠道收集资料进行综合整理而成。

基站设备进行再开发，成功突破了欧洲 3G 市场。

第三阶段为探索与开发双驱动阶段（2009~2016 年）。这一阶段华为的双元性创新达到了低能的平衡状态。随着外部技术环境动态性提高，领先企业独立开展技术研发的产出效率处于明显劣势。因此各通信企业之间有意识地加强了技术交流，以开放共赢的态度展开联合探索性创新以尽快发掘市场潜力。2013~2015 年，华为与外部研发主体之间的合作频率逐渐增加，共同开展技术探索。一个典型的例子就是，华为通过并购相关企业，进行硅光子技术的探索性创新。这一阶段，华为首次提出纵向一体化的战略，综合发挥纵向组织和横向组织的结构优势。得益于积极开放的商业氛围，2010 年及随后的两年间，华为抓住机遇构建世界性的、高质量的创新网络，帮助其在传统业务的基础上发展双元性创新，取得了一系列相关技术创新成果。2011 年，华为成立"2012 实验室"，针对通信领域的多项基础技术展开探索性创新，以逐步提高技术资助性为主要目的的前沿科技研究。2014 年华为一方面继续布局 4G 技术应用，一方面布局和实施 5G 技术的探索性创新。

第四阶段为双元性创新高能平衡阶段（2016 年至今）。这一阶段华为实现了双元性创新的高能平衡。在行业格局、技术轨迹演变等多种外部环节要素的作用下，华为积极开展开放式的双元性创新，在人工智能、5G 技术等方向取得了重大成果。同时为了避免"探索陷阱"及"开放过度陷阱"，华为建立集团职能平台，形成强矩阵组织，使内外部各参与主体协同创新，既有助于探索性技术创新成果的应用转化，也有助于紧跟市场需求变化即时进行开发性创新，以实现高度发展、高速协同、高效产出的双元性创新平衡。最成功的案例是 5G 技术的历史性突破，除此之外，华为在 2018 年成功实现 5G 微波技术全面商用的开发性创新；发布全球首个覆盖全场景人工智能的昇腾（Ascend）芯片，在此基础上开发出一系列的芯片产品和配套云服务。

2. 中兴的纵向分析

中兴作为具有国资背景的信息通信行业领军企业，借助多年的核心技术积累和政府政策支持，一致秉承"引领行业技术进步"的愿景和宗旨，通过兼并收购等方式优化产业布局，不断实现关键核心技术突破，逐步打造成跨产业的大型集团公司。在系统梳理中兴公开资料的基础上，本书将中兴的双元性创新实践划分为以下四个阶段。

第一阶段为开发性创新为主阶段（1985~1996 年）。中兴初期的组织结构是典型的职能型，生产行为以模仿和改进国外先进技术结构，将部分组件替换为国产元器件为主。1989 年，中兴与北京邮电学院合作，成功仿制第一台国产化数字程控交换用户机 ZX-500。1995 年，在移动通信技术快速发展时，中兴便着手引进移动通信核心技术，为后续的 CDMA（code division multiple access，码分多址）技术的开发性创新打下技术基础。外部环境的稳定和通信技术创新的持续产出，为企业的生存发展提供了良好的条件，企业抓住时机以渐进的开发性创新产品占领市场，并展开试验性的探索性创新。此阶段，中兴更加注重将外部技术内部化的开发性创新。

第二阶段为多业务领域集成创新阶段（1996~2002 年）。实现基于需求的多元化开发性创新。在这个阶段中兴开始引入项目管理方法和工具。例如，引入 PMP（project management professional，项目管理专业人员资格认证）和 CMMI（capability maturity model integration，能力成熟度模型集成），鼓励员工掌握项目管理的技能，并提供相应的培训课程。通过项目管理，中兴有效实现了多产品的开发性创新。1996~2001 年，我国的电信系统设备制式复杂，中兴开发出适合我国实际情况，拥有多种不同制式的中继接口的产品 ZX500-A。中兴逐步转化利用交换机核心技术，借助对核心技术的改进，成功研制出适应本地需求的产品和相近技术领域的产品。1997 年，中兴为了进一步扩大收益并提高市场地位，选择在深圳证券交易所上市。上市后的中兴在发展战略上为了提高投资者的信心，仍十分看重收益更高的开发性创新。并且中兴之后的决策方向也更容易受到市场因素的影响。此阶段，中兴基于市场需求的企业发展思路促进了多个业务领域的技术和产品的开发性创新。

第三阶段为探索性创新引领技术变革阶段（2002~2012 年）。在这一阶段，中兴已经具备较强的技术研发能力，探索性创新成果的数量和质量均明显上升。中兴在企业制度中明确规定将销售收入的 10% 投入研发，保持研发人员的比例在 40% 以上。中兴的组织结构也进行了新一轮变革，通过进一步强化项目管理的使用范围和完善相应的规章制度，有效支持双元性创新的开展。基于此，中兴的双元性创新成果已接近世界领先水平。例如，2002 年，中兴拥有 TD-SCDMA（time division-synchronous code division multiple access，时分同步码分多址）标准起草权，于 2005 年成功研发全套 TD-SCDMA 商用设备，在全球移动大会展示面向 LTE（long term evolution，长期演进）的新一代融合解决方案。2008 年，中兴控制 GoTa 数字集群架构的核心技术，同时与多家终端制造商合作，共同推动 GoTa 产业链的发展。

第四阶段为双元性创新有机平衡阶段（2012 年至今）。此阶段中兴在通信技术领域已经具备了较大的影响力。为了成为世界领先企业，中兴再度以组织结构改革的形式激发内生动力，充分把握客户需求和市场发展趋势，推动双元性创新实现有机平衡。然而国际政治经济环境风云突变，在遭受美国制裁的情况下，中兴寻求战略业务转型，在兼顾通信领域的探索性创新和新业务领域的开发性创新下，寻求双元性创新的动态有机平衡。在探索性创新方面，2012 年中兴公司正式推出全球首款单芯片 4G LTE 智能手机；在开发性创新方面，中兴公司为世界范围内的通信服务商开发适应当地市场特征的手机、基站等设备，标志着双元性创新进入动态有机平衡状态。然而，2018 年美国挑起中美贸易争端，对中兴的信息技术业务带来了巨大的冲击，对其双元性创新发展的稳定性造成一定的破坏。为了规避冲击的危害，中兴开始拓展双元性创新的研发范围。2018 年 11 月 7 日，中兴加大针对交通及汽车市场的战略投入，同年中兴新云服务有限公司成立，2019 年布局"AI+工业"，集团业务向智能制造领域拓展。2020 年中兴在新能源储能领域发展取得新突破，深圳兴链数字科技有限公司成立，中兴业务向供应链数字化领域拓展。

案例企业双元性创新及平衡纵向对比见表 8-3。

表 8-3　案例企业双元性创新及平衡纵向对比

阶段划分	华为	中兴
第一阶段	此阶段华为的双元性创新发展处于起步期，几乎将企业全部的资源都投入开发性创新中。华为作为通信设备行业的新进者兼后发者，在此阶段就明确了以模仿学习先进技术为核心的企业战略。为此，华为制定了《华为基本法》，从制度上支持创新发展。华为的组织结构为直线职能制，便于为产品的开发性创新集中调配资源。取得了 BH01 交换机、C&C08 数字程控交换机等开发性创新成果	此阶段中兴选择了以引进和模仿国外先进技术为主，将部分组件替换为国产元器件的"仿制-国产化"策略，即将开发性创新作为发展的重点。原因在于中兴在成立初期，企业规模较小，采用了职能型的组织结构以便于管理和运行，同时还面临着资金短缺、知识存量不足等内部问题。并且外国企业的市场挤压和国内相关技术发展的空白，再加上政府对国内通信企业的发展设立了鼓励政策。最终取得了仿制第一台国产化数字程控交换用户机 ZX-500 等成果
第二阶段	华为提出"农村包围城市"的口号。为了满足市场广阔且层次较低的农村市场需求，华为在战略上逐渐由集中化战略向横向一体化战略发展。在组织上通过企业收购或兼并同类产品生产企业以扩大经营规模。购买 IPD 产品研发体系，将客户需求作为重要参考因素，引入产品研发设计的流程中。同时，华为在这一阶段便开始为探索性创新的发展提前布局，在国内成立了专门填补芯片技术空白的华为海思，在国外多个技术高地设立研究所。在这一时期，华为公司仍以开发性创新为主，少量地开展探索性创新活动	在这个阶段，为了快速地占领国内市场，中兴借助对交换机核心技术的改进，成功开发出适应本地需求的产品，如拥有多种的不同制式的中继接口的产品 ZX500-A。中兴于 2000 年首次于海外成立研究所，其目的在于更便利地获取韩国企业领先的移动通信技术，如 CDMA、小灵通技术等，以此作为技术基础，大力发展开发性创新。为了适应多元化的技术开发需求，中兴组织结构中已经明显地出现了项目结构，并引入 PMP 和 CMMI。1997 年，中兴在深圳证券交易所上市，其上市公司的身份要求其为股东尽可能创造收益，这也成为中兴在这一阶段几乎沉浸于开发性创新的重要原因之一
第三阶段	在变革阶段，华为在众多外部因素和内部变革的作用下，其双元性创新逐渐达到了低能的平衡状态。外部因素在于，外部技术环境动态性提高，领先企业逐渐选择开放方式利用外部力量开展技术探索。华为得以与国际领先企业进行联合研发、共建实验室等方式推进探索性创新的发展。基于此，华为的探索性创新得到提升，但由于华为在合作探索中的主导权不稳固，探索性创新的成长也存在一定的波动。内部因素在于，华为实行纵向一体化的战略，组织结构形成了产品线与事业部交叉的矩阵式结构，有效支撑了成熟的开发性创新。同时，华为公司设立"2012 实验室"，大力发展针对基础技术的探索性创新能力	在这个阶段，中兴既充分激发内部创新能力，又积极进行国际合作利用外部技术源，整体技术创新能力得到了很大的提升，开发性创新成果显著，取得部分探索性创新成果，实现双元性创新的低能平衡。在内部，中兴规定将销售收入的 10% 投入研发，研发人员扩展至万人以上。2003 年建成以技术中心为主的知识共享平台，以节省研发经费、缩短成果转化周期，有效激发开发性创新。2004 年对企业的技术创新管理结构进行改革演变为总部技术中心、研究所与各事业部中的研究所两级结构。新的研发组织架构给了研发人员更多的研发自由度，激发了研发人员的创新活力，有效拉动了其探索性创新能力的发展

续表

阶段划分	华为	中兴
第四阶段	在2016年，华为取得5G技术的重大技术突破，正式标志着华为的探索性创新能力已经成熟，而在开发性创新方面的成果则体现在华为依托其核心技术进入多个全新业务领域，尤其在手机终端上成效显著。其双元性创新发展进入了高能平衡的阶段。在发展过程中，为了有效规避多度开放可能带来的负面影响，华为再度优化调整企业的组织结构。华为向来是把为顾客创造价值当作企业的使命，为了更好地达成使命，华为在进一步强化矩阵结构的同时引入了项目管理制，以项目为导向开展各类研发活动	多次的组织变革令中兴在后发追赶的过程中抓住机遇、蓬勃发展。因此，当外部环境与自身发展阶段发生变化后，中兴再次开启了新一轮组织变革，在技术创新和客户交易流程简化两个方面取得了显著的成效。这次流程重构为集群项目管理中业务活动的连续性奠定基础。中兴的战略布局原先集中于通信技术及部分相关设备的制造，并取得巨大成功。在2018年以后，由于外部环境的变化，中兴开始拓展业务范围，为分散风险，开始进入交通、人工智能等领域

8.3.2 基于企业创新网络的双元性创新实现路径

本书通过梳理案例企业创新发展大事记，精准分解了企业创新网络构建与发展的过程。基于此，析出关键情境下企业创新发展过程中的关键事件，探讨不同时期创新网络的结构及关系属性的演进，以及网络主体间交互作用的增强。进一步地对案例企业创新网络构建与双元性创新平衡模式的演进路径进行了分析与讨论。

1. 华为双元性创新实现路径

（1）技术引进与开发阶段。华为最初资金弱、基础建设差、知识存量短缺，即使意识到技术创新的先进性和重要性，但受限于其自身相对匮乏的研发能力，无法大力推进自主创新。面对这一问题，华为选择向先发企业学习，通过各种手段引进基础生产技术。1987~1999年，华为先后成立了中央研究院、北京研发中心等，分别与清华大学、北京大学等高校开展技术合作。这一阶段，华为的精力主要放在非核心芯片的开发上，因此主要合作对象为高校。华为依靠合作成员进行单纯的开发性创新，通过建立研发中心的方式学习吸收网络成员的先进技术，实现知识"量"的积累。此阶段企业创新网络结构单一，合作内容以学习模仿引进先进技术为主，作为后发企业，只能作为边缘节点寻求外部合作，且与节点组织合作次数有限，内容也较为单一，呈现双边弱关系。这一阶段的创新网络组建为华为积累了大量的知识存量，既支撑了企业生存所需的开发性创新，又为后续的探索性创新行为奠定了知识基础。

（2）技术升级与探索阶段。进入21世纪，经济全球化的深入发展对中国企业提出了更高的要求，为了适应变化，华为积极发展延伸企业网络来获取互补性资源。1999~2003年，华为在海外多个国家建立研发交流中心，包括印度班加罗尔、瑞典斯德哥尔摩、美国达拉斯等。2004年，针对国内3G市场需要，华为与西门子共同组建合资公司，进行技术研发试验合作。2008 年华为继续利用内部力量，对云存储等开展持续性开发。此阶段，企业处于外部技术和市场比较稳定的环境中，华为抓住机会进入国际创新网络。但由于技术限制，与领先企业的合作面及合作次数非常有限，呈现双边弱关系。华为的双元性创新活动主要在于通过开发优化产品不断扩张市场，少量地开展探索性创新活动，如 3G 标准、无线局域网技术等，双元性创新仍处于不平衡状态。

（3）探索与开发双驱动阶段。在这一阶段，企业外部技术环境动荡性升高，技术迭代频率大幅提升，通信技术迈上了 4G 的台阶，引起世界范围内的技术进步浪潮。在外部环境影响下，华为在 2010~2012 年持续开展传统业务与新业务的融合开发，建立多个云数据研发中心，新设立上海研究所以专攻云存储、云服务等相关技术；传统业务上的一大进步在于华为荣耀手机品牌的正式公布。2013~2015 年，华为逐渐选择开放式创新模式，利用外部力量开展技术探索，如与微软等建立联合创新中心，构建移动互联网生态圈。2014 年华为一方面继续布局 4G 技术开发网络，另一方面大力建设 5G 技术相关的研发设施以将研发重心向5G 转移，同时构建云计算大平台，提升对物联网和高性能芯片技术的探索。在这个阶段企业实力明显增强，创新网络结构逐渐复杂，参与主体增多，网络成员发展为国内外企业、高校、研发机构等。华为一方面与国外企业进行合作，吸收先进知识；另一方面整合国内资源，开始建立自己的研发中心。企业逐渐向网络中心靠近，处于临界中心位置，与其他节点合作交流的频率增多，内容也更为广泛，呈现双边强关系。在此时期，基于创新网络的高速发展，华为加大了对探索性创新的投入，主要体现在对 4G 技术及其设备的研发上，反映了这一时期企业双元性创新处于一种从不平衡到低能的相对平衡的阶段。

（4）双元性创新高能平衡阶段。在这一阶段华为追求开放共享的多样化发展，创新网络结构覆盖全球，主动与全球顶尖企业建立产业联盟，与高校、研发机构建立全球研发中心。例如，2016 年通过构建战略联盟、探索式并购等方式在5G 领域进行合作探索研发，形成开放创新的生态圈。依靠全球领先的实力，华为已然处于创新网络中的中心节点位置，能够迅速搜索和整合全球先进技术和创新资源。与节点企业的合作内容也拓展到管理模式上，其合作广泛、次数频繁，呈现明显的多边强关系。华为进而推动全产业链创新网络的构建，共同促进新技术探索及其商业化的应用，尤其体现在华为主导研发的 5G 技术在国际处于领先地位，除了持续性的技术开发，华为成功地将 5G 技术应用在油气、制造、交通等行业，实现了探索性创新与开发性创新的高能平衡状态。

综上所述，华为在技术追赶的过程中，企业创新网络逐步从小规模、成员组织异质性低、强弱交替的初始型网络转向大规模、成员组织异质性高、合作关系紧密的协同型网络，网络各个维度（网络成员、网络位置和网络节点关系）根据所处阶段的不同而相互作用、共同演进。进一步检验了企业从外部创新网络中获取资源和对网络资源进行整合的动态演变机制，推动了企业双元性创新的平衡和演进，即从两种创新方式的不平衡到低能的相对平衡直至高能的协同平衡发展。

2. 中兴双元性创新的实现路径

（1）开发性创新为主阶段。20世纪80年代，外国企业几乎占据了国内全部的交换机市场份额，同时政府也鼓励实现国外核心技术的国产化。由于外部环境的推动，中兴采取"仿制-国产化"策略，即将进口交换机的部分组件替换为国产元器件。为此，中兴首先向具有一定技术基础的国家机关和高校寻求合作，如与陕西省邮电管理局、北京邮电学院、航天691厂，组建起初始型创新网络。由于创新网络成员的总体技术能力均较弱，很大程度上依赖外来的核心技术，并且研发内容集中于相对简单的模仿和改进。因此该阶段的创新网络呈现出联系较为松散的双边弱关系，且中兴在创新网络中并不具备话语权。但在早期创新网络的研发实践中，网络成员的技术支持帮助中兴公司快速学习核心技术，为中兴开发性创新奠定了基础，成为中兴双元性创新发展的开端。

（2）多业务领域集成创新阶段。在该阶段，中国通信市场快速发展，国内的信息行业经过一轮市场的筛选，涌现出众多具有发展潜力企业，它们的经营范围和技术能力都表现出一定的多样性。于是，中兴积极扩建原有的创新网络，吸收了大唐电信、恒基、华虹等企业，并将这类企业作为主要合作对象。同时，中兴开始将创新网络的节点向海外延伸。在2000年，中兴在韩国建立了第一家海外研究所，在帮助中兴更加快速准确地获取国际先进技术的同时，也为中兴后续参与国际创新网络做好了铺垫。这一时期，构建或加入中兴创新网络的主体更加多样，主体间的互动频率增加，即双边关系逐渐增强。但由于中兴的技术优势不明显，与网络主体间的关系仍以合作学习为主，所以在创新网络中并未处于主导地位。创新网络的扩展有效提升了中兴的技术存量，中兴将已有产品与相关技术结合，极大地拓展了产品种类，如与交换机配套的运输、电源等设备，使中兴的开发性创新能力得到长足发展。同时，与创新网络成员间积极有效的互动较大地提升了中兴的技术研发能力，有利于后续探索性创新的开展。

（3）探索性创新引领技术变革阶段。在该阶段，中兴在多业务领域、多产品开发性创新成果的助力下，在国内市场占据了较大份额，国际市场也处于快速扩张阶段。因此在这一时期，中兴着手提升创新网络的质量。在产学研合作方面，中兴联合三大运营商及17所高校共同发起成立了国内通信界最大的产学研合作组织——"中兴通讯产学研合作论坛"。在研发机构方面，中兴在全世界建立了众多研发机构以形成蜂窝状的知识节点布局。在国际合作方面，中兴与微软、IBM等国际知名企业签订正式的战略合作协议。由于中兴技术实力的增强和市场竞争优势的提升，其在创新网络内的中心性得以提升，与网络成员开展技术合作的深度与广度不断加强，呈现双边强关系。这一时期，中兴公司依托高质量的创新网络，在延续高水平的开发性创新的同时，极大地推动了探索性创新的发展，取得了诸如 3G 技术的 TD-SCDMA 标准、GoTa 数字集群技术等国际先进技术创新成果。有效缩小了自身与国际知名企业间的差距，为中兴实现双元性创新的有机平衡奠定了良好基础。

（4）双元性创新有机平衡阶段。在 2011 年以后，中兴已积累了高水准的技术能力和雄厚的资金实力，成为国内的领军企业、国际上的先进企业，其创新网络发展进入了新高度。一方面表现为与创新网络中通信行业领先企业的合作更加平等和可持续，中兴已经与诸如高通、爱立信等国际知名通信技术企业建立了稳定的深度合作关系；另一方面表现为在创新网络中产业链上下游企业及跨界企业的数量和多样性不断增加，如腾讯、中国电信、霍尼韦尔等国内外企业。这两个方面都体现出中兴在创新网络中的中心性日益增强，与网络成员间互动的频率与强度较高，呈现出强多边关系。与领先企业的稳定合作也为中兴公司带来了具有一定持续性的探索性创新成果，例如，中兴正式推出全球首款单芯片 4G LTE 智能手机，又携手华为共同开展 5G 技术研发。凭借能够提供满足客户多样化需求的产品和服务，中兴得以保持开发性创新的发展活力。例如，为全球电信运营商开发特定的通信设备等。因此，该阶段的创新网络有效保证了中兴公司探索性创新与开发性创新的共同发展，使其双元性创新逐步演化为有机平衡状态。

综上所述，中兴作为后发企业在数十年的发展过程中，企业网络的规模逐步扩大、网络主体的异质性不断提升，中兴在网络中的中心性逐渐增强。创新网络成员、创新网络位置和创新网络节点关系，根据所处阶段的不同而相互作用、共同演进。有效检验了前文所论述的企业创新网络对双元性创新的促进作用。

8.4　多案例间比较分析

8.4.1　双元性创新的探索与实践

1. 创新战略的差异性

华为的创新战略属于技术导向型。华为具备超前的自主研发理念，在 2G 时代，华为除了保持持续的研发投入与中兴竞争，更早于中兴开始布局 3G 技术，在 4G 和 5G 技术上的创新布局也早于中兴等许多通信企业。华为在研发投入方面更是不断加码，连续多年位于中国民营企业第一，在全球科研水平领先的地区设立多个研发机构，并按照公司发展战略的推进，研究方向也逐渐由传统的芯片研发向人工智能、云服务等新兴领域转变，并取得很多实质性的进展，逐步构建起一个完整的创新生态系统。

中兴的创新战略属于需求导向型。通过查阅近十年来中兴发布的企业年报，对其相应的企业战略部分进行归纳总结可以发现，中兴的创新战略基本上是以市场需求为导向的，在 4G 和 5G 等一些关键技术的研发上，中兴公司的战略布局是晚于华为和其他企业的。这种实施策略导致中兴对颠覆性或突破性技术研发投入有限。2017 年公司财报显示，中兴公司的研发重点集中在智能终端、大数据、光通信、5G、云计算和消费者业务等产品的投入当中。财报中对芯片研发的表述只是"坚持围绕 5G 先锋策略，聚焦主业，持续加大核心领域研发投入，在 5G 无线、核心网、承载、接入、芯片等核心技术领域，保持业界领先"。可见中兴虽然高度重视在芯片研发核心领域的投入，但是与芯片研发难度和巨额研发资金需求相比，中兴采取了较为谨慎的战略决策，研发投入强度有待于进一步提升，为关键核心技术快速突破提供必要且充足的财力保障。

创新驱动发展，企业创新活动的方向受创新战略的影响。企业创新战略作为长远规划包罗万象，后发企业可以通过战略导向来发挥指引作用，进而选择技术创新的具体领域和实施路径。通过对两个案例企业创新战略的分析可以看出，华为以前沿且可及的创新战略规划取胜，通过超强的执行能力使得以探索性创新为主导的双元性创新战略布局能够得到切实有效的实施。中兴的基本情况是，双元性创新的研发战略规划，特别是在关键核心技术研发上更多执行的是市场需求导向战略。在执行层面，中兴高管团队的决策程序不够高效，部分高管在一些业务处理上更倾向于优先发展分管领域的业务，导致双元性创新战略执行缺乏合力，在一定程度上影响了公司可持续发展能力。整体上看，中兴双元性创新战略执行效果也比较好，企业技术创新能力稳步提升，但是相较于华为，中兴的双元性创新战略布局及执行力仍存在进一步优化和改进的空间。

2. 组织架构的差异性

企业组织结构演变一般根据企业成长阶段的变化略有不同，多数以战略的演进来调节，也就是组织结构服务于企业发展战略。当企业采取不同发展战略时，为了保证战略的成功，企业会适时调整它的组织架构来匹配企业战略的需要。

华为的组织结构变化大致分为四个阶段。第一阶段，在企业成立初期，华为在产品开发上主要采取跟随模仿战略，这种战略要求的组织结构就较为简单，需要的流程部门相对较少，因此简单的直线性组织结构也足以支撑这种战略。到后来华为由跟随模仿战略转变为自主开发产品的集中化战略，为了匹配创新战略，组织结构也就转变为了直线职能制组织结构，这在一定程度保证了集中统一领导，但又有职能部门进行辅助。第二阶段，到1995年，华为的战略也逐渐从集中化战略转向横向一体化战略，开始向移动通信、传输等多元化领域发展。其组织结构也逐渐演变成了事业部制与区域总部相结合的组织结构，以充分应对外界环境的变化，部门之间的资源分配也更加协调。第三阶段，基于多元化和国际化战略，华为又增加了纵向一体化的战略，其组织结构也从原来的事业部与区域总部相结合的矩阵式组织结构，转变为以市场和客户需求为导向的产品线制的组织结构模式，这种纵向管理系统能够帮助管理者进行快速决策，提高了处理业务的效率。第四阶段，2014 年以后，华为围绕"共同为客户创造价值"的思路，借鉴"美军"作战军团的灵感，在重新定义三会治理结构的基础上，将组织结构转变为强矩阵型结构，通过项目型组织的建立，充分发挥团队成员的积极性和创造性，构建团队快速作战能力和集成能力。

对中兴组织管理模式的分析可以从项目管理模式演化入手。第一阶段，2001 年以前，中兴的组织结构是典型的职能型，这种实践做法符合当时的业务需要和整体认知水平。第二阶段，中兴在专业咨询公司的帮助下，开始对公司的业务进行项目管理变革，其组织结构中已经明显地出现了项目式结构。矩阵式组织结构既具有职能型组织的特征又具有项目型组织的特征，能够最大限度地利用组织资源和能力。第三阶段，中兴在之前组织变革的基础上又进行了更大规模的业务流程重组，最终形成了两条业务流程主线：一是面向客户交易的营销项目业务流程；二是面向技术创新的研发项目业务流程。此次重组活动使中兴从原先的弱矩阵组织结构（依赖项目经理个人能力）向平衡矩阵（依托流程稳定性）演进，甚至在国内外营销活动中出现了强矩阵组织结构，并最终向流程型组织转变。

两家公司在发展前期的组织管理结构更多表现为"集权化"的机械性组织结构，后期在发展过程中逐渐转为以"分权化"为特征的有机性组织结构。通过对华为与中兴组织管理变革模式的阶段划分，并与其双元性创新历程进行对比，不难发现，两家企业的组织管理模式演进过程与双元性创新发展需求相吻合。通过深入分析，本书可以得出如下结论：在企业生存阶段，简单化的机械性组织结构能够促使员工明确任务目标，组织发展方向沿着现有市场和产品技术轨道上进行改进，有利于开发性创新，对组织短期绩效提升具有强大的推动作用。在企业后期变革阶段，随着企业规模的扩大，更为柔性的有机性组织结构能提供灵活的组织学习方式，有利于探索性创新活动的开展，提升企业可持续发展能力。企业在保证对主要竞争领域关键技术的探索性创新的同时，积极开展跨领域合作，有助于拓展现有技术的应用价值，也有利于企业降低进入新市场和新技术领域的门槛，实现以满足细分市场需求的产品开发性创新和主要市场领先技术探索性创新的共同推进。

3. 创新投入的差异性

作为几乎同时成立的两家通信企业，华为和中兴勇握发展先机，在积累了一定的技术实力之后，投入大量的研发费用用于创新研究并且一直坚持执行，两家企业的创新支出数额不仅在通信行业内，甚至在其他行业，都是遥遥领先的。2007~2021 年华为和中兴研发支出情况见图 8-1。

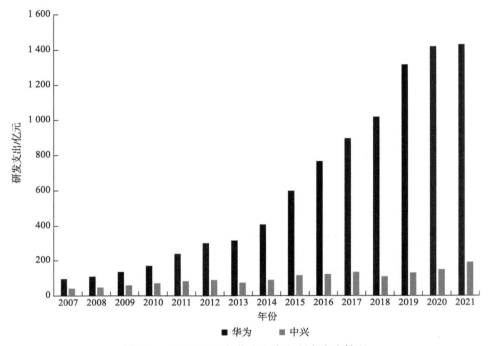

图 8-1　2007~2021 年华为和中兴研发支出情况

　　由图 8-1 可以看出，自 2007 年开始，两家公司的研发支出整体都呈现逐步上升的趋势。但是与华为相比，中兴研发投入增长较慢且研发支出总额明显偏低。分时序区间来看，2010~2012 年处于 4G 技术尚未成熟和普及的阶段，中兴研发支出虽然逐年增长，但是整体研发支出仍维持在较低水平，这与中兴的创新战略和制度性安排相关。例如，该阶段中兴在企业制度中明确规定将不低于当年销售收入的 10%投入研发等。根据中兴企业年报披露的数据，2010 年投入约 70 亿元，较 2009 年的 60 亿元同比增加了 16.67%。2011 年投入约 84 亿元，较 2010 年增加了 19.34%。在 4G 技术研发的关键阶段，中兴的研发投入显然不足以支撑 4G 关键技术研发所需的巨额费用。2013 年，4G 技术逐渐成型，由于外部环境的变化，中兴手机终端业务的销售额下降，同时海外业务拓展出现危机，因此研发费用支出较 2012 年同比减少 17.05%。2014~2017 年，4G 技术开始商业普及，中兴研发支出稳步上升，2017 年达到了近 130 亿元。同时间段内，公司的营业收入也呈现出了较大的增长。但是 2018 年，中兴面临美国制裁事件，公司业务受到影响，研发支出较 2017 年下降了 16.12%。从以上分析可以看出，中兴虽然较为重视研发活动，但由于其销售收入的总量存在较大的制约性及受外部环境波动的影响较大，中兴的研发支出无法保持稳定的增长。

相对于中兴，华为的研发费用整体上呈现出稳步大幅增长的态势，除了在 2013 年增长缓慢之外，其余年份基本上都呈现出了较大幅度的持续上涨。华为的研发支出总额从 2007 年的 95 亿元，增长到 2021 年的 1 427 亿元。通过对比发现，两家企业研发支出总额的差距越来越大，且华为的研发支出增长曲线也更为陡峭。一个较为直观的体现是华为的专利申请和受理的数量与质量较中兴有了大幅度提升，说明华为在前沿技术发展更具引领作用。实际上，从华为的整体销售收入来看，华为在 2007~2021 年不断增加的营业利润总额，为企业研发支出的增长提供了重要支撑。

4. 创新产出的差异性

巨额的研发费用投入双元性创新活动中，这些投入的产出情况如何，或者说企业创新活动投入的产出绩效如何，本书主要从专利申请量和核心专利情况两个指标来进行对比和衡量。

（1）专利申请量。国家知识产权局受理我国企业和其他国家在我国的专利权利申请。中兴和华为作为中国的企业，国家知识产权局的专利申请数量能够在一定程度上反映两家企业的创新实力和创新绩效。2007~2021 年华为和中兴在国家知识产权局专利申请量见图 8-2。

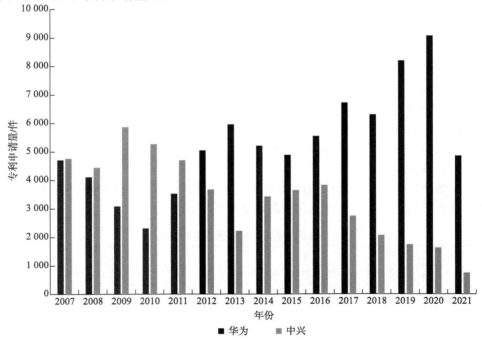

图 8-2　2007~2021 年华为和中兴在国家知识产权局专利申请量

在国家知识产权局申请专利数量这一数据上，华为在 2007~2010 年呈现下降趋势，之后 2011~2013 年转为上升趋势，2014 年之后，虽然专利申请量呈现出不同幅度的波动，但是总体上每年专利申请量都维持较大规模，特别是在 2019~2020 年，其专利申请量则更是达到了高峰。中兴的专利申请数量在 2007~2009 年波动上升，之后也开始有明显的回落，到 2013 年下降至低点，之后呈现小幅的上升，2016 年之后持续下降。可见华为和中兴的专利申请量都呈现出不同幅度、不同阶段的波动态势。从专利申请量的下降趋势，同时结合上文研发支出指标可以推测，中兴在 2010 年之后，研发费用是一直在上升的，但是研发产出效率总体是在下降的，表现出中兴此后一段时期内的创新绩效较低，而华为的创新绩效总体上保持增长。

（2）核心专利情况。以 5G 技术为典型代表，目前 5G 技术处于大规模商用阶段，所以通信企业在这一领域的实力，能直观地反映出企业近些年在 5G 领域的研发成果，而最能体现这一成果的，应该就是各自拥有的 5G 核心必要专利数量。据欧洲电信标准化协会公布的数据，截至 2020 年 1 月，全球 5G 专利声明数量榜单上，华为以 3 147 件的专利族数排名第一，比第二名的三星的 2 795 件在数量上多出了 12.59%。中兴在 5G 专利族数数量榜单上位列第 3 位，拥有 2 561 项专利族数。在 5G 技术关键的芯片研发方面，华为拥有海思麒麟芯片，属于成熟的可以应用到 5G 手机上的处理器，与高通的骁龙芯片在使用上已经可以实现功能的替代。中兴也已经研发出 7 纳米、10 纳米工艺的 5G 核心系统芯片，但是中兴的芯片无法完成 5G 手机的全部芯片功能，依然需要向高通这样的芯片提供商采购芯片。换句话说，中兴具备的是芯片的设计能力，不是芯片生产制造能力。中兴对产业链上游供应商的依赖程度更高，其中核心供应链涉及大量以美国及其盟友为主的企业。因此，中兴在美国的制裁面前才会显得更为脆弱。反观华为公司，在华为事件发生后，华为公司态度强硬，开始使用自己研发的芯片，更在世界上展现出了在 5G 应用领域的影响力等。总的来说，中兴在新兴技术领域发展过程中，将更多的研发费用投入开发性创新中，而华为则更注重探索性创新的投入，虽然产出周期长，但也因此掌握了大量关键核心技术，为形成芯片生产制造能力奠定了扎实的基础。案例企业多维度分析对比见表 8-4。

表 8-4　案例企业多维度分析对比

维度	华为	中兴
创新战略	技术导向型。企业创新战略清晰，敢于自主研发理念超前的产品，在研发费用方面敢于支出，而且对前沿技术的研发投入更是不断加码，创新战略的执行效率相对较高	需求导向型。企业创新战略清晰，兼顾探索与开发性创新活动，在市场需求的产品和服务方面的研发投入占比相对较高，整体创新战略执行效果较好，技术创新能力稳步提升

续表

维度	华为	中兴
组织架构	直线职能制组织结构→事业部与地区部相结合的矩阵型组织结构→以市场和客户需求为导向的产品线制的组织结构模式→以项目为中心的强矩阵型结构	直线职能型组织结构→矩阵型组织结构→流程型组织结构
创新投入	依靠不断增加的营业利润总额和发展速度的支撑，华为研发费用的增长呈现稳定向上的态势	总体上对研发活动非常重视，但是一些年份的企业收入整体状况会影响研发费用的支出，各年增长速度并不稳定
创新产出	以稳定的创新投入为基础，华为的专利申请数量虽然略有波动，但总体呈现向上的趋势，且在核心技术领域，具备强大的芯片研发能力，处于全球领先地位	从总体趋势看，中兴的研发费用是一直上升的，但同时期的专利申请数量却在下降，投入和产出不成比例。从长期来看创新产出会有较大改观，具备持续性创新产出的基础

8.4.2　企业创新网络对双元性创新影响的差异性

基于以上分析，本书深入研究发现，华为与中兴的创新网络在第二阶段就开始出现差异性，随着企业的发展与差异的扩大，华为最终形成了较为完整的全球化创新网络，而中兴则形成了以中国为中心的创新网络。

由于对华为和中兴双元性创新探索和实践的时序区间划分不同，两家企业布局创新网络的情况在时序区间划分上存在一定的差异。为尽量避免这种差异性对本书研究的影响，尽量选择划分为同一阶段的数据进行比较分析。华为和中兴的创新网络情况在第一阶段大致相同，都未能形成全面稳定的创新网络，只是与具有一定技术基础的国内高校、企业开展合作，以进行市场的开拓和技术的模仿。从第二阶段开始，两家企业的创新网络布局开始出现了一定程度上的差异。虽然在人才招揽方面，两家企业都注重在全球开展通信技术专业人才的引育和培养，但在海外研究机构的部署上，两家企业存在着较大的差异。中兴在此阶段初步构建的创新网络以中国为中心，而华为初步构建的创新网络则具有全球化性质，尤其集中在欧美地区。在第三阶段，华为和中兴在创新网络布局上的差异性持续扩大。以两家企业关于设立研发中心的一组数据为例，中兴截至 2012 年已在全球设立了 19 个研发中心，虽然遍布中国、美国、瑞典、法国及印度等地，但是在中国设立的研发中心占比约为 70%；而华为截至 2014 年只在全球设立了 16 个研发中心，但华为在海外研发中心的比例则高达 75%左右[①]。华为在通信技术发达国家和地区设立研发中心，对提升其核心技术能力起到了重要的促进作用。在第四阶段，华为在此阶段已经构建了较为完整的全球化创新网络，但中兴的创新网络仍以中国为中心，向海外延伸的速度较慢。以"云平台"为基础的管理模式也将华

---

① 数据来源：根据中兴公司《2012 年年度报告》、华为公司《2014 年年度报告》、文献资料等综合整理而成。

为全球研发体系联系在一起，对各个网络节点和研发人员进行协同强化，成了网络节点的良性互动，华为技术创新能力得到了大幅度的提升。截至2019年，华为已经在全球16个城市建立了36个联合创新中心，并和全球200多所大学建立合作研发项目（实验室）[①]。华为通过与国际知名企业和众多高校建立合作关系，各自承担着不同的研究方向和任务，使其在5G网络关键核心技术研发上处于领先地位。反观中兴，在此阶段仍是以中国为重心，关键技术研发工作仍由国内几个核心研发基地承担。截至2019年，中兴在全球设立了20个研发中心，与全球主流运营商创建了十余个联合创新中心[②]。经历过美国制裁事件之后，中兴调整了海外研发机构的布局，新增的海外研发中心（联合创新中心）以推动本土化5G商用技术研发为主。

虽然两家企业均注重以研究机构为载体的企业创新网络的建立，企业创新网络对企业创新能力的提升也起到了直接作用，从根本上提升了自身的核心技术研发能力和水平。但两者在企业创新网络构建上的侧重点不同，华为更侧重全球化，以整合全球资源开展前沿技术领域的探索和创新，依靠其构建的全球化创新网络体系，完成了创新追赶，甚至在部分关键核心技术上实现了超越，引领了全球5G技术的发展。中兴则布局以中国为中心的企业创新网络，其构建的创新网络以满足不同国家（地区）的市场需求开展双元性创新活动。虽然中兴也较早地进行了5G技术的研发和攻关，但是在5G技术及其应用中的国际地位和影响力与华为相比仍有较大差距。综上所述，两者虽然都实现了创新追赶，但华为因为超前的双元性创新战略布局且与国际领先企业和知名高校合作，其构建的创新网络在获取更为先进的技术和知识方面的作用显然比中兴要大，创新追赶的速度也比中兴更快。案例企业创新网络特征对比见表8-5。

表 8-5　案例企业创新网络特征对比

维度	华为	中兴
网络布局	侧重全球化且与国际领先企业和知名高校合作为主。华为依靠其构建的全球化创新网络体系，进行全球范围的自主创新，聚焦关键核心技术突破引领企业发展	侧重于以中国为中心布局创新网络且形成了较为稳定的合作关系。部署的研究机构的数量虽然不断增加，但以满足不同国家（地区）市场需求为导向开展双元性创新，旨在不断提升产品和服务质量
网络治理成效	华为依靠其全球化创新网络，形成各个网络节点的互动学习，吸收最先进的技术知识，知识流动水平较高，很大程度上提升了华为的关键核心技术能力和水平，在实现双元性创新动态平衡上起点较高	中兴构建创新网络的目标和侧重点不同，主要在于拓展业务领域和提升各业务领域的专业性，但整合和利用全球前沿技术知识开展关键核心技术协同攻关稍显不足，在一定程度上影响了探索性创新成果产出效能，借助其强大的技术储备，总体上实现了双元性创新的有机平衡

[①] 数据来源：根据迪克雷（2020）及文献资料进行综合整理而成。

[②] 数据来源：根据文献资料、主流媒体新闻报道等综合整理而成。

8.5　案　例　总　结

作为我国在信息通信领域具有全球创新影响力的两家科技领军企业，华为和中兴始终以构建高质量创新网络为基础来开展双元性创新活动。在创新网络构建方面，华为和中兴在不同发展阶段创新战略的导向下，网络各个维度（网络成员、网络位置和网络节点关系）展现了不同的阶段性特征，在企业构建创新网络的过程中，通过不断优化创新网络中各个节点之间的合作机制，提高了知识流动效率，从而有效推动企业双元性创新的平衡及演进，即从两种创新方式的不平衡到低能的相对平衡直至高能的协同平衡发展。同时，两家企业在双元性创新的探索过程中也产生了一些路径差异，主要体现在创新战略选择、组织管理模式、研发投入与产出等方面，导致的结果是虽然两家企业都有效实现了双元性创新平衡，但是在创新产出数量和质量方面，华为总体上要优于中兴。综上所述，本章通过典型企业的案例分析与比较研究，从企业双元性创新实践经验的视角，佐证了本书理论研究内容，为其他科技型企业开展双元性创新探索提供了一定的示范样本。

第 9 章　研究结论与展望

9.1　主要结论

在数字经济、网络经济和知识经济的作用下，技术、市场和产业结构等都在发生着快速的变化，企业单单依靠自身资源开展技术创新已不能应对瞬息万变的市场环境。随着外部环境的变化，企业技术创新管理观念和模式也相应地发生了改变，具体表现为从技术创新活动的内部研发转向合作研发，从静态线性模式转向动态网络化。习近平总书记在党的二十大报告中指出："加强企业主导的产学研深度融合，强化目标导向，提高科技成果转化和产业化水平。强化企业科技创新主体地位，发挥科技型骨干企业引领支撑作用，营造有利于科技型中小微企业成长的良好环境，推动创新链产业链资金链人才链深度融合。"[①]随着我国企业规模和竞争力不断增强，我国企业开始在国际竞争舞台上扮演着越来越重要的角色，企业高层管理者日益重视构建创新网络，整合全球创新资源开展联合攻关，不断提高自主创新能力。基于国家创新战略实施、企业创新发展的必然需求，实施双元性创新战略已在实业界形成普遍共识。但是，在资源有限的情况下，如何协调好探索性创新与开发性创新之间的矛盾和张力关系一直是企业面临的难题。越来越多的理论研究和企业实践表明，从外部获取有价值的知识和资源已成为企业双元性创新的重要选择，而企业创新网络为企业有效整合内外部资源来推动双元性创新提供了很好的平台和载体，成为企业快速提高自主创新能力，实现可持续发展的一条重要途径。

本书基于社会网络理论、技术创新理论、知识管理理论，探究了企业创新网络中双元性创新的实现路径和方法。采用理论研究与实证研究相结合的方法，对企业创新网络的运行机制、企业创新网络中双元性创新的实现路径、企业创新网

---

① 习近平. 高举中国特色社会主义伟大旗帜　为全面建设社会主义现代化国家而团结奋斗——在中国共产党第二十次全国代表大会上的报告[EB/OL]. http://www.gov.cn/xinwen/2022-10/25/content_5721685.htm，2022-10-25.

络中知识流动效率对双元性创新的影响进行了深入的理论分析；进而遵循规范的实证研究范式，提出了企业创新网络、知识流动效率与双元性创新之间关系的理论模型和相关假设，通过收集丰富的原始数据对研究假设进行了检验，对实证研究结果进行了分析和讨论。本书选择信息通信领域的科技型骨干企业华为和中兴作为典型案例，总结和提炼了双元性创新实施的共性经验，分析了两家企业的差异性。通过梳理本书的内容，可归纳出以下主要观点及结论。

9.1.1　企业创新网络的构建与演化

实践表明，企业创新网络的成功率并不高，一个主要原因在于对企业创新网络形成与运行机制还缺乏系统认识和把握，无法进一步解决网络运行过程中遇到的难题。现有成果也多是从企业创新网络特征、合作要素或演化的某一方面进行研究，缺乏系统研究企业创新网络构建、运行与演化的完整过程。本书首先对企业创新网络进行了界定，分析了企业创新网络的行为主体、基本特征和发展阶段，以对企业创新网络有初步认知，进而着重探讨了企业创新网络具有的结构和关系两方面的典型特征，并从网络规模、网络中心性、网络异质性、网络开放度等方面剖析了企业创新网络的微观结构特征，从合作关系强度和合作关系质量方面分析了创新主体之间的合作关系，为深入研究企业创新网络的构建、运行与演化过程奠定基础。

企业创新网络的构建源于内外部驱动力，核心在于从产业链和价值链上遴选资源和能力相匹配的合作主体。基于此，本书从内外部驱动因素、基础支撑条件、合作主体的作用、运行保障等维度对企业创新网络的构建与运行过程进行了分析，提出了企业创新网络构建和运行过程中的难点和挑战，以期对企业创新网络这一组织模式有更深入的认识。在对企业创新网络主体合作博弈分析的基础上，根据企业创新网络的结构和关系不同，将企业创新网络演化过程分为初始型企业创新网络、凝聚型企业创新网络、拓展型企业创新网络和协同型企业创新网络四种类型。进而本书分析了不同类型创新网络从低度有序向高度有序演化的过程，旨在揭示企业创新网络中各行为主体实现资源和能力集成与互补作用的路径。本书对企业创新网络构建和运行机制的深入探讨，可为企业充分利用企业创新网络优势推动技术创新提供有效的理论支撑。

9.1.2　企业创新网络要素对双元性创新的影响

目前关于双元性创新的研究还存在诸多争议甚至是相反的观点。首先对双元性创新的概念界定尚未形成一致的观点；其次对两种创新方式是否需要协调与平衡以及如何协调和平衡，以解决二者之间的张力关系和路径依赖特征，还未形成统一观点。为此，本书首先对双元性创新的内涵进行了界定，认为探索性创新和开发性创新是双元性创新的构成维度。其次将双元性创新及平衡的辩证关系纳入企业总体技术创新能力框架下，分析了探索性创新和开发性创新的平衡关系，丰富和深化了双元性创新的研究成果。

本书研究结果表明，企业创新网络是解决双元性创新矛盾和张力问题的一种有效模式。在网络层面上，企业可以从现有网络节点企业获取互补性和异质性资源，当获取的资源仍无法满足创新需求时，进一步寻找资源能力相匹配的合作伙伴拓展企业创新网络规模以引入新的资源，并以某一节点企业为例，说明企业从创新网络中获取资源，构建自身知识体系以推动双元性创新平衡的过程。在企业层面上，分析了部门/业务单元、团队、个人之间的多层次交互作用来推动双元性创新的过程。尽管企业创新网络有利于企业推动双元性创新行为，但是企业在网络中的嵌入性和企业内部因素会影响企业创新方式的选择。为此，本书从结构嵌入性、关系嵌入性、企业内部组织结构、高管团队承诺、合作协调机制及文化价值观等维度分析和阐释了双元性创新的实现路径。

9.1.3 知识流动效率对双元性创新的影响

近年来关于知识流动效率与企业技术创新关系的研究成果逐渐丰富起来。研究表明，知识流动效率对企业获取更多异质性、互补性的知识，提升创新绩效具有推动作用。厘清和理顺企业创新网络中知识流动机制是提升知识流动效率的前提条件。首先，本书从网络层面知识流动、组织层面知识流动及网络层面知识流动与组织层面知识流动的关系等方面分析了企业创新网络中知识流动机制，为研究知识流动效率奠定了基础。其次，借鉴已有成果，从知识流动水平、知识分布均衡性、知识更新速度等维度构建起知识流动效率测度的指标体系。选择中兴的"5G超高清直播解决方案"作为案例样本，运用 D-S 证据理论方法对案例进行了分析，以检验本书构建的知识流动效率测度体系的有效性和实用性。最后，构建了知识流动效率对双元性创新的影响路径的模型框架。在此框架下，探讨了知识流动效率的不同构面对双元性创新的影响作用。结果表明，相较于单纯地研究企业创新网络中的知识流动，研究知识流动效率能更好地阐释企业如何快速精准寻找到探索性创新和开发性创新所需的知识体系，能更好地挖掘出企业创新网络中知识的价值。

9.1.4 网络嵌入性通过影响知识流动效率进而作用于双元性创新

按照"企业创新网络—知识流动效率—双元性创新"的研究框架和思路，

本书构建了网络嵌入性与知识流动效率、双元性创新之间关系的理论模型，提出了三者之间的关系假设。在广泛调研的基础上设计了调查问卷进行数据采集，通过 SPSS 和 Amos 软件对数据处理的结果表明，本书提出的模型本身的拟合性较好，达到了各项指标的要求，提出的 23 个假设中有 20 个得到数据的支持。研究结果表明，结构嵌入性、关系嵌入性对探索性创新和开发性创新具有正向的促进作用；结构嵌入性、关系嵌入性与双元性创新平衡呈倒 U 形关系，这说明结构嵌入性和关系嵌入性并不一直有利于双元性创新平衡，当结构嵌入性和关系嵌入性水平持续提高时，可能产生资源过载和治理成本增加问题，反而不利于双元性创新平衡。知识流动效率对双元性创新及其平衡均具有显著的正向影响作用，但是知识流动效率各构面对双元性创新的影响程度具有一定的差异性。高管团队承诺在关系嵌入性与双元性创新及其平衡之间具有调节作用，但是高管团队承诺在结构嵌入性与双元性创新之间的调节作用并没有获得数据的支持。实证研究结果较好地支撑了本书理论研究内容，为现有研究逻辑链条提供了必要补充。

在大样本调查研究的基础上，本书采用多案例纵向对比分析方法，选择中国科技型骨干企业华为、中兴为样本，通过公司官网、媒体报道、研究报告、学术文献等多种渠道收集和筛选了丰富的资料，基于"三角验证"的要求开展了多案例分析。首先，从案例内纵向分析了华为、中兴开展双元性创新的实践以及基于企业创新网络实现双元性创新平衡的经验。进而，从案例间比较分析了华为、中兴在推动双元性创新过程中的差异。案例分析结果表明，企业创新网络结构、合作关系等在实践中的细化应用，有利于推动探索性创新与开发性创新的有机平衡，而高效的知识管理可以深度挖掘创新网络中的异质性知识，知识流动效率对加速双元性创新更具有价值和意义。同时，两家公司双元性创新实践的差异性也表明，实现双元性创新与企业技术创新战略、组织架构、创新投入、高管特质等要素具有高度关联性，只有技术创新系统与组织系统协同匹配，企业才能具有持久活力。

综上所述，本书将企业创新网络和知识管理、双元性创新结合起来进行交叉研究，从理论层面有效回答了如何解决企业双元性创新中的矛盾和张力问题，可以帮助企业同时提升探索性创新和开发性创新的水平。本书开展的实证研究结果也表明，企业创新网络中的结构嵌入性、关系嵌入性、知识流动效率对双元性创新基本上都具有显著的正向影响。典型案例分析结果亦佐证了本书的理论研究内容。研究结论为企业通过构建或加入创新网络来提高双元性创新能力提供了扎实的理论基础和实践参考。

9.2 管理启示与对策建议

本书根植于中国企业技术创新管理实践，针对企业如何通过构建和发展企业创新网络推动双元性创新的问题进行了系统研究，在得到一些具有学术价值的研究结论的同时，也总结出一些有助于企业开展双元性创新的管理启示和建议。

9.2.1 企业管理者要以恰当方式来构建和发展企业创新网络

1. 构建或加入企业创新网络获取互补资源

为了降低创新风险，企业应构建或加入由不同组织构成的企业创新网络，通过嵌入该网络降低单一企业独自研发的不确定性，搜寻创新所需的知识与资源，进而提高产品研发的效率，快速占领新市场。首先，有效扩大创新网络的网络规模。接受优质的新组织进入企业创新网络能够增加网络中的组织数量，直接影响知识基总量，而纳入网络的企业知识领域相似度较高，有利于企业寻找知识结构相似的知识源，降低企业的搜索成本，提高知识获取和应用水平。但是，扩大网络规模也不等于为了实现数量上的飞跃而降低门槛，而是应该采取措施吸引优质企业加入创新网络。其次，吸纳多样化的行为主体。在构建企业创新网络的过程中，不仅要引入高层次的知识源，增加知识网络中的成员数量和保证知识网络中的知识质量，还要考虑网络中的组织是否具有多样性特征，是否能够构成一个互补共生的网络生态系统。虽然企业是创新网络中最核心的主体，但是企业创新网络中不能仅存在企业与企业之间的广泛联系。政府、大学、科研院所、金融机构、服务机构、中介机构等组织也能够为网络提供更丰富的互补性资源，这些组织也是企业创新网络中不可或缺的角色。最后，占据网络中心位置。居于中心位置的企业在网络中拥有更高的声望和地位，方便与网络中其他行为主体进行知识、技术、资本、市场等领域的全方位合作，这就意味着，中心位置的企业能够从更多渠道获取到大量的知识和资源，满足企业两种不同创新行为的资源需求。

2. 塑造并遵守共同的价值观念和行为准则

基于相同的目标和文化背景的企业创新网络会更加具有凝聚力，网络中的企业更愿意分享异质性知识，彼此之间也更加信任，愿意为克服共性难题和关键技术加强投入与协作，建立稳定的网络关系。网络中的组织在相似的价值理念下，会产生更加活跃的交流氛围，以促进企业间的合作，同时增强沟通渠道的流畅性，从而提高知识流动效率。首先，在引入新的企业进入创新网络时，要将新企业的愿景、目标和文化作为重要的参考因素列入考察范围之内，应尽量避免选择与现有网络创建初衷有冲突的企业进入创新网络。其次，创新网络可通过搭建交流平台，提高合作频率以及提升成员之间的凝聚力和信任度，形成共同认可的价值观念和行为准则。最后，建立网络合作文化，使成员之间形成一种价值观体系，自觉遵守行为规范，通过约束自身行为提高主体之间知识资源流动的效率和效果。

9.2.2 注重企业创新网络对双元性创新的推动作用

1. 加强在企业创新网络中的嵌入性

本书根据结构嵌入的紧密程度和关系嵌入的强弱程度将企业的网络嵌入性分为四个状态，在不同的嵌入状态中，企业需要采取不同的措施来增强双元性创新活动。

首先，在初始状态下，企业的结构嵌入松散，关系嵌入较弱。企业还没有建立在网络中的位置优势，也没有相互信任的基础帮助组织建立较强的联系。在这种状态下，企业首先应该判断自身的文化是否与网络中的文化理念相一致。共同的目标和愿景能够使企业与周围的成员迅速达成共识。共同的文化基础能够加强网络中的凝聚力，促进成员进行互动交流。一旦建立良好的沟通，企业就可以依托共有目标和文化认知，扩大自身的影响力，建立强而有效的连接，促进知识流动的效率。

其次，在拓展状态下，企业在网络中形成密切的结构嵌入，但是关系嵌入较弱。也就是说，企业缺乏与网络中的其他组织进行深度交流的能力。在这种状态下，企业应该有意识地加强与网络中其他主体间的合作，建立完善的合作平台。具体的措施如下：第一，提高企业与网络中其他组织之间的合作频率，在较高的联系频率中，企业能够与网络中的组织迅速建立起信任关系，从而为之后的知识深层次的流动创造条件。第二，可以采用交叉持股的方式与网络中组织建立紧密联系。当主体之间有相互的股权关系时，双方在市场信息和市场拓展上会表现出积极的协作倾向，能够加强企业之间的利益共同体信念，当一方面临风险时会积极做出反应，共同制订解决方案，实现互利共赢。第三，通过与相关企业进行持续长久的合作来增强企业在网络中的嵌入性。建立长期的业务往来有利于解决合作中的矛盾冲突，在促进良性合作的同时又能确保企业与网络中成员更加信任和彼此依赖。

再次，在凝聚状态下，企业与网络中的一些组织建立了亲密关系，但是在网络中的结构嵌入性较弱，不能获得广泛的异质性知识。在这种状态下，企业如果想要提升其知识流动效率，则需要在网络中建立更加广泛的连接，形成企业在网络中的位置优势。第一，利用网络的知识分享平台，积极与其他企业建立联系。第二，加强自身的知识创造能力，推动自身新技术在网络中的推广，从而占据网络知识转移的重要位置。

最后，在协同状态下，企业在网络中具有紧密的结构嵌入性和较强的关系嵌入性。此时，组织与网络中的成员来往亲密，建立了相互信任关系，已经达到了深入沟通和交流的强关系。在这种状态下，企业在网络中已经具有较好的嵌入性，企业管理者不需要盲目扩张自身的影响力以防止无谓地提高关系维护成本，避免打破现有稳定的网络结构，造成规模不经济。同时，企业需要注重自身的知识产权保护，通过建立和完善企业自身的法律体系，保护企业知识创新成果不被窃取，促进企业创新网络健康发展。

2. 设计双元性组织结构与合作协调机制

在动态竞争的外部环境下，为了提升组织的动态竞争优势和竞争力，企业需要创建不同的业务子单元来同时进行开发性创新活动和探索性创新活动。在组织模式方面，开发性创新要求规模较大、集权式组织结构、组织惯例较强的业务单元；而探索性创新则需要规模较小、分权式组织结构、管理措施相对宽松的业务单元。通过业务单元分离，可以让参与两种不同创新活动的人员自发地探索和开发，围绕既定创新目标使探索性创新和开发性创新在不同时点上以先后顺序实现平衡，或者同时达到平衡。双元性组织结构的设计不能仅是设立单独的探索和开发业务子单元，同时还要考虑到与之相匹配的激励考核机制、创新资源投入程度及解决冲突的领导能力。双元性组织架构还需要高管团队成员之间达成战略共识，采取一致性行动。高管团队成员之间具有高度凝聚力和执行力，才能够减少不同业务之间的矛盾冲突，使两种创新活动能够在既定创新资源投入的情况下较为独立地开展，也可以保证各业务单元将所拥有的资源和知识专注于自身的创新任务，快速补足创新能力"弱项"，尽早地使探索性创新和开发性创新达到相对平衡状态。

由于子结构间的差异容易催生本位意识，产生任务分离风险，因此组织需要建立协调机制对各个子结构进行持续性、战略层面的联结和整合。组织可以通过建立元惯例、强化责任意识等方式协调和整合子结构的活动。子结构中的员工通过密集的连通网络进行相互间的正式与非正式联系，一方面明确各自的职责以减少有机式组织不必要的冲突，另一方面交换信息以促进产品和业务的发展。结构的联结促进了员工之间隐性知识的相互传递，有利于探索性创新；同时，结构的联结使得子结构和员工有机会接触知识来源，加深员工对产品和服务的理解，进而推动开发性创新。因此，探索和开发活动在连通性的结构之间互补和强化，促使组织整合、吸收并应用知识，从而有利于实现双元性创新。

9.2.3　加快知识流动满足双元性创新的不同知识需求

1. 提升知识流动效率，促进知识存量的动态增长

提高企业创新网络中主体间的互动频率，建立起组织间的信任，有利于网络主体间隐性知识的转移，减少知识粘滞。在这个过程中，企业创新网络中的核心企业扮演着带动者和协调者的角色。核心企业在网络中具有较高的中心性并且占据着较多的结构洞，处于网络中的"中间者"地位，很容易享受到知识红利并充当隐性知识传递者的角色。提高其协同合作的能力有利于提高知识在网络中流动的活跃程度，从而使企业创新网络更具活力，知识流动效率更高。知识流动效率越高，企业知识更新的速度就越快，新知识产生作用的范围越广，则越有助于双元性创新目标的实现。因此，提高创新网络中知识流动效率，有针对性地实现企业知识存量的动态增长，方可满足两种创新方式对不同类型知识的需求。

2. 增强企业知识吸收和应用能力

吸收能力的核心是企业能够将获取的外部知识资源进行有效学习和转化。大多数研究认为，在创新网络中组织之间的知识分享和转移日趋频繁，组织能够吸收和内化的知识量将决定企业所捕获的信息转化为企业可利用的知识的效率。因此，吸收能力是企业提高知识流动效率的关键影响因素，企业需要重视吸收能力的培养、发展和提高。对于企业吸收能力的提升路径，应同时考虑组织内因素和组织外因素。首先，组织吸收能力的提高依赖于组织对知识要素的识别，企业管理者可以通过构建完善的组织结构和流程，建立完整的培训、教育、知识学习体系，促进员工对该领域知识的敏感度；同时创建学习型组织文化，提供工作轮岗的机会，建立组织内知识管理平台，以便鼓励团队和员工将学习日常化。其次，要建立与企业外部组织的良好互动关系。知识流动具有路径依赖性，但是组织创新需要更多异质性的知识，知识的本地搜索限制了组织整合和吸收新知识的能力，因此企业需要与创新网络中的成员进行知识交流和互动，促进组织知识的不断更新，利用有效的外部合作增强组织能力。通过提升企业的吸收能力，完成知识的激活和整合，提升知识的利用效率，创造出新知识、新产品和新流程，保持企业核心竞争优势。

9.3 研究局限与展望

自经济学家熊彼特在1912年出版的《经济发展理论》一书最早系统提出"创新"概念后，技术创新管理的理论研究不断丰富和发展，并日臻完善。随着创新活动日益复杂，企业很难在其内部获得创新所需要的全部资源，企业创新网络为技术创新研究提供了一个新范式。双元性创新实质上是企业创新管理过程的一种细化和再分类，是企业在开发现有创新能力的同时，探索未来发展机会的能力。虽然本书对企业创新网络视角下双元性创新的实现路径与方法进行了较为系统的研究，但研究深度还有待于进一步加强，研究范围也有待于进一步拓展。

（1）本书从探索性创新和开发性创新两个维度研究了双元性创新及其平衡关系，并运用实证研究对相关假设进行了检验，研究中力求严谨，但也存在一些需进一步深化和精细化研究的问题。例如，企业在同时推进两种技术创新时，关于资源获取与配置方式对探索性创新、开发性创新及其平衡关系的影响，需要在未来研究中加深探讨；企业创新网络范式下研究双元性创新可能会受到创新网络的协调机制、企业嵌入性及资源禀赋等更多因素的影响，这些变量的调节效应还需深入探讨，以便对企业双元性创新的适用条件有更全面的认识。

（2）本书对企业创新网络运行机制进行了理论分析与探讨，但还有更多问题需要挖掘和解释，如企业创新网络究竟对不同规模企业、不同地区和不同行业的企业产生多大程度的不同影响；为什么一个创新网络相对于另一个更有效率；为什么企业创新网络中的一些创新主体通过构建或加入创新网络能够快速提高技术创新能力，而另一些创新主体不仅没有推动创新，反而给组织带来消极影响；等等。这些问题都是将来理论研究中值得深入探索的地方。同时对企业创新网络的结构特征，采用系统仿真的方法进行研究以更清晰地反映企业创新网络的演化机制也将是未来需要深入探讨的内容。

（3）知识流动是知识管理理论的重要组成部分，但是关于如何提高知识流动效率的研究还处于探索和完善阶段，国内外对知识流动效率的相关研究较少且不够深入。在企业创新网络范式下，本书对知识流动效率的构成维度、影响因素进行了研究，设计了知识流动效率的测量指标体系，并运用实证研究的方法检验了测度指标体系的科学性和合理性，在一定程度上丰富和完善了知识流动效率的研究成果。但也发现还有很多问题需要进一步研究和回答，如不同行业、不同类型的企业创新网络知识流动效率度量指标的差异性，以及这种差异性如何影响企业合作创新动机和行为等。

　　（4）本书采用问卷调查方式收集数据，尽管在调查问卷设计与发放过程中做了很大努力，但鉴于能力有限，样本获取主要集中在西安、深圳、上海、北京等地的部分行业，涉及行业的广度、企业调查的深度还远远不够，特别是对新兴技术催生的新业态和新商业模式中企业的调查数据与预期相差较大。虽然样本数量满足研究的需要，但是样本的代表性可能还存在一些问题，研究结论也可能会存在一定的局限性。

参 考 文 献

白海青，成瑾，毛基业. 2014. CEO 如何支持 CIO？——基于结构性权力视角的多案例研究[J]. 管理世界，25（7）：107-118.

伯特 R. 2008. 结构洞：竞争的社会结构[M]. 任敏，李璐，林虹译. 北京：格致出版社.

蔡坚，杜兰英. 2015. 企业创新网络知识流动运行机理研究——基于系统动力学的视角[J]. 技术经济与管理研究，23（10）：23-28.

曹兴，马慧. 2019. 新兴技术创新网络下多核心企业创新行为机制的仿真研究[J]. 中国软科学，（6）：138-149.

曹勇，蒋振宇，孙合林，等. 2016. 知识溢出效应、创新意愿与创新能力——来自战略性新兴产业企业的实证研究[J]. 科学学研究，34（1）：89-98.

陈建东. 2007. 知识管理理论流派初探[J]. 中国科技论坛，（2）：94-97，100.

陈劲，蒋子军，陈钰芬. 2011. 开放式创新视角下企业知识吸收能力影响因素研究[J]. 浙江大学学报（人文社会科学版），41（5）：71-82.

陈劲，郑刚. 2016. 创新管理：赢得持续竞争优势[M]. 3 版. 北京：北京大学出版社.

陈丽君，马巧娜. 2015. 基于非正式网络的研究生科研隐性知识共享研究[J]. 科技管理研究，35（23）：170-174.

陈琴，蒋合领. 2016. 我国知识管理研究学派、知识基础及热点的可视化分析[J]. 情报杂志，35（2）：88-92，174.

陈志明. 2018. 全球创新网络的特征、类型与启示[J]. 技术经济与管理研究，26（6）：49-53.

党兴华，李莉. 2005. 技术创新合作中基于知识位势的知识创造模型研究[J]. 中国软科学，（11）：143-148.

迪克雷 V. 2020. 华为传：发展历程与八大战略行动[M]. 张绚译. 北京：民主与建设出版社.

董小英，晏梦灵，余艳. 2015. 企业创新中探索与利用活动的分离-集成机制——领先企业双元能力构建研究[J]. 中国软科学，（12）：103-119.

杜运周，贾良定. 2017. 组态视角与定性比较分析（QCA）：管理学研究的一条新道路[J]. 管理世界，28（6）：155-167.

杜智涛，付宏，李辉. 2019. 网络知识社区中知识传播扩散的仿真模型研究[J]. 情报理论与实践，42（3）：127-133.

段庆锋，潘小换. 2018. 组织间技术扩散网络对双元性创新的影响研究[J]. 研究与发展管理，30（5）：31-41.

范丽繁，王满四. 2022. 双重网络嵌入均衡、双元性创新均衡与新创企业成长——来自众创空间在孵企业的实证[J]. 经济管理，44（12）：103-117.

方刚，顾莉莉. 2020. 跨组织知识转化中的知识增值影响因素研究——基于"互联网+"协同创新[J]. 科技管理研究，40（4）：191-197.

付正茂. 2017. 悖论式领导对双元性创新能力的影响：知识共享的中介作用[J]. 兰州财经大学学报，33（1）：11-20.

耿新. 2003. 知识创造的 IDE-SECI 模型——对野中郁次郎"自我超越"模型的一个扩展[J]. 南开管理评论，（5）：11-15.

何奎. 2018. 企业员工责任对新生代员工组织公民行为影响研究[J]. 管理学刊，31（1）：33-43.

贺立军，王云峰，赵钊. 2010. 企业高管支持及其对信息化绩效的影响研究[J]. 河北工业大学学报，39（1）：84-87.

胡绪华，徐骏杰. 2017. 不同生命周期阶段我国电子信息产业区域技术创新网络演化比较分析[J]. 科技进步与对策，34（22）：25-34.

华斌，陈传明. 2014. 高管支持、组织认同与中层管理者战略执行——以执行承诺为中介[J]. 商业经济与管理，（10）：35-42.

黄灿，徐戈，沈慧君. 2023. 获取创新衍生价值：企业内部知识–合作网络动态视角[J]. 科研管理，44（2）：98-107.

黄克英，任磊，贺治飞. 2022. 基于贝叶斯网络的态势评估方法研究[J]. 山西电子技术，221（2）：71-73.

吉鸿荣. 2011. 企业知识转移效率评价指标体系研究[J]. 现代情报，31（6）：16-20.

贾卫峰，党兴华. 2010. 技术创新网络核心企业知识流耦合控制研究[J]. 科研管理，31（1）：56-63.

蒋丽芹，张慧芹，李思卉. 2022. 关系嵌入、外部知识搜寻与企业创新绩效——长三角产业集群高新技术企业的调研[J]. 软科学，36（9）：116-123.

焦智博. 2018. 装备制造业协同创新网络结构演化与空间特征研究——黑龙江 1985—2017 年专利数据分析[J]. 科技进步与对策，35（21）：57-64.

孔晓丹，张丹. 2019. 创新网络知识流动对企业创新绩效的影响研究——基于网络嵌入性视角[J]. 预测，38（2）：45-51.

李柏洲，王雪，薛璐绮，等. 2022. 战略性新兴产业创新网络形成机理研究[J]. 科研管理，43（3）：173-182.

李博. 2021. 企业知识管理内容框架研究[J]. 企业改革与管理，43（14）：8-9.

李国强，孙遇春，胡文安. 2019. 嵌入式合作网络要素如何影响企业双元性创新？——基于

fsQCA 方法的比较研究[J]. 科学学与科学技术管理，40（12）：70-83.

李桦，储小平，郑馨. 2011. 双元性创新的研究进展和研究框架[J]. 科学学与科学技术管理，32（4）：58-65.

李剑力. 2009. 探索性创新、开发性创新及其平衡研究前沿探析[J]. 外国经济与管理，31（3）：23-29.

李伟，何明，徐兵，等. 2022. 基于一维卷积神经网络与改进 D-S 证据理论的警务云安全数据融合技术[J]. 计算机应用研究，39（12）：3765-3769，3802.

李文鹍，张洋，郭本海，等. 2019. 二次孵化情景下新兴产业知识网络涌现[J]. 科学学研究，37（4）：643-650，663.

李文璐，于建朝，刘艳华. 2021. 社会网络与企业跨国并购绩效关系研究——组织合法性的中介作用及吸收能力的调节作用[J]. 华北理工大学学报（社会科学版），21（2）：32-38.

李怡娜，叶飞. 2013. 高层管理支持、环保创新实践与企业绩效——资源承诺的调节作用[J]. 管理评论，25（1）：120-127，166.

李永波，朱方明. 2002. 企业技术创新理论研究的回顾与展望[J]. 西南民族学院学报（哲学社会科学版），23（3）：188-191.

李永周，高楠鑫，易倩，等. 2018. 创新网络嵌入与高技术企业研发人员创新绩效关系研究[J]. 管理科学，31（2）：3-19.

李泽中. 2022. 科技创新型企业员工协作知识建构机理模型研究[J]. 情报科学，40（7）：61-68.

李支东，金辉. 2016. 企业产品创新与网络嵌入——组织学习的中介作用[J]. 管理评论，28（1）：62-72.

里豪克斯 B，拉金 C C. 2017. QCA 设计原理与应用：超越定性与定量研究的新方法[M]. 杜运周，李永发，等译. 北京：机械工业出版社.

梁平汉，曹春方. 2022. 基因距离、隐性知识与跨国知识流动[J]. 浙江工商大学学报，（4）：123-141.

林春培，张振刚. 2017. 基于吸收能力的组织学习过程对渐进性创新与突破性创新的影响研究[J]. 科研管理，38（4）：38-45.

凌文辁，杨海军，方俐洛. 2006. 企业员工的组织支持感[J]. 心理学报，38（2）：281-287.

刘碧莹，任声策，张光耀. 2023. 知识流动视角下企业战略性知识披露效应研究——以华大基因为例[J]. 情报杂志，42（2）：120-125.

刘春玉，杨蕙馨. 2008. 二元式创新的知识属性与网络安排[J]. 科技进步与对策，25（4）：139-143.

刘泓，魏文斌，申振林. 2012. 民营企业高管团队认知冲突对企业绩效影响的实证研究[J]. 生产力研究，42（9）：213-215.

刘景东，许琦，伍慧敏. 2023. 网络情境下企业双元能力的动态适应与创新绩效[J]. 管理工程学报，37（3）：16-25.

刘兰剑. 2010. 网络嵌入性：基本研究问题与框架[J]. 科技进步与对策，27（13）：153-160.

刘晓燕，孙丽娜，单晓红. 2023. 资源视角下组织创新合作机理研究[J]. 科学学研究，41（8）：1525-1536.

刘璇，李嘉，陈智高，等. 2015. 科研创新网络中知识扩散演化机制研究[J]. 科研管理，36（7）：19-27.

刘学元，丁雯婧，赵先德. 2016. 企业创新网络中关系强度、吸收能力与创新绩效的关系研究[J]. 南开管理评论，19（1）：30-42.

刘月，葛玉辉，姚莹莹. 2017. TMT 管理自主权对双元性创新战略的影响研究——组织承诺的中介作用[J]. 科技与经济，30（2）：11-15.

罗瑾琏，管建世，钟竞，等. 2017. 组织双元研究趋势与热点领域分析——科学知识图谱视角[J]. 科技进步与对策，34（10）：147-153.

吕飞豹. 2014. 供应链企业间知识流动与核心企业智力资本关系研究[J]. 重庆大学学报（社会科学版），20（3）：77-87.

吕荣杰，陈晓春，王云峰. 2012. 高层领导支持企业信息系统实施的维度及形成机制[J]. 技术经济，31（12）：120-123.

马慧，曹兴，李星宇. 2019. 中部地区新兴技术产业创新网络的协同度研究[J]. 经济地理，39（9）：164-173.

马蓝，安立仁. 2016. 合作经验、吸收能力、网络权力对企业创新绩效的影响机制——基于组织学习视角[J]. 科技进步与对策，33（1）：81-87.

马庆国. 2016. 管理统计：数据获取、统计原理、SPSS 工具与应用研究[M]. 北京：科学出版社.

欧忠辉，蔡猷花，胡慧芳. 2021. 知识网络嵌入情景如何激活企业双元创新？——基于 QCA 的研究[J]. 科研管理，42（6）：94-101.

潘李鹏，池仁勇. 2018. 基于内部网络视角的企业知识结构与创新研究——"发散为王，还是收敛制胜？"[J]. 科学学研究，36（2）：288-295.

潘松挺，蔡宁. 2010. 企业创新网络中关系强度的测量研究[J]. 中国软科学，（5）：108-115.

彭华涛，潘月怡，陈云. 2022b. 社会网络嵌入、双元均衡创新与国际创业研究[J]. 科研管理，43（11）：45-54.

彭华涛，孙霆姝，周晨. 2022a. 探索性创新还是开发性创新？行业特征对国际创业企业成长的调节作用[J]. 中国科技论坛，31（9）：107-117.

彭英，陆纪任，闫家梁. 2022. 网络嵌入对企业创新绩效的影响——兼论吸收能力的中介效应[J]. 科学与管理，42（4）：9-15.

丘海雄，谢昕琰. 2016. 企业技术创新的线性范式与网络范式：基于经济社会学视角[J]. 广东财经大学学报，31（6）：16-26.

任静. 2016. 基于 EAHP 与 D-S 证据理论的企业管理效率计量方法[J]. 管理评论，28（10）：229-238.

阮平南, 栾梦雪, 魏云凤, 等. 2019. 创新网络组织间知识转移影响因素元分析[J]. 科技进步与对策, 36 (18): 7-14.

邵云飞, 谢丽. 2022-11-09. 网络结构嵌入对企业突破性创新绩效的影响——以生物医药上市企业为例[EB/OL]. http://kns.cnki.net/kcms/detail/42.1224.G3.20221108.1345.005.html.

沈必扬, 池仁勇. 2005. 企业创新网络: 企业技术创新研究的一个新范式[J]. 科研管理, 26 (3): 84-91.

宋波, 赵良杰, 徐飞. 2019. 基于网络嵌入的战略性新兴产业新熊彼特式发展的动力学机制[J]. 系统管理学报, 28 (4): 615-624.

宋凯, 李秀霞, 赵思喆, 等. 2017. 基于引文分析的学科知识流动计量研究[J]. 情报杂志, 36 (1): 154-159.

宋耘, 王婕. 2020. 网络特征和知识属性对企业创新绩效的影响[J]. 管理科学, 33 (3): 63-77.

苏加福, 杨涛, 胡森森. 2020. 基于 UWN 的协同创新知识网络知识流动效率测度[J]. 科研管理, 41 (8): 248-257.

苏屹, 李忠婷. 2021. 区域创新系统主体合作强度对创新绩效的影响研究[J]. 管理工程学报, 35 (3): 64-76.

孙丹, 徐辉. 2022. "知识社区"知识生产、弥散与应用的逻辑理路——基于创新生态系统理论视角[J]. 科学管理研究, 40 (5): 22-30.

孙红霞, 生帆, 李军. 2016. 基于动态能力视角的知识流动过程模型构建[J]. 图书情报工作, 60 (14): 39-46.

孙金花, 夏一平, 胡健. 2020. 知识流动视角下协同创新联盟双元粘性对创新绩效的影响——一个有中介的调节模型[J]. 科技进步与对策, 37 (22): 106-115.

孙俊华, 贾良定. 2009. 高层管理团队与企业战略关系研究述评[J]. 科技进步与对策, 26 (9): 150-155.

孙小强. 2015. 基于生态学视角的产业集群创新网络系统构建与分析[J]. 经济问题探索, 39 (1): 49-54.

孙彦玲, 张丽华. 2012. 工作不满意时员工的行为选择: 经济承诺和理想承诺的影响[J]. 首都经济贸易大学学报, 14 (3): 29-35.

唐贵瑶, 陈琳, 陈扬, 等. 2019. 高管人力资源管理承诺、绿色人力资源管理与企业绩效: 企业规模的调节作用[J]. 南开管理评论, 22 (4): 212-224.

唐青青, 谢恩, 梁杰. 2018. 知识深度、网络特征与知识创新: 基于吸收能力的视角[J]. 科学学与科学技术管理, 39 (1): 55-64.

唐泽威, 蒋诚智. 2020. 一种面向供应链治理的知识共享学习模型[J]. 华东理工大学学报 (社会科学版), 35 (4): 101-109.

陶厚永, 章娟, 刘艺婷. 2019. 外部监督、面子需要与企业高管的承诺升级[J]. 南开管理评论, 22 (4): 199-211, 224.

田红云，贾瑞，刘艺玲. 2017. 网络嵌入性与企业绩效关系文献综述——基于元分析的方法[J]. 商业研究，48（5）：129-136.

田野. 2008. 企业资源计划（ERP）同化影响因素及其作用机制研究[D]. 浙江大学博士学位论文.

汪应洛，李勖. 2002. 知识的转移特性研究[J]. 系统工程理论与实践，（10）：8-11.

王灿昊，段宇锋. 2019. 市场导向、顾客知识获取、战略柔性与组织双元性创新[J]. 软科学，33（1）：10-13，18.

王大洲. 2001. 企业创新网络的进化与治理：一个文献综述[J]. 科研管理，22（5）：96-103.

王凤彬，陈建勋，杨阳. 2012. 探索式与利用式技术创新及其平衡的效应分析[J]. 管理世界，（3）：96-112，188.

王核成，鲁东琴，周泯非. 2018. 企业网络权力配置与创新能力的提升——吉利汽车纵向案例研究[J]. 科学学与科学技术管理，39（3）：61-76.

王慧，李印海，乔冠博. 2022. 企业成长要素、集群网络与企业绩效关系的实证研究[J]. 统计理论与实践，（5）：24-32.

王晶晶，葛玉辉. 2016. TMT创新承诺对团队创新绩效的影响——基于科技型中小企业的实证研究[J]. 科技管理研究，36（13）：110-116.

王玲，冯永春. 2021. 生态情境下双元网络拼凑对新创企业绩效的影响研究[J]. 科学学与科学技术管理，42（12）：3-18.

王瑞，范德成. 2017. 产业集群知识流动整合研究框架构建与仿真[J]. 情报科学，35（4）：138-144.

王涛，潘施茹，石琳娜，等. 2022. 企业创新网络非正式治理对知识流动的影响研究——基于网络能力的中介作用[J]. 软科学，36（5）：55-60.

王文平，张兵. 2013. 动态关系强度下知识网络知识流动的涌现特性[J]. 管理科学学报，16（2）：1-11.

王晓红，张少鹏，张奔. 2020a. 政府支持对产学知识流动双元效率的影响——以137所"双一流"建设高校为例[J]. 北京理工大学学报（社会科学版），22（6）：43-51，64.

王晓红，张少鹏，张奔. 2020b. 校企知识流动效率测度及影响因素分析——基于空间面板Tobit模型的实证研究[J]. 科技进步与对策，37（20）：107-115.

王晓红，张少鹏，张奔. 2021. 创新型城市试点政策与城市产学研知识流动——基于长三角城市群的空间DID模型分析[J]. 科学学研究，39（9）：1671-1682.

王雁飞，龚丽，郭子生，等. 2021. 基于依恋理论的包容型领导与员工变革支持行为关系研究[J]. 管理学报，18（7）：992-1000.

王雁飞，黄佳信，朱瑜. 2018. 基于认知-情感整合视角的包容型领导与建言行为关系研究[J]. 管理学报，15（9）：1311-1318.

王永贵，刘菲. 2019. 网络中心性对企业绩效的影响研究——创新关联、政治关联和技术不确定性的调节效应[J]. 经济与管理研究，40（5）：113-127.

王玉荣，杨博旭，李兴光. 2018. 多重网络嵌入、市场化水平与双元性创新[J]. 科技进步与对策，35（16）：75-82.

卫武，倪慧. 2020. 众创空间生态系统网络的强弱关系分析[J]. 科学管理研究，38（2）：24-28.

魏龙，党兴华，成泷. 2018. 不确定性双元对技术创新网络脆弱性的影响：网络惯例的中介作用[J]. 管理评论，30（7）：64-76.

吴川徽. 2018. 开放式创新模式下的知识流动：过程与管理研究[J]. 新世纪图书馆，26（6）：9-15.

吴航，陈劲. 2016. 国际搜索与本地搜索的抉择——企业外部知识搜索双元的创新效应研究[J]. 科学学与科学技术管理，37（9）：102-113.

吴明隆. 2010. 问卷统计分析实务：SPSS 操作与应用[M]. 重庆：重庆大学出版社.

吴明雨，黄炎焱. 2021. 基于改进 D-S 证据理论的海上信息融合方法[J]. 兵工自动化，40（5）：56-61.

吴楠，赵嵩正，张小娣. 2015. 企业创新网络中外部知识获取对双元性创新的影响研究[J]. 情报理论与实践，38（5）：35-41.

吴悦，张莉，顾新，等. 2016. 知识流动视角下产学研协同创新过程的协同作用研究[J]. 兰州大学学报（社会科学版），44（4）：128-136.

武德昆，官海滨，王兴起，等. 2014. 高管支持对信息安全管理有效性的影响研究：信息安全意识的中介效应[J]. 中国海洋大学学报（社会科学版），33（2）：44-50.

向永胜，李春友. 2019. 网络嵌入、双元性创新能力构筑与后发企业创新追赶[J]. 技术与创新管理，40（4）：502-507.

谢守美，郑启玮. 2018. 基于知识生态理论的企业竞合关系对知识流动效率的影响研究[M]. 武汉：武汉理工大学出版社.

徐建民，王恺霖，吴树芳. 2022. 基于改进 D-S 证据理论的微博不可信用户识别研究[J]. 数据分析与知识发现，6（12）：99-112.

徐宁，姜楠楠，张晋. 2019. 股权激励对中小企业双元性创新战略的影响研究[J]. 科研管理，40（7）：163-172.

徐迎，张薇. 2014. 技术创新理论的演化研究[J]. 图书情报工作，58（7）：100-106，130.

薛捷. 2013. 开放式创新视角下企业知识能力与知识管理能力研究[J]. 科技进步与对策，30（9）：138-142.

薛宪方，邱泽敏，梅胜军，等. 2021. 企业家目标承诺对创新性绩效的影响机制研究[J]. 应用心理学，27（1）：75-83.

杨建君，梅晓芳，何颖. 2008. 控制方式、创新承诺及创新模式选择关系研究[J]. 科学学研究，26（S1）：202-208.

杨建君，梅晓芳，石立江. 2010. 股权集中度、创新承诺与创新方式选择关系研究[J]. 科学学与科学技术管理，31（1）：48-54.

杨坤，胡斌. 2015. 分布式创新网络中节点间知识粘滞的动态机制模型研究——基于"理性经济节点"的研究假设[J]. 科技进步与对策，32（20）：132-140.

杨玲. 2016. 知识流动与创新活动空间分布：理论模型与实证[M]. 北京：清华大学出版社.

杨梦茹，余乐山，徐凝. 2020. 企业吸收能力与创新绩效研究[J]. 中国商论，（18）：136-139.

杨文安，陈龙. 2022. 基于 D-S 证据理论的海外公路工程投标决策[J]. 中外公路，42（4）：267-271.

杨毅，党兴华，成泷. 2018. 技术创新网络分裂断层与知识共享：网络位置和知识权力的调节作用[J]. 科研管理，39（9）：62-70.

杨震宁，赵红. 2020. 中国企业的开放式创新：制度环境、"竞合"关系与创新绩效[J]. 管理世界，36（2）：139-160，224.

野中郁次郎，竹内弘高. 2019. 创造知识的企业——领先企业持续创新的动力[M]. 吴庆海译. 北京：人民邮电出版社.

叶光辉，彭泽，毕崇武，等. 2022. "数字人文"领域科研协作知识交流中的学科交叉与地域交叉测度分析[J]. 情报学报，41（5）：512-524.

叶江峰，任浩，郝斌. 2016. 外部知识异质度对创新绩效曲线效应的内在机理——知识重构与吸收能力的视角[J]. 科研管理，37（8）：8-17.

叶英平，陈海涛，陈皓. 2019. 大数据时代知识管理过程、技术工具、模型与对策[J]. 图书情报工作，63（5）：5-13.

尹航，张雨涵，刘佳欣. 2019. 组织距离、知识流动对联盟企业突破式创新的影响[J]. 科研管理，40（1）：24-33.

于飞，袁胜军，胡泽民，等. 2022. 网络密度、高管注意力配置与制造企业服务创新：知识基础的调节作用[J]. 管理评论，34（10）：158-169.

余红. 2018. 开放式创新、技术创新与企业绩效的文献综述[J]. 商业经济，（6）：22-24.

余维新，顾新，彭双. 2016. 企业创新网络：演化、风险及关系治理[J]. 科技进步与对策，33（8）：81-85.

余维臻，余克艰. 2018. 科技型小微企业协同创新能力增进机制研究[J]. 科研管理，39（3）：1-10.

员巧云. 2013. Web 2.0 环境下的网络知识创新螺旋转化模型 SE-IE-CI 研究[J]. 中国图书馆学报，39（2）：63-70.

张宝生，张庆普. 2016. 虚拟科技创新团队知识流动效率影响因素的实证研究[J]. 情报科学，34（2）：70-76，132.

张寒，孟宪飞. 2022. 大学-产业界知识转移国际研究的热点主题和研究前沿——基于 2010-2021 年国际文献的科学知识图谱分析[J]. 科学学与科学技术管理，43（10）：103-122.

张慧，周小虎. 2019. 企业社会资本与组织绩效的关系——基于元分析的文献综述[J]. 技术经济，38（3）：117-124.

张建宇. 2014. 企业探索性创新与开发性创新的资源基础及其匹配性研究[J]. 管理评论，26（11）：88-98.

张林，宋阳. 2018. 企业技术创新能力评价体系构建研究[J]. 商业经济研究，（10）：114-117.

张梦晓，高良谋. 2022. 基于 SD 模型的契约与隐性知识转移研究[J]. 复杂系统与复杂性科学，19（1）：96-103.

张明，杜运周. 2019. 组织与管理研究中 QCA 方法的应用：定位、策略和方向[J]. 管理学报，16（9）：1312-1323.

张宁宁，温珂. 2022. 中国特色国家创新系统理论初探[J]. 科学学研究，40（1）：139-149.

张生太，姬亚俊，仇泸毅，等. 2022. 从科学到技术的知识传播机理研究：基于知识基因[J]. 科研管理，43（11）：21-31.

张伟峰，杨选留. 2006. 技术创新：一种创新网络视角研究[J]. 科学学研究，24（2）：294-298.

张晓丹，蔡双立. 2022. 企业开放式创新驱动因素的临界条件、因果关系与模式匹配：过程理论视角[J]. 科技管理研究，42（17）：118-129.

张晓东，何攀，朱敏. 2011. 知识管理模型研究述评[J]. 科技进步与对策，28（7）：156-160.

张悦，梁巧转，范培华. 2016. 网络嵌入性与创新绩效的 Meta 分析[J]. 科研管理，37（11）：80-88.

赵辉，田志龙. 2014. 伙伴关系、结构嵌入与绩效：对公益性 CSR 项目实施的多案例研究[J]. 管理世界，（6）：142-156.

赵金先，蒋克洁，陈涛，等. 2020. 基于 FAHP 与 D-S 证据理论的地铁 PPP 项目绩效评价[J]. 土木工程与管理学报，37（1）：21-30.

甄杰，谢宗晓，陈琳，等. 2019. 高管支持对信息安全绩效的影响——探讨制度化过程的中介效应[J]. 系统管理学报，28（5）：846-856.

郑刚，邓宛如，王颂，等. 2022. 企业创新网络构建、演化与关键核心技术突破[J]. 科研管理，43（7）：85-95.

郑向杰. 2015. 中国半导体企业间战略联盟网络演化及影响因素分析[J]. 软科学，29（2）：90-94.

郑展，郑康. 2009. 加权 RIN 知识流动效率测度研究[J]. 软科学，23（4）：69-71，91.

周灿，曾刚，王丰龙，等. 2017. 中国电子信息产业创新网络与创新绩效研究[J]. 地理科学，37（5）：24-34.

左美云，许珂，陈禹. 2003. 企业知识管理的内容框架研究[J]. 中国人民大学学报，（5）：69-76.

Adler P S, Goldoftas B, Levine D I. 1999. Flexibility versus efficiency? A case study of model changeovers in the Toyota production system[J]. Organization Science，10（1）：43-68.

Aggarwal V H, Wang E H, Tan Y. 2021. Learning to be creative：a mutually exciting spatiotemporal point process model for idea generation in open innovation[J]. Information

Systems Research, 32（4）: 1214-1235.

Ardito L, Peruffo E, Natalicchio A. 2019. The relationships between the internationalization of alliance portfolio diversity, individual incentives, and innovation ambidexterity: a microfoundational approach[J]. Technological Forecasting and Social Change, 148: 119714.

Arena C, Michelon G, Trojanowski G. 2018. Big egos can be green: a study of CEO hubris and green innovation[J]. British Journal of Management, 29（2）: 316-336.

Argyres N, Louis S, Bercovitz J, et al. 2020. The role of relational contracts in inter-firm relationships: theory and evidence on multiunit franchising[J]. Strategic Management Journal, 41（2）: 222-245.

Baum J C, Calabrese T, Silverman B S. 2000. Don't go it alone: alliance network composition and startups' performance in Canadian biotechnology[J]. Strategic Management Journal, 21（3）: 267-294.

Benner M J, Tushman M L. 2003. Exploitation, exploration, and process management: the productivity dilemma revisited[J]. Academy of Management Review, 28（2）: 238-256.

Benson K J. 1982. A framework for policy analysis[C]//Rogers D, Whetten D. Interorganizational Coordination: Theory, Research and Implementation. Ames: Iowa State University Press: 137-176.

Bierly P, Daly P. 2007. Alternative knowledge strategies, competitive environment, and organizational performance in small manufacturing firms[J]. Entrepreneurship Theory & Practice, 31（4）: 493-516.

Boh W F. 2014. Knowledge sharing in communities of practice: examining usefulness of knowledge from discussion forums versus repositories[J]. The DATA BASE for Advances in Information Systems, 45（2）: 8-31.

Boisot M H. 1995. Is your firm a creative destroyer? Competitive learning and knowledge flows in the technological strategies of firms[J]. Research Policy, 24（4）: 489-506.

Bourdieu P. 1985. The social space and the genesis of groups[J]. Social Science Information, 24（2）: 195-220.

Burns T, Stalker G M. 1961. The Management of Innovation[M]. Chicago: Quadrangle Books.

Cantner U, Rake B. 2014. International research networks in pharmaceuticals: structure and dynamics[J]. Research Policy, 43（2）: 333-348.

Cao Q, Gedajlovic E, Zhang H. 2009. Unpacking organizational ambidexterity: dimensions, contingencies and synergistic effects[J]. Organization Science, 20（4）: 781-796.

Cao X, Li C, Li J, et al. 2022. Modeling and simulation of knowledge creation and diffusion in an industry-university-research cooperative innovation network: a case study of China's new energy vehicles[J]. Scientometrics, 127（7）: 3935-3957.

Chang Y Y, Hughes M. 2012. Drivers of innovation ambidexterity in small-to medium-sized firms[J]. European Management Journal, 30（1）: 1-17.

Chen Y Y, Huang H L. 2012. Knowledge management fit and its implications for business performance: a profile deviation analysis[J]. Knowledge-Based Systems, 27: 262-270.

Chesbrough H. 2012. Open innovation: where we've been and where we're going[J]. Research Technology Management, 55（4）: 20-27.

Cho M, Bonn M A, Han S J. 2020. Innovation ambidexterity: balancing exploitation and exploration for startup and established restaurants and impacts upon performance[J]. Industry and Innovation, 27（4）: 340-362.

Chuluun T, Prevost A, Upadhyay A. 2017. Firm network structure and innovation[J]. Journal of Corporate Finance, 44（6）: 193-214.

Cleveland S, Ellis T J. 2015. Rethinking knowledge sharing barriers: a content analysis of 103 studies[J]. International Journal of Knowledge Management, 11（1）: 28-51.

Compeau D, Higgins C A, Huff S. 1999. Social cognitive theory and individual reactions to computing technology: a longitudinal study[J]. MIS Quarterly, 23（2）: 145-158.

Costa V, Monteiro S. 2016. Key knowledge management processes for innovation: a systematic literature review[J]. Vine Journal of Information and Knowledge Management Systems, 46（3）: 386-410.

Cowan R, Jonard N, Zimmermann J B. 2007. Bilateral collaboration and the emergence of innovation networks [J]. Management Science, 53（7）: 1051-1067.

D'Amato A, Roome N. 2009. Toward an integrated model of leadership for corporate responsibility and sustainable development: a process model of corporate responsibility beyond management innovation[J]. Corporate Governance: The International Journal of Business in Society, 9（4）: 421-434.

Davis L E, North D C. 1971. Constitutuinal Change and American Economic Growth[M]. London: Cambridge University Press.

de Zubielqui G C, Lindsay N, Lindsay W, et al. 2019. Knowledge quality, innovation and firm performance: a study of knowledge transfer in SMEs[J]. Small Business Economics, 53（1）: 145-164.

Dong L, Neufeld D, Higgins C. 2009. Top management support of enterprise systems implementations[J]. Journal of Information Technology, 24（1）: 55-80.

Duncan R B. 1976. The ambidextrous organization: designing dual structures for innovation[J]. The Management of Organization, 1（1）: 167-188.

Enos J L. 1962. Invention and Innovation in the Petroleum Refining Industry[M]. Princeton: Princeton University Press.

Eriksson P E. 2013. Exploration and exploitation in project-based organizations: development and diffusion of knowledge at different organizational levels in construction companies[J]. International Journal of Project Management, 31（3）: 333-341.

Estades J, Ramani S V. 1998. Technological competence and influence of networks: a comparative analysis of new biotechnological firms in France and Britain[J]. Technology Analysis & Strategic Management, 10（4）: 483-495.

Faridian P, Neubaumb D. 2021. Ambidexterity in the age of asset sharing: development of dynamic capabilities in open source ecosystems[J]. Technovation, 99: 102125.

Finkelstein S. 1992. Power in top management teams: dimensions, measurement, and validation[J]. Academy of Management Journal, 35（3）: 505-538.

Frambach R T, Fiss P C, Ingenbleek P T. 2016. How important is customer orientation for firm performance? A fuzzy set analysis of orientations, strategies, and environments[J]. Journal of Business Research, 69（4）: 1428-1436.

Freeman C. 1987. Technology Policy and Economic Performance: Lessons from Japan[M]. London: Frances Printer.

Freeman C. 1991. Networks of innovators: a synthesis of research issues[J]. Research Policy, 20（5）: 499-514.

Galbusera L, Giannopoulos G. 2018. On input-output economic models in disaster impact assessment[J]. International Journal of Disaster Risk Reduction, 30: 186-198.

Geerts A, Blindenbach-Driessen F, Gemmel P. 2010. Achieving a balance between exploration and exploitation in service firms: a longitudinal study[R]. Paper Presented at the Annual Meetings of the Academy of Management.

Geiger S W, Makri M. 2006. Exploration and exploitation innovation processes: the role of organizational slack in R&D intensive firms[J]. The Journal of High Technology Management Research, 17（1）: 97-108.

Gibson C B, Birkinshaw J. 2004. The antecedents, consequences and mediating role of organizational ambidexterity[J]. Academy of Management Journal, 47（2）: 209-226.

Gold. A H, Arvind M, Albert H S. 2001. Knowledge management: an organizational capabilities perspective[J]. Journal of Management Information Systems, 18（1）: 185-214.

Grafton J, Mundy J. 2017. Relational contracting and the myth of trust: control in a cooptative setting[J]. Management Accounting Research, 36: 24-42.

Granovetter M S. 1973. The strength of weak ties[J]. American Journal of Sociology, 78（6）: 1360-1380.

Granovetter M S. 1985. Economic action and social structure: the problem of embeddedness[J]. The American Journal of Sociology, 91（3）: 481-510.

Greckhamer T，Furnari S，Fiss P C，et al. 2018. Studying configurations with qualitative comparative analysis：best practices in strategy and organization research[J]. Strategic Organization，16（4）：482-495.

Hambrick D C，Mason P A. 1984. Upper echelons：the organization as a reflection of its top managers[J]. The Academy of Management Review，9（2）：193-206.

Hansen M T. 1999. The search-transfer problem：the role of weak ties in sharing knowledge across organization subunits[J]. Administrative Science Quarterly，44（1）：82-85.

Harrison C. 1981. Where do markets come from?[J]. The American Journal of Sociology，87（3）：517-547.

He Z L，Wong P K. 2004. Exploration vs. exploitation：an empirical test of the ambidexterity hypothesis[J]. Organization Science，15（4）：481-494.

Helmsing B. 2001. Externalities，learning and governance：new perpectives on local economic development[J]. Development and Change，32（2）：277-308.

Huggins R，Prokop D. 2017. Network structure and regional innovation：a study of university—industry ties[J]. Urban Studies，54（4）：931-952.

Huikkola T，Marko K，Rabetino R. 2016. Resource realignment in servitization[J]. Research Technology Management，59（4）：30-39.

Jansen J J P，George G，van den Bosch F A J，et al. 2008. Senior team attributes and organizational ambidexterity：the moderating role of transformational leadership[J]. Journal of Management Studies，45（5）：982-1007.

Jansen J J P，Tempelaar M P，van den Bosch F A J，et al. 2009. Structural differentiation and ambidexterity：the mediating role of integration mechanisms[J]. Organization Science，20（4）：797-811.

Jansen J J P，van den Bosch F A J，Volberda H W. 2006. Exploratory innovation，exploitative innovation ，and performance：effects of organizational antecedents and environmental moderators[J]. Management Science，52（11）：1661-1674.

Jarvenpaa S L，Ives B. 1991. Executive involvement and participation in the management of information technology[J]. MIS Quarterly，15（2）：205-227.

Keil M. 1995. Pulling the plug：software project management and the problem of project escalation[J]. MIS Quarterly，15（4）：421-447.

Khazanchi S，Lewis M W，Boyer K K. 2007. Innovation-supportive culture：the impact of organizational values on process innovation[J]. Journal of Operations Management，25（4）：871-884.

Laplume A，Dass P. 2015. Out-streaming for ambidexterity：evolving a firm's core business from components to system by serving internal and external customers[J]. Long Range Planning，

48（3）：135-150.

Latif M A，Vang J. 2021. Top management commitment and lean team members' prosocial voice behavior[J]. International Journal of Lean Six Sigma，12（6）：1289-1309.

Laursen K，Salter A. 2006. Open for innovation：the role of openness in explaining innovation performance among manufacturing firms[J]. Strategic Management Journal，27（2）：131-150.

Lazega E. 2016. Synchronization costs in the organizational society：intermediary relational infrastructures in the dynamics of multilevel networks[C]//Lazega E，Snijders T A B. Multilevel Network Analysis for the Social Sciences：Theory，Methods and Applications. New York：Springer：47-77.

Li Z，Gao X. 2021. Makers' relationship network，knowledge acquisition and innovation performance：an empirical analysis from China[J]. Technology in Society，66（9）：101684.1-101684.9.

Liang H，Saraf N，Hu Q，et al. 2007. Assimilation of enterprise systems：the effect of institutional pressures and the mediating role of top management[J]. MIS Quarterly，31（1）：59-87.

Liu C H. 2018. Examining social capital，organizational learning and knowledge transfer in cultural and creative industries of practice[J]. Tourism Management，64（2）：258-270.

Lubatkin M H，Zeki S，Ling Y，et al. 2006. Ambidexterity and performance in small- to medium-sized firms：the pivotal role of top management team behavioral integration[J]. Journal of Management，32（5）：646-672.

March J G. 1991. Exploration and exploitation in organizational learning[J]. Organization Science，2（1）：71-87.

Markides C C. 2013. Business model innovation：what can the ambidexterity literature teach us? [J]. Academy of Management Perspectives，27（4）：313-323.

McCabe A，Parker R，Cox S. 2016. The ceiling to coproduction in university—industry research collaboration[J]. Higher Education Research & Development，35（3）：560-574.

Mitchell J C. 1969. Social Networks in Urban Situations：Analyses of Personal Relationships in Central African Towns[M]. Manchester：Manchester University Press.

Moreira S，Markus A，Laursen K. 2018. Knowledge diversity and coordination：the effect of intrafirm inventor task networks on absorption speed[J]. Strategic Management Journal，39（9）：2517-2546.

Mowery D，Rosenberg N. 1979. The influence of market demand upon innovation：a critical review of some recent empirical studies[J]. Research Policy，8（2）：102-153.

Nassani A，Sinisi C，Paunescu L，et al. 2022. Nexus of innovation network，digital innovation and frugal innovation towards innovation performance：investigation of energy firms[J]. Sustainability，

14（7）：4330.

Nelson R R. 1993. National Innovation Systems：A Comparative Analysis[M]. Oxford：Oxford University Press.

Nissen M E，Bordetsky A. 2011. Leveraging mobile network technologies to accelerate tacit knowledge flows across organisations and distances[C]//Trentin G. Technology and Knowledge Flow：The Power of Networks. Oxford，Cambridge，New Delhi：Chandos Publishing：1-25.

Nomaler Ö, Verspagen B. 2016. River deep, mountain high of long run knowledge trajectories within and between innovation clusters[J]. Journal of Economic Geography，16（6）：1259-1278.

Nonaka I. 1994. A dynamic theory of organizational knowledge creation[J]. Organization Science，5（1）：14-24.

Nonaka I，Takeuchi H. 2007. The knowledge-creating company[J]. Harvard Business Review，85（7/8）：162.

O'Reilly J，Aquino K. 2011. A model of third parties' morally motivated responses to mistreatment in organizations[J]. Academy of Management Review，36（3）：526-543.

Palacios R C，Fernandes E，Acosta P S，et al. 2018. A case analysis of enabling continuous software deployment through knowledge management[J]. International Journal of Information Management，40（6）：186-189.

Park D Y，Cha M H，Kim D，et al. 2021. Learning student-friendly teacher networks for knowledge distillation[J]. Advances in Neural Information Processing Systems，34：13292-13303.

Partanen J，Chetty S，Rajala A. 2014. Innovation types and network ralationships[J]. Entrepreneurship Theory and Practice，38（5）：1027-1055.

Perks H，Jeffery R. 2006. Global network configuration for innovation：a study of international fiber innovation[J]. R&D Management，36（1）：67-83.

Phelps C，Heidl R，Wadhwa A. 2012. Knowledge，networks，and knowledge networks：a review and research agenda[J]. Journal of Management，38（4）：1115-1166.

Ratten V. 2016. Service innovations in cloud computing：a study of top management leadership，absorptive capacity，government support，and learning orientation[J]. Journal of the Knowledge Economy，7（4）：935-946.

Rogers E M. 2004. Networks，firm size and innovation[J]. Small Business Economics，22：141-153.

Rogers E M. 2015. Evolution：diffusion of innovation[C]//Wright J D. International Encyclopedia of the Social & Behavioral Sciences. 2nd ed. Amsterdam：Elsevier Ltd.：378-381.

Rogošić S，Baranović B. 2016. Social capital and educational Achievements：Coleman vs. Bourdieu[J]. Center for Educational Policy Studies Journal，6（2）：81-100.

Rothwell R. 1991. External networking and innovation in small and medium-sized manufacturing firms in Europe[J]. Technovation, 11（2）: 93-112.

Rothwell R. 1994. Towards the fifth-generation innovation process[J]. International Marketing Review, 11（1）: 7-31.

Rubin T H, Aas T H, Stead A. 2015. Knowledge flow in technological business incubators: evidence from Australia and Israel[J]. Technovation, 41-42（6-8）: 11-24.

Schumpeter J, Backhaus U. 2003. The Theory of Economic Development[M]. New York: Springer.

Shin M, Holden T, Schmidt R. 2001. From knowledge theory to management practice: towards an integrated approach[J]. Information Processing and Management, 37（2）: 335-355.

Spithoven A, Frantzen D, Clarysse B. 2010. Heterogeneous firm-level effects of knowledge exchanges on product innovation: differences between dynamic and lagging product innovators[J]. Journal of Product Innovation Management, 27（3）: 362-381.

Steers R M. 1977. Organizational Effectiveness: A Behavioral View[M]. Santa Monica: Goodyear.

Steinmo M, Rasmussen E. 2018. The interplay of cognitive and relational social capital dimensions in university industry collaboration: overcoming the experience barrier[J]. Research Policy, 47（10）: 1964-1974.

Szulanski G. 2000. The process of knowledge transfer: a diachronic analysis of stickiness[J]. Organizational Behavior and Human Decision Processes, 82（1）: 9-27.

Tarba S Y, Jansen J J, Mom T J, et al. 2020. A microfoundational perspective of organizational ambidexterity: critical review and research directions[J]. Long Range Planning, 53（6）: 102048.

Teece D J. 2007. Explicating dynamic capabilities: the nature and microfoundations of （sustainable）enterprise performance[J]. Strategic Management Journal, 28（13）: 1319-1350.

Teece D, Pisano G. 1994. The dynamic capabilities of firms: an introduction[J]. Industrial and Corporate Change, 3（3）: 537-556.

Tortoriello M. 2015. The social underpinnings of absorptive capacity: the moderating effects of structural holes on innovation generation based on external knowledge[J]. Strategic Management Journal, 36（4）: 586-597.

Turner S F, Mitchell W, Bettis R A. 2013. Strategic momentum: how experience shapes temporal consistency of ongoing innovation[J]. Journal of Management, 39（7）: 1855-1890.

Voss G B, Sirdeshmukh D, Voss Z G. 2008. The effects of slack resources and environmental threat on product exploration and exploitation[J]. Academy of Management Journal, 51（1）: 147-164.

Wang C C, Sung H Y, Chen D Z, et al. 2017. Strong ties and weak ties of the knowledge spillover network in the semiconductor industry[J]. Technologies Forecasting & Social Change, 118:

114-127.

Wang M C, Chen P C, Fang S C. 2018. A critical view of knowledge networks and innovation performance: the mediation role of firms' knowledge integration capability[J]. Journal of Business Research, 88: 222-233.

Wejnert B. 2002. Integrating models of diffusion of innovations: a conceptual framework[J]. Annual Review of Sociology, 28 (1): 297-326.

Wellman B, Berkowitz S D. 1988. Social Structures: A Network Approach[M]. London: Cambridge University Press.

Wijethilake C, Lama T. 2019. Sustainability core values and sustainability risk management: moderating effects of top management commitment and stakeholder pressure[J]. Business Strategy & the Environment, 28 (1): 143-154.

Yager R R. 1987. On the Dempster-Shafer framework and new combination rules[J]. Information Science, 41 (2): 93-137.

Yang H, Ren W. 2021. Research on the influence mechanism and configuration path of network relationship characteristics on SMEs' innovation—The mediating effect of supply chain dynamic capability and the moderating effect of geographical proximity[J]. Sustainability, 13 (17): 1-16.

Yang J, Zeng D, Zhang J, et al. 2022. How tie strength in alliance network affects the emergence of dominant design[J]. Technology Analysis & Strategic Management, 34 (1): 112-124.

Yin R K. 2009. Case Study Research: Design and Methods[M]. 4th ed. Thousand Oaks: Sage Publications.

Yu H, Zhang J, Zhang M, et al. 2022. Cross-national knowledge transfer, absorptive capacity, and total factor productivity: the intermediary effect test of international technology spillover[J]. Technology Analysis & Strategic Management, 34 (6): 625-640.

Yu Y, Chen Y, Shi Q, et al. 2018. Efficiency evaluation of knowledge flow in university-industry collaborative innovation in China[J]. International Series in Operations Research & Management Science, 271: 29-48.

Zhang G, Tang C, Qi Y. 2020. Alliance network diversity and innovation ambidexterity: the differential roles of industrial diversity, geographical diversity, and functional diversity[J]. Sustainability, 12 (3): 1-16.

Zhang L, Li X. 2016. How to reduce the negative impacts of knowledge heterogeneity in engineering design team: exploring the role of knowledge reuse[J]. International Journal of Project Management, 34 (7): 1138-1149.

Zhang S, Han C, Chen C. 2022. Repeated partnerships in university-industry collaboration portfolios and firm innovation performance: roles of absorptive capacity and political connections[J]. R&D Management, 52（5）：838-853.

Zhang Y, Wei Y, Zhou G. 2018. Promoting firms' energy-saving behavior：the role of institutional pressure, top management support and financial slack[J]. Energy Policy, 115（4）：230-238.

Zhao S, Li J. 2022. Impact of innovation network on regional innovation performance：do network density, network openness and network strength have any influence?[J]. Journal of Science and Technology Policy Management, 14（5）：982-999.

Zhuang H, Lin H, Zhong K. 2022. Spatial spillover effects and driving factors of regional green innovation efficiency in China from a network perspective[J]. Frontiers in Environmental Science, 10：997084.

Zhuge H. 2002. A knowledge flow model for peer-to-peer team knowledge sharing and management[J]. Expert Systems with Applications, 23（1）：23-30.

附　　录

附录 1　企业技术创新管理的访谈提纲

一、请您简要介绍一下贵公司的基本情况

1. 贵公司的成立时间及企业性质
2. 贵公司的规模（员工人数、年营业收入）
3. 贵公司的行业及主营业务范围
4. 您的职位及主要工作内容

二、请您介绍一下贵公司在企业创新网络方面的情况

1. 贵公司与创新网络中企业的合作情况（合作企业数量、类型、密切程度）
2. 贵公司在创新网络中所处的地位（影响程度、掌控程度）
3. 创新网络对贵公司的帮助情况（资金、信息、技术）（可以举例详细说明）
4. 贵公司对创新网络的未来期望（联系频率、持久性、信任度）

三、请您介绍一下贵公司在知识流动效率方面的情况

1. 贵公司通过创新网络获得专利、知识、技术文档等资料的情况
2. 创新网络对贵公司在行业技术发展方面的影响情况
3. 贵公司与创新网络中其他成员在知识共享方面的情况（培训、交流）（可以举例详细说明）
4. 贵公司通过创新网络实现知识更新方面的情况（速度、效率、应用等）

四、请您介绍一下贵公司在高管团队承诺方面的情况

1. 您对公司高管团队的情感认同程度（情感依赖、目标认同、自我归属感等）
2. 您对公司高管团队的规范认同程度（自我责任、义务认知等）
3. 贵公司高管团队对团队成员发展的重视程度（重视成长、提供条件、机会等）

五、请您介绍一下贵公司在双元性创新（探索性创新、开发性创新）方面的情况

1. 贵公司在新技术、新工艺方面的创新情况及对市场产生的影响
2. 贵公司对细分市场、销售渠道的选择情况
3. 贵公司对新机会的把握情况
4. 贵公司对已有技术、工艺的市场定位
5. 贵公司对已有技术、工艺的改进情况及对市场产生的影响

注：访谈提纲用于提醒调研人员需要了解的内容，访谈过程中主要根据受访者对企业双元性创新的实现情况的具体描述，引申关于企业创新网络、知识流动效率和高管团队承诺的询问，如在讲述中未谈及或简单涉及的内容，再补充询问，并随时记录新涌现的问题，以不断修正和补充访谈内容。

附录2　企业创新网络与技术创新管理的调查问卷

尊敬的女士/先生:

您好!

非常感谢您在百忙之中抽出时间接受本次问卷调查。

本次调查是由国家社会科学基金支持的一项研究课题,旨在了解贵公司参与企业创新网络与技术创新管理的状况。请根据您的真实感受,选择最接近您看法的答案选项,您的客观回答对于我们得出科学的结论十分重要。本次问卷调查纯属学术研究目的,我们郑重承诺将对所有参与调研的个人/组织的数据保密,并且绝不会将其用于商业用途。希望能得到您的配合和支持!

西北工业大学管理学院技术创新管理研究课题组

一、基本信息

（本部分请根据您所在企业和本人实际情况,在问题下的□内打"√"）

1. 您所在企业规模:	2. 您所在企业年营业收入:
□ 100 人以下	□ 1 000 万元以下
□ 100（含）~1 000 人	□ 1 000 万（含）~1 亿元
□ 1 000（含）~10 000 人	□ 1 亿（含）~10 亿元
□ 10 000 人及以上	□ 10 亿元及以上

3. 您的职位:	4. 您所在企业性质:
□ 高层管理人员	□ 国有企业
□ 中层管理人员	□ 民营企业
□ 技术部门主管	□ 外资企业
□ 专业技术人员	□ 其他

续表

5. 您所在企业行业：

☐ 制造业

☐ 服务业

☐ 其他＿＿＿＿＿＿＿＿＿＿（请具体列出）

二、主要内容

1. 企业创新网络

根据企业实际符合程度打分，请在数字上打"√"	完全不同意	不太同意	不确定	同意	完全同意
1.1 贵公司与创新网络中众多企业存在合作关系	1	2	3	4	5
1.2 贵公司所在的创新网络中大学和科研机构的数量很多	1	2	3	4	5
1.3 贵公司的研发经费投入得到政府、金融机构的长期支持	1	2	3	4	5
1.4 贵公司所在创新网络中合作成员间大都存在直接联系	1	2	3	4	5
1.5 贵公司所在创新网络中成员之间合作关系比较紧密	1	2	3	4	5
1.6 贵公司很重视在创新网络中的影响力和掌控力	1	2	3	4	5
1.7 贵公司从创新网络中获取外部资源比较容易	1	2	3	4	5
1.8 贵公司经常给网络中的其他成员提供行业知识和信息	1	2	3	4	5
1.9 贵公司比较熟悉合作伙伴的产品、技术和能力	1	2	3	4	5
1.10 贵公司经常会和合作伙伴交流不同领域的专业技能和知识	1	2	3	4	5
1.11 贵公司成员在与其他成员合作过程中显著提升了研发水平	1	2	3	4	5
1.12 企业创新网络中各主体之间建立了比较顺畅的互动交流渠道	1	2	3	4	5
1.13 贵公司与网络中合作伙伴保持了较为稳定的合作关系	1	2	3	4	5
1.14 贵公司专注于与网络中合作伙伴共同实现长期目标	1	2	3	4	5
1.15 如果重新选择，贵公司仍愿意与网络中合作伙伴进行合作	1	2	3	4	5
1.16 在合作交流中，贵公司与合作企业都能信守承诺	1	2	3	4	5
1.17 在合作交流中，贵公司与合作企业都会尽量避免做出损害对方利益的行为	1	2	3	4	5
1.18 贵公司期待与创新网络中的其他成员保持持续深入的合作	1	2	3	4	5

2. 知识流动效率

根据企业实际符合程度打分，请在数字上打"√"	完全不同意	不太同意	不确定	同意	完全同意
2.1 贵公司通过创新网络获得大量专利转让及专利说明信息	1	2	3	4	5
2.2 贵公司通过创新网络获得大量新知识和新技术文档资料	1	2	3	4	5
2.3 贵公司通过创新网络对行业的技术发展趋势有了更深入理解	1	2	3	4	5
2.4 贵公司与创新网络中其他成员之间资源互补	1	2	3	4	5
2.5 贵公司经常与合作伙伴开展专业性技术交流活动	1	2	3	4	5

续表

2. 知识流动效率					
根据企业实际符合程度打分，请在数字上打"√"	完全不同意	不太同意	不确定	同意	完全同意
2.6 贵公司愿意与合作伙伴交流共享各自的技术专长	1	2	3	4	5
2.7 贵公司善于通过多种渠道从创新网络中获取所需知识	1	2	3	4	5
2.8 贵公司在创新网络中可以学习到很多新知识	1	2	3	4	5
2.9 贵公司经常在与其他公司合作交流中受到启发产生新想法	1	2	3	4	5
2.10 相对于竞争对手，创新网络能够帮助贵公司更快获取知识	1	2	3	4	5
3. 双元性创新（开发性创新、探索性创新）					
根据企业实际符合程度打分，请在数字上打"√"	完全不同意	不太同意	不确定	同意	完全同意
3.1 贵公司经常尝试对产品和服务进行探索性创新活动	1	2	3	4	5
3.2 贵公司经常尝试开拓全新的细分市场或销售渠道	1	2	3	4	5
3.3 贵公司经常会寻找和挖掘新市场中的新机会	1	2	3	4	5
3.4 贵公司经常开发和引进行业内的全新技术	1	2	3	4	5
3.5 贵公司经常会主动改进现有的产品设计和工艺流程	1	2	3	4	5
3.6 贵公司经常主动提高产品质量和服务效率以快速满足市场需求	1	2	3	4	5
3.7 贵公司经常会扩大现有产品的经济规模以提高市场占有率	1	2	3	4	5
3.8 贵公司经常利用已有的技术来增加产品和服务的功能和种类	1	2	3	4	5
4. 高管团队承诺					
根据企业实际符合程度打分，请在数字上打"√"	完全不同意	不太同意	不确定	同意	完全同意
4.1 高管团队成员认同企业的发展目标，愿意把自己的精力奉献给所处的高管团队	1	2	3	4	5
4.2 高管团队成员对现在高管团队的感情很深，不想离开团队	1	2	3	4	5
4.3 认同自己是高管团队中的一员，并以此感到骄傲	1	2	3	4	5
4.4 即使对我有利，仍觉得离开我所在的高管团队是不合适的	1	2	3	4	5
4.5 对目前的高管团队有责任感，愿意尽自己的责任和义务	1	2	3	4	5
4.6 高管团队成员的经常性离职是不应该有的现象	1	2	3	4	5
4.7 高管团队重视每位高管人员的发展	1	2	3	4	5
4.8 高管团队提供给我一些可以实现理想的条件	1	2	3	4	5
4.9 在高管团队中，可以获得很多发挥个人专长的机会	1	2	3	4	5

再次感谢您的支持和帮助，祝您一切安好！

后　记

深夜撰写和修改完本书文稿之际，思绪泉涌而现，充满血丝的眼睛不禁有点湿润。本书完稿经历了太多曲折和不易，回想起来有太多想说的话，而又无从说起。自2017年暑假启动本书的撰写以来，起初还算顺利，从本书框架搭建、各章节写作任务分工到讨论内容写作深度和前沿性，看似一切都朝着既定研究目标稳步推进并行将完成初稿。然而2019年一切戛然而止，远在西安工作的我在上午9点15分突然接到噩耗，一生发自内心敬重的慈父病危被送往医院，仅仅2个半小时以后，父亲去世的消息彻底击碎了悬着的心，失声痛哭得像个孩子。回到家里看到父亲未能合上的嘴，无论如何都不愿意相信父亲就这样走了，凌晨4点绝望地看着天上的星星，回忆着从孩童记忆到工作以来和父亲谈话谈心的点点滴滴，心如刀绞。处理完父亲的后事回到学校，各项工作已无心和无力处理，当然本书的撰写就此停止，甚至一度有想放弃的念头。

作为一名"双肩挑"干部，承蒙组织厚爱，我被派往德国参加有关智能制造的培训班，提升科技管理的本领。在办理出国手续之际，为了给自己和所在团队有个交代，遂联系科学出版社希冀出版社能审阅本书初稿，万幸的是科学出版社给了我们一个机会并签订出版合同。然而天总不遂人愿，随着新冠疫情在全国的暴发，本书初稿的修改和完善工作时断时续，学界对该领域的研究越来越深入，我们意识到必须对书稿的框架结构和内容进行大幅调整。本土化情景下我国企业如何开展双元性创新工作成为书稿修改的出发点和落脚点。在确保参与本书写作成员身体健康的前提下，此时遇到的主要困难是大样本数据的重新调查和相关企业的深度访谈。

疫情期间，本人又因感染新冠病毒诱发了神经系统的疾病，十多年前曾经治愈的罕见神经系统疾病开始复发并逐渐加重，于2021年8月又不得不求诊于北京协和医院，踏上了疾病治疗和康复的漫漫长路。病情的时好时坏，给身体和心理都带来沉重的打击和折磨，也影响了本书的完稿进程。其间，与科学出版社编辑徐倩老师多次沟通，总能得到徐倩老师的理解和鼓励，在此表达对徐倩老师的深深感激之情。

　　怀揣一颗感恩的心，秉承科学研究的严肃性和严谨性之精神，本书不论在理论研究还是实证分析过程中，都力求研究方法准确严谨。尽量参考新近文献的研究成果深化理论研究，尽可能结合本土企业实践总结管理经验、佐证研究内容。避免内容的重复堆砌和形式上的完美华丽。面对辛苦数年的研究成果即将面世，本人着实既有些激动又有些惶恐，在与本领域专家、学术师友的沟通交流之后，倍感压力之大。不求尽善尽美，但求问心无愧，对得起读者。

　　借此书行将出版之际，特向曾经鼓励、支持和帮助我和团队成员的老师、亲友、企业管理人员等致以崇高敬意和诚挚感谢！由衷感谢我的研究生导师叶金福教授，叶老师的战略思维和睿智谦和、严谨务实、宽以待人的态度对我的学术研究及其他工作都产生了深远影响。感谢蔡建峰教授、缪小明教授、王娟茹教授、冯泰文教授等，他们从构思、理论、方法和写作上都给予了诸多帮助和支持。感谢本书的合著者张倩和高蕾，她们历经了数十次的修改，为本书最终成稿付出了巨大努力。还要感谢我的研究生曾雪薇、高扬、史力睿、简凌志等以严肃、严谨的学术态度参与本书的修改和完善工作。衷心感谢在调研访谈和数据采集过程中给予大力支持和无私帮助的众多企业管理者和相关人员。本书出版得到了国家社会科学基金青年项目（14CGL006）资助和科学出版社的大力支持，科学出版社对书稿进行了精心的编审和校对。对写作过程中所参考的文献和资料的作者呈上诚挚的谢意。

　　由于书中内容及观点仅为阶段性研究成果，且囿于研究者的学术水平，不足之处在所难免，敬请批评指正。在未来的研究中，我会尽力改进。谨以拙文，献给为本书顺利出版而默默付出的所有人。

李正锋

2023 年 3 月于西安